现代政治经济学新编系列教材

现代政治经济学新编

（简明版·第三版）

程恩富　冯金华　马　艳　主编

上海财经大学出版社

图书在版编目(CIP)数据

现代政治经济学新编:简明版/程恩富,冯金华,马艳主编. —3 版. —上海:上海财经大学出版社,2017.6
现代政治经济学新编系列教材
ISBN 978-7-5642-2712-8/F·2712

Ⅰ.①现… Ⅱ.①程…②冯…③马… Ⅲ.①政治经济学-高等学校-教材 Ⅳ.①F0

中国版本图书馆 CIP 数据核字(2017)第 090398 号

□ 责任编辑　刘光本
□ 责编电话　021—65904890
□ 责编邮箱　lgb55@126.com
□ 封面设计　钱宇辰

XIANDAI ZHENGZHI JINGJIXUE XINBIAN
现 代 政 治 经 济 学 新 编
(简明版·第三版)
程恩富　冯金华　马　艳　主编

上海财经大学出版社出版发行
(上海市中山北一路 369 号　邮编 200434)
网　　址:http://www.sufep.com
电子邮件:webmaster @ sufep.com
全国新华书店经销
上海叶大印务发展有限公司印刷装订
2017 年 6 月第 3 版　2020 年 11 月第 4 次印刷

787mm×1092mm　1/16　15.75 印张　393 千字
印数:44 001—45 500　定价:39.00 元

前　言

党的十八大以来,习近平总书记多次强调"要学好用好政治经济学"。2015年11月23日,中共中央政治局就马克思主义政治经济学基本原理和方法论进行第二十八次集体学习。这是我党历史上中央领导第一次集体学习政治经济学,具有标志性的示范意义。习近平总书记在主持学习时指出:"马克思主义政治经济学是马克思主义的重要组成部分,也是我们坚持和发展马克思主义的必修课。""面对极其复杂的国内外经济形势,面对纷繁多样的经济现象,学习马克思主义政治经济学基本原理和方法论,有利于我们掌握科学的经济分析方法,认识经济运动过程,把握社会经济发展规律,提高驾驭社会主义市场经济的能力,更好地回答我国经济发展的理论和实践问题,提高领导我国经济发展的能力和水平。"

中华人民共和国成立以来,我国的政治经济学总体上以马克思主义为思想指导,以中外经济发展为实践源泉,取得了经济学说发展史上的重大成果,并对高绩效的中国经济发展做出了巨大的贡献,体现出中华民族伟大的智慧,为全世界的经济学发展提供了具有"中国学派"特色的系统经济理论。

然而,政治经济学在具体演进中的创新、改良与若干不良倾向是并存的。传统和现有的某些政治经济学理论模式存在如下缺陷:第一,在规范分析层面,单纯进行社会主义与资本主义的范畴和规律对比,缺乏研究深度。第二,在实证描述层面,没有继承马克思经济学高度重视数学方法的优良传统,缺乏定量分析。第三,在政策研究层面,一味地"唯上"和"跟风",缺乏反思意识。第四,在学科重构层面,以社会主义市场经济学取代社会主义政治经济学,缺乏本质揭示。第五,在方法变革层面,简单照搬西方经济学的范畴和理论,缺乏创新精神。

针对上述弊端,本书在体系、内容和方法上做了下列探索和创新:

一、**体系新**。本书是综合阐述资本主义和社会主义市场经济的马克思主义政治经济学:依据马克思《资本论》体系和政治经济学六分册体系(设想分册研究资本、土地所有制、雇佣劳动、国家、对外贸易和世界市场)的精神,在学术界首创"五过程体系"。除了导论和尾论外,第一编分析直接生产过程,第二编分析流通过程,第三编分析生产的总过程,第四编分析国家经济过程,第五编分析国际经济过程。

二、**方法新**。本书摒弃将政治经济学分为资本主义和社会主义两部分叙述的方法,或者将有交叉联系的经济制度、经济运行和经济发展分割为几部分,并在各部分中再分章叙述资本主义和社会主义的方法,首创在每章内部均按照"范畴一般与范畴特殊分析法"来阐述。例如:在"国家垄断经济"一章,先讲国家垄断经济的原因与形式,再讲国家资本主义垄断,接着讲社会主义条件下的国家垄断;在"工资"一节,先讲工资的一般含义,再讲资本主义工资的本质,接着讲社会主义工资的本质;在"市场经济"一目,先讲市场经济共性,再分别讲市场经济的资本主义和社会主义特性。此外,除了主要运用历史唯物主义和唯物辩证法外,还采用了数学方法、新制度经济学方法、博弈分析方法和投入产出分析方法等。其中,与现存政治经济学其他教材相比,本教材科学运用数学分析方法是最多的。

三、观点新。本书积极吸收国内外政治经济学关于资本主义和社会主义的最新研究成果,有扬有弃地借鉴当代西方经济学的某些理论,强调原理的科学性、稳定性和预见性,坚持"不唯书、不唯上、不唯风"的精神,主张"思想应当解放而不僵化,学风应当严谨而不风化"。例如:关于财富、电子货币、通货紧缩、人力资本、企业形态、劳资关系、中国反贫困、中国资本积累、网络经济、资本筹集、增长模型、投入产出、市场规则、交易费用、经济周期、金融工具、金融风险、不完全信息、科学发展、节约型社会、新型工业化道路、循环经济、经济和谐、人文指数、行政垄断、博弈模型、自主创新、国家经济安全、比较利益陷阱和利益共同体等理论和词汇的引进与分析,体现了新的理论探索精神;关于研究对象与范围、经济学性质、工资的本质、生产目的、社会资本的内涵、公平与效率、按生产要素分配、阶级与阶层、国有经济功能、国家调节作用、自主知识产权优势、经济全球化、国家经济安全对策、经济制度及其演变等问题的阐述,体现了新颖独到的研究。本教材强调学术化和稳定性,改革以来领导人和中央文件的许多经济思想均渗透在教材之中。

四、专栏新。受篇幅的限制,本书侧重于经济学原理的分析,而没有进行大量的经验实证描述(这部分内容主要放到与本教材配套的《现代政治经济学案例》和《现代政治经济学教参》等书中),新编了内容新颖的资料专栏。

本书合乎 21 世纪改革和发展之需要,适合各类大专院校和党校的经济与管理类专业本科或专科使用,也适合各类干部教育和职业培训使用。本套初级和基础性的现代政治经济学新编系列教材分为详略不同的三个版本:《现代政治经济学新编(简明版)》40 万字、《现代政治经济学新编(通用版)》63 万字、《现代政治经济学新编(完整版)》90 万字,可供选择。我们还编写和出版这套初级教材的中、高级版本,即适合硕士研究生学习的《中级现代政治经济学》、适合博士研究生学习的《高级现代政治经济学》。

应当说明:本教材是在上海财经大学出版社 2000 年初版、2005 年再版的《现代政治经济学》教材基础上重新扩编的。十多年来,《现代政治经济学》先后被暨南大学、福州大学、内蒙古财经学院等一批重点高校和社科院作为财经类、管理类或经济学专业课程的指定教材或参考教材,包括上海电视大学金融学专升本考试指定教材等。中国社科院和吉林大学等许多高校教师均把这套教材作为备课用书。

越南教育部在中国众多政治经济学教科书中最终选择了《现代政治经济学》,翻译并出版了越文版,作为越南教师和研究生指定参考教材。

《现代政治经济学》教材及政治经济学教学创新已获 5 次荣誉:

1. 2002 年被评为华东地区大学出版社第五届优秀教材二等奖。

2. 包括《现代政治经济学》教材在内的政治经济学教学改革,2001 年获得上海市优秀教学成果奖。

3. 以《现代政治经济学》教材为内容的政治经济学多媒体课件,2005 年获得上海市优秀教学成果一等奖。

4. 以《现代政治经济学》教材为基础的政治经济学课程,2004 年被评为上海市精品课程。

5. 以《现代政治经济学》教材为基础的政治经济学课程,2005年被教育部评为国家级精品课程。

6. 以《现代政治经济学》教材为基础的政治经济学课程,2014年被评为国家级精品资源共享课程。

在中外经济学发展史上,这部首次以彻底打通传统政治经济学资本主义部分与社会主义部分的"全贯通"教材及其政治经济学教学改革,受到学界的高度关注与赞扬。教育部委托中国人民大学主办的《教学与研究》曾发表复旦大学著名经济学家洪远朋教授撰写的书评,中国社科院经济研究所主办的《经济学动态》曾发表上海金融学院经济系主任周肇光教授的荐文,《光明日报》曾发表中国社科院经济研究所毛立言研究员的书评,均推崇首创的"五过程体系",认为基本内容和方法具有时代性、新颖性、稳定性。上海大学经济系主任董有德教授曾在《经济经纬》上发表了题目为《现代政治经济学案例简评》的书评,对《现代政治经济学案例》这一本教材配套辅助资料予以了高度评价。

为了进一步提高教学效果,我们配套开发了多媒体课件,制作了教学光盘,出版了《现代政治经济学案例》《现代政治经济学习题集》(含教学要点)(均由上海财经大学出版社出版),还建立了题库、音像资料库和网络课程平台等(在上海财经大学网上可阅)。此外,余斌研究员按照本套教材新体系主编的《马克思恩格斯列宁斯大林论政治经济学》(中国社会科学出版社2013年版),可以作为参考。

《现代政治经济学》是由上海财经大学政治经济学教研团队集体合作的结晶。程恩富提出编写大纲,最后统稿和定稿,撰写前言和导论,合写第十八章;何玉长撰写第三章,参与统稿;张银杰撰写第六章、第八章,合写第十五章,参与统稿;马艳撰写第十三章,合写第十五章,参与统稿;沈志义撰写第一章;孙林撰写第二章;严国海撰写第四章;漆光瑛撰写第五章;王小文撰写第七章;申海波撰写第九章;张莹玉撰写第十章;包亚钧撰写第十一章;齐新宇撰写第十二章;张冬梅撰写第十四章;钱连源撰写第十五章;蒋道红撰写第十六章;叶正茂撰写第十七章;朱富强合写第十八章;李石泉撰写尾论。何玉长、张银杰担任副主编。

《现代政治经济学新编(简明版·第三版)》在《现代政治经济学》的基础上,由冯金华撰写了第三章第三节第一小节,以及全书的"定义""小辞典""辨析""阅读材料""例""讨论"。全书由程恩富、冯金华和马艳共同设计和主编,本次修订由三位主编修改完成,并由程恩富增写了《中国特色社会主义政治经济学原则》一节,改写了《尾论:经济制度的演变》。张沁悦做了不少辅助工作。

对于关心与支持此书编写的许多著名经济学教授和同行,包括所引用文献的作者,一并表示谢意!

由于编写时间较紧,加上有的理论创新和阐述存在歧见,欢迎同行和读者批评指正。联系单位:北京建国门内大街5号,中国社会科学院马克思主义研究院;邮编:100732;邮箱:65344718@vip.163.com。

程恩富

2017年7月于中国社会科学院马克思主义研究院

目 录

前言 ·· 1

导论　政治经济学述要 ·· 1
    学习目的与要求 ·· 1
    第一节　政治经济学的产生与发展 ··· 1
    第二节　政治经济学的研究对象与范围 ·· 3
    第三节　政治经济学的任务 ·· 6
    第四节　政治经济学的方法 ·· 7
    第五节　中国特色社会主义政治经济学原则 ······································· 8
    第六节　政治经济学的性质和意义 ··· 14
    思考题 ·· 15

第一编　直接生产过程

第一章　商品 ·· 19
    学习目的与要求 ·· 19
    第一节　商品价值 ·· 19
    第二节　商品的价值量 ·· 25
    思考题 ·· 28

第二章　货币 ·· 29
    学习目的与要求 ·· 29
    第一节　价值形式的演变与货币的起源 ·· 29
    第二节　货币的职能与货币流通规律 ··· 33
    第三节　商品经济的基本规律 ·· 37
    思考题 ·· 39

第三章 资本和剩余价值 ·· 41
学习目的与要求 ·· 41
第一节 货币转化为资本 ··· 41
第二节 剩余价值的源泉与资本的属性 ·· 44
第三节 剩余价值的生产方法 ·· 48
第四节 相对剩余价值生产与企业制度的演进 ·· 52
第五节 工资的本质和形式 ··· 57
思考题 ·· 59

第四章 资本积累 ·· 60
学习目的与要求 ·· 60
第一节 简单再生产 ·· 60
第二节 扩大再生产 ·· 63
第三节 资本有机构成与相对过剩人口 ·· 65
第四节 资本积累的一般规律与历史趋势 ·· 67
思考题 ·· 69

第二编 流通过程

第五章 资本循环和周转 ·· 73
学习目的与要求 ·· 73
第一节 资本循环 ··· 73
第二节 资本周转 ··· 77
思考题 ·· 81

第六章 社会总资本再生产和流通 ·· 82
学习目的与要求 ·· 82
第一节 社会总产品的实现 ··· 82
第二节 社会总资本正常运行的条件 ··· 85
第三节 经济增长 ··· 92
思考题 ·· 94

第七章 社会总资本运行中的市场 ·· 95
学习目的与要求 ·· 95
第一节 市场和市场机制 ··· 95
第二节 市场体系和市场组织 ·· 98
第三节 市场规则与交易费用 ·· 100

  第四节　社会总资本运行中的矛盾和经济周期 ………………………………………… 101
   思考题 ……………………………………………………………………………………… 103

第三编　生产的总过程

第八章　职能资本与平均利润 ……………………………………………………………… 107
  学习目的与要求 ……………………………………………………………………………… 107
  第一节　成本价格和利润 …………………………………………………………………… 107
  第二节　产业资本和平均利润 ……………………………………………………………… 109
  第三节　商业资本和平均利润 ……………………………………………………………… 113
   思考题 ……………………………………………………………………………………… 116

第九章　生息资本和利息 …………………………………………………………………… 117
  学习目的与要求 ……………………………………………………………………………… 117
  第一节　借贷资本与利息 …………………………………………………………………… 117
  第二节　银行资本和银行利润 ……………………………………………………………… 120
  第三节　股份资本与股息 …………………………………………………………………… 123
  第四节　信用 ………………………………………………………………………………… 127
   思考题 ……………………………………………………………………………………… 129

第十章　垄断资本和垄断利润 ……………………………………………………………… 130
  学习目的与要求 ……………………………………………………………………………… 130
  第一节　一般垄断资本 ……………………………………………………………………… 130
  第二节　垄断利润 …………………………………………………………………………… 135
  第三节　一般垄断条件下的竞争 …………………………………………………………… 137
   思考题 ……………………………………………………………………………………… 139

第十一章　土地所有权和地租 ……………………………………………………………… 140
  学习目的与要求 ……………………………………………………………………………… 140
  第一节　土地所有权 ………………………………………………………………………… 140
  第二节　级差地租和绝对地租 ……………………………………………………………… 145
  第三节　垄断地租与其他类型地租 ………………………………………………………… 147
  第四节　土地价格与地租的变化和作用 …………………………………………………… 149
   思考题 ……………………………………………………………………………………… 152

第十二章　国民收入分配与消费 …………………………………………………………… 153
  学习目的与要求 ……………………………………………………………………………… 153

第一节　国民收入·· 153
　　第二节　按劳分配与按资分配····································· 156
　　第三节　居民消费·· 159
　　　思考题·· 162

第四编　国家经济过程

第十三章　国家调节微观经济·· 165
　　学习目的与要求··· 165
　　第一节　国家调节微观经济的必要性····························· 165
　　第二节　国家调节微观经济的实践································ 168
　　　思考题·· 170

第十四章　国家调节宏观经济·· 172
　　学习目的与要求··· 172
　　第一节　国家调节宏观经济的必要性····························· 172
　　第二节　国家调节宏观经济的方式和目标······················· 173
　　第三节　宏观经济调节的政策和手段····························· 177
　　　思考题·· 183

第十五章　国家垄断经济·· 184
　　学习目的与要求··· 184
　　第一节　国家垄断经济形成的原因与形式······················· 184
　　第二节　资本主义条件下的国家垄断经济······················· 186
　　第三节　社会主义条件下的国家垄断经济······················· 189
　　　思考题·· 191

第五编　国际经济过程

第十六章　国际贸易和国际金融······································· 195
　　学习目的与要求··· 195
　　第一节　国际贸易与世界市场····································· 195
　　第二节　国际金融·· 199
　　　思考题·· 203

第十七章　国际价值规律及其表现 ·················· 204
   学习目的与要求 ·· 204
   第一节　国际价值与国际价格 ······································ 204
   第二节　国际竞争与国际超额利润 ································· 206
   第三节　绝对利益、比较利益与博弈模型 ······················· 208
     思考题 ··· 212

第十八章　经济全球化和国家经济安全 ·················· 213
   学习目的与要求 ·· 213
   第一节　资本国际化 ··· 213
   第二节　经济全球化与区域化 ······································ 216
   第三节　国家经济安全 ·· 220
     思考题 ··· 221

尾论　经济制度的演变 ·················· 222
   学习目的与要求 ·· 222
   第一节　经济制度的一般原理 ······································ 222
   第二节　资本主义经济制度 ··· 225
   第三节　社会主义经济制度 ··· 230
   第四节　社会主义与资本主义制度的共存和竞争 ·············· 236
     思考题 ··· 237

参考文献 ·················· 239

导 论

政治经济学述要

学习目的与要求

马克思主义主要包括三个组成部分：马克思主义哲学、政治经济学和科学社会主义。导论要说明的是政治经济学的产生与发展，阐明其研究对象、任务、方法、性质和意义。通过导论的学习，初步了解马克思主义政治经济学的基本原理，领悟马克思主义政治经济学在整个马克思主义理论体系中的重要地位，认识马克思主义政治经济学是工人阶级政党领导革命、建设和改革，制定纲领、路线、方针和政策的主要依据，是提升现代人的社会知识和文明程度的通识教育。

第一节 政治经济学的产生与发展

一、经济的含义

在中国古代，"经济"一词的含义是"经国济民"或"经邦济世"，意指治理国家和拯救贫民。从19世纪下半叶开始，日本使用中国古籍中的"经济"一词来翻译英语词汇 economy，而我国在20世纪初又从日本引进富有现代含义的"经济"一词。

现在所说的经济，一是指经济活动，包括生产、分配、交换或消费等活动；二是指一个国家国民经济的总称，或国民经济的各部门，如农业经济、工业经济等；三是指社会生产关系的总和或经济基础；四是指节约。

二、经济思想的产生

在中国古代和近代经济思想史上，管仲、孔子、商鞅、桑弘羊、王安石、洪秀全、康有为、孙中山等，均有着内涵丰富的经济思想，在全世界经济思想宝库中占有极其重要的地位。

例 管子的经济增长思想 早在两千多年以前，管子就提出了关于农业社会经济增长的朴素模型。他说："彼民非谷不食，谷非地不生，地非民不动，民非作力，毋以致财。夫才之所生,生于用力,力之所生,生于劳身。"①意思是说:人民不种粮食没有饭吃,粮食不靠土地不能生长,土地没有人民不能耕种,人民不花力气就得不到财富。财富的产生是出于使用劳力,劳力的产生是出于劳动者的身体。由此可见,管子已经清楚地认识到,整个经济的产出(这里是粮食)取决于土地和劳动两个生产要素,且随土地和劳动的增加而增加。② 此外,管子还明确提出了他独特的关于土地边际报酬递减的思想。他的论证是:土地具有级差性,可分为优等地、中等地和劣等地三个等级;土地的耕种秩序是先优等地,再中等地,最后劣等地;按照这样的耕种秩序,把同样数量的劳动投入不同的土地,就会出现土地的边际报酬递减的情况。③

在西方,古希腊色诺芬于公元前387～前371年间写成的《经济论》,以记录苏格拉底与他人对话的形式,阐述了收入与支出、财富及其管理、农业及其管理、分工等问题。后来,亚里士多德发展了色诺芬的经济思想,将家庭管理置于奴隶制国家管理的范围,并在《政治论》名著中,把经济论当作广义政治论的一个组成部分。

三、政治经济学的形成与演变

政治经济学作为一门独立的科学,是随着资本主义生产方式的产生和发展逐步形成的。在经济学说史上,最早使用"政治经济学"一词的,是法国重商主义的代表安徒万·德·蒙克莱田(1575～1622)。重商主义是对资本主义生产方式最早的理论探讨,但它只限于流通领域。

定义　经济、经济学和政治经济学

经济:在现代用语中,经济的含义包括:一是指经济活动,如生产、消费、交换和分配等;二是指国民经济,或国民经济的各部门,如农业经济、工业经济等;三是指社会生产关系的总和或经济基础;四是指节约。

经济学:研究物质资料的生产、交换、分配和消费等经济关系和经济活动规律及其应用的科学总称,包括政治经济学和各个部门及各个领域的经济学。

政治经济学:经济学的一个分支。政治经济学研究人类社会中支配物质生活资料的生产和交换的规律。政治经济学是其他各个经济科学的理论基础(因而有时也简称经济学)。

首先把研究对象从流通领域转向生产领域的,是重农主义者。法国重农学派的布阿吉尔贝尔(1646～1714)和弗朗斯瓦·魁奈(1694～1774),都只把研究范围局限于农业生产领域,认为只有农业部门是唯一创造财富的生产部门。虽然,重农学派在政治经济学的研究上取得了巨大成就,提出了劳动创造价值和其他一些重要的经济观点,但由于其研究领域的局限和缺乏较完整的理论体系,因而真正独立的政治经济学仍未确立。

对资本主义生产方式首次进行全面考察,把经济研究扩展到整个生产领域,并建立较完整的理论体系,从而使政治经济学真正开始成为一门独立学科的,是英国的亚当·斯密(1723～1790)。斯密的《国民财富的性质和原因的研究》一书是人类第一部系统论述资本主义生产方式的著作。在斯密之后,大卫·李嘉图(1772～1823)以劳动价值论为研究的基础

---

① 《管子·八观》。参见郭沫若:《管子集校》,科学出版社1955年版。
② 曹旭华:《经济思想史论集》,浙江大学出版社1995年版,第83页。
③ 这里的译文根据赵守正:《白话管子》,岳麓书社1993年版,第57页。

和出发点,把古典政治经济学推到了理论顶峰。

随着资本主义的发展,资本主义生产方式的内部矛盾不断地外化和激化。至19世纪30年代,资产阶级政治经济学不断偏离古典政治经济学的原有基础,抛开其科学因素,继承并发展其中的庸俗成分,着重于经济生活的现象描述和制度辩护,以法国的萨伊、英国的马尔萨斯和詹姆斯·穆勒等的经济思想为其代表。在历史上,还出现过小资产阶级政治经济学,如法国的西斯蒙第等的经济思想,以及诸如英国的罗伯特·欧文等具有进步性的空想社会主义经济思想。它们抨击资本主义制度的弊端和不公,否定资本主义制度的永恒性,但并未建立起科学的政治经济学体系和方法。

马克思在批判资产阶级庸俗经济理论及吸收古典经济学和空想社会主义合理成分的基础上,于19世纪40年代开始创立工人阶级的科学的政治经济学。马克思是从政治经济学的研究对象、研究方法开始,以劳动价值论、剩余价值论为基础,完成了政治经济学的革命。马克思的伟大著作《资本论》的问世,标志着马克思主义政治经济学科学体系的最终建立。

定义　古典经济学和庸俗经济学

古典经济学:在马克思主义的政治经济学中,古典经济学又称为资产阶级古典政治经济学,产生于17世纪中叶,完成于19世纪初的英国和法国。其著名代表有:斯密、李嘉图、魁奈等。古典经济学对资本主义生产关系的内部联系做了研究,具有一定的科学性。

庸俗经济学:在马克思主义的政治经济学中,庸俗经济学又称为资产阶级庸俗政治经济学,产生于18世纪末19世纪初的法国和英国。其著名代表有:萨伊、马尔萨斯、西尼尔等。庸俗经济学是一种为资本主义制度作辩护的经济理论。

本书就是一本主要阐述资本主义和社会主义市场经济的现代马克思主义政治经济学或理论经济学或经济学。

第二节　政治经济学的研究对象与范围

一、社会生产是生产力和生产关系的统一

人类要能够生存和发展,必须有衣、食、住等生活资料。这些生活资料只能靠人们自己的生产活动来创造。因此物质资料的生产是人类社会生存和发展的基础。

在物质资料的生产过程中,人们首先要与自然界发生关系。物质资料的生产过程,就是人们利用自然、改造自然,使其适合人们需要的过程。人们运用生产资料,创造社会的物质和精神财富的能力,叫作生产力。生产力是推动社会生产发展的决定因素。生产力越高,社会生产发展水平也就越高,从而创造的社会财富也就越丰富。

生产力包括三个基本的要素,即劳动者、劳动对象和劳动资料。其中具有劳动经验和劳动技能的劳动者是生产力的第一个因素。任何先进的生产工具都需要劳动者来制造和使用。如果没有劳动者来操作,任何先进的工具都将变成一堆废铁。

劳动对象是人们在生产过程中将劳动加于其上的东西,是被劳动直接加工改造的对象。劳动对象可以分为两类:一类是没有经过人类劳动加工过的自然物质,如天然水域中的鱼类;另一类是经过人类劳动加工过的物质,如机器制造厂用的钢材。经过人类劳动加工过的

劳动对象,又称为原料。一切原料都是劳动对象,但劳动对象并不都是原料。

劳动资料也称劳动手段,它是人们在劳动过程中用以改变或影响劳动对象的一切物质资料和物质条件。劳动者利用某些物质资料来改变和影响劳动对象,使其变成适合人们需要的产品。劳动资料中最重要的是生产工具,它相当于人的器官的延长和扩大。从原始人使用的石块、木棒,到今天的智能化机器体系,生产工具或劳动工具发生了根本的变化。生产工具的发展状况,是社会生产力发展水平的物质标志。除了生产工具以外,劳动资料还包括除劳动对象以外的一切物质条件,如生产用建筑物、道路、灯光照明等。没有它们,劳动过程就不能正常进行。

劳动对象和劳动资料是生产过程中物的因素,它们又称为生产资料。

在物质资料的生产过程中,人们不仅同自然界发生关系,人们彼此之间也要发生关系。人们在生产过程中结成的各种经济关系,叫作生产关系。生产关系是人们最基本的社会关系。它包括三个方面:生产资料的所有制形式;人们在直接生产过程和交换过程中所处的地位和关系;产品的分配关系。其中,生产资料所有制是整个生产关系的基础,它决定着生产关系中的其他方面。

生产力和生产关系的统一,构成物质资料的生产方式。生产力是生产方式的物质内容,生产关系是生产方式的社会形式。在生产力和生产关系的矛盾统一体中,生产力是矛盾的主要方面。生产力是最革命、最活跃的因素,社会生产方式的发展和变化,一般总是先从生产力的发展变化开始的。生产力的发展,使旧的生产关系与它不相适应,要求建立新的生产关系,从而引起生产关系的相应变化。从根本上说,有什么样的生产力,就会有什么样的生产关系与它相适应。历史上每一种新的生产关系的出现,归根到底,都是生产力发展的结果。

不过,生产关系不是消极和被动的因素。它一旦形成,便会积极地反作用于生产力。同生产力相适应的生产关系,会促进生产力的发展;同生产力不相适应的落后的或者超前的生产关系,会阻碍生产力的发展。但是,生产关系不能过分长久地处于与生产力发展不相适应的状态,迟早要被能适应生产力性质的新的生产关系所代替。生产关系一定要适应生产力,这是人类社会发展的客观规律。

新的生产关系代替旧的生产关系的过程,在不同的社会条件下是不同的。在存在阶级对抗的社会里,这一过程表现为强烈的阶级斗争。这是因为,代表腐朽的、陈旧的生产关系的剥削阶级,为了维护自身的阶级利益,总是拼命反对生产关系的变革,维护旧的生产关系。这时,代表新的生产关系的阶级就会通过阶级斗争和社会革命,摧毁腐朽的生产关系,建立适合生产力发展的新的生产关系,从而为生产力的进一步发展开辟道路。所以,在阶级社会里,阶级斗争是社会进步和经济发展的动力之一。

定义　生产力、生产关系和生产方式

生产力:人们运用生产资料,创造社会物质和精神财富的能力。生产力是推动社会生产发展的决定因素。

生产关系:人们在生产过程中结成的各种经济关系,包括生产资料的所有制形式以及产品的分配关系等。其中,生产资料所有制是生产关系的基础。

生产方式:生产力和生产关系的统一,构成物质资料的生产方式。其中,生产力是生产方式的物质内容,生产关系是生产方式的社会形式。

生产关系的总和构成社会的经济基础,在这个经济基础之上,建立起来的政治法律制度以及与它相适应的政治、法律、哲学、宗教、文艺等意识形态,统称为上层建筑。经济基础决定上层建筑。有什么样的经济基础,就要求建立什么样的上层建筑为它服务。经济基础的发展变化,要求改变旧的上层建筑,建立与经济基础相适应的新的上层建筑。但是,上层建筑对经济基础也有反作用。与一定的经济基础相适应的上层建筑,会对这种经济基础起保护和发展的作用。当经济基础已发生变化,原来的上层建筑不适应已经变化了的经济基础时,它就会阻碍经济基础的发展,甚至还会动员一切力量来破坏经济基础的变革。不过,经济基础的发展最终会摧毁旧的上层建筑,建立起与经济基础相适应的新的上层建筑。

定义　经济基础和上层建筑

经济基础:生产关系的总和构成社会的经济基础。经济基础决定上层建筑。有什么样的经济基础,就要求建立什么样的上层建筑为它服务。

上层建筑:在经济基础之上建立起来的政治法律制度以及与它相适应的政治、法律、哲学、宗教、文艺等意识形态,统称为上层建筑。上层建筑决定于经济基础,但对经济基础也有反作用。

政治经济学是研究生产关系的一门科学。但是,它不是孤立地、静止地研究物质和文化领域的生产关系,而是既要联系生产力,又要联系上层建筑,来揭示生产关系发展和变化的规律性。由于在人类社会发展的不同历史阶段,生产关系具有不同的性质和运动规律,所以,政治经济学本质上是一门历史的科学。

二、社会生产和再生产的总过程

无论是物质生产,还是文化生产和服务生产,其总过程是由生产、分配、交换、消费四个环节组成的有机整体。生产是起点,消费是终点。分配和交换是连接生产与消费的中间环节。生产、分配、交换、消费互相制约、互相依赖,构成生产总过程的矛盾运动。

生产是指人们改造自然,并创造物质财富的过程。消费分为生产性消费和个人消费。生产性消费是指生产过程中生产工具、原料、燃料等各种物质资料和活劳动消耗,其本身就是生产过程。个人消费是指人们为了满足物质和文化的需要,而对各种物质资料和服务的消耗。通常说的消费,就是指这种个人消费。生产决定消费,这表现在:第一,生产为消费提供对象;第二,生产决定消费的方式;第三,生产的性质决定了消费的性质。当然,消费对生产并不完全是被动的、消极的,它会反作用于生产。首先,消费使生产得到最终实现。其次,消费为生产提供目的和动力。如果没有消费,生产也就失去了意义,人们就不会去从事各种生产活动。

分配包括生产资料的分配、劳动力的分配和消费品的分配。生产资料和劳动力的分配是说明这些生产要素归谁所有和如何配置的问题,是进行物质生产的前提,因而本身也属于生产范畴。消费品的分配是确定个人对消费品占有的份额。这里讲的分配主要是指个人消费品的分配。生产决定分配。首先,被分配的产品只是生产的成果,因而生产的发展水平决定了可分配的产品的数量。其次,生产的社会性质决定了分配的社会形式,如资本主义生产就决定了有利于资本家阶级的分配形式。分配对生产也有反作用。与生产相适应的分配制度,会推动生产的发展;反之,则会阻碍生产的发展。

交换包括劳动活动的交换和劳动产品的交换。广义地说,只要有劳动分工,就必然有交换发生;狭义地说,交换是指在等价基础上进行的商品交换。通常说的交换就是指这种交换。生产决定交换,是指生产过程中社会劳动分工的程度决定了交换的范围和规模。分工越细,交换范围越广,交换规模也就越大。交换对生产也有反作用。交换越发展,社会劳动分工就进一步深化。

第三节　政治经济学的任务

一、经济规律的内涵与特点

一切科学的任务均在于揭示事物的客观规律性。政治经济学作为一门以生产关系为研究对象的理论经济科学,揭示生产关系及其实现和发展的运动规律,是它的根本任务。经济规律是经济现象和经济过程内在的、本质的和必然的联系。政治经济学的使命,就是要揭示人类历史不同社会形态纷繁复杂的经济生活中的这种本质联系,以及其实现方式和运动发展的必然趋势。

如同其他规律一样,经济规律也是客观的,是不以人的意志为转移的。它在一定的经济条件下产生并发生作用。经济规律的客观性质还在于:人们不能违背它,也不能制定或任意改造它。任何人违背了或是企图臆造任何经济规律,都会受到无情的惩罚。不过,人们在经济规律面前也并非无能为力。人们能够发现、认识和掌握它,并学会正确地利用它。应当既深刻认识经济规律的客观性,又充分重视人们的主观能动性。

与自然规律相比,经济规律有两个主要特点:其一,大多数经济规律都不是长久不变的。它只在一定的历史阶段发生作用,随经济条件的变更而变化。其二,经济规律的作用,必须通过人的经济行为和经济活动而得到发挥,并直接涉及人们的物质利益。

二、经济规律的一种分类

经济规律可以有多种划分方法。按经济规律形成的条件和作用范围的不同,可大致分为三类:

1. 一切社会形态共有的普遍经济规律

这是在任何社会中都普遍起作用的经济规律,如生产关系一定要适合生产力性质的规律、按比例发展规律、劳动生产率不断提高的规律、消费需求上升的规律等。

2. 若干社会形态共有的经济规律

这是在具有某种相同经济条件的几种社会形态中共同起作用的经济规律,如商品经济的价值规律、价格规律、供求规律、竞争规律、货币流通规律,等等。

3. 某一特定社会形态中占支配地位的特有经济规律

这是只在一个特定社会形态中起支配作用的经济规律,如资本主义社会中的私人剩余价值规律、社会主义社会中的按劳分配规律。

政治经济学是理论经济科学,本质上又是一门历史科学。它不仅研究某一特定社会形态的生产关系,而且研究人类不同社会形态的生产关系及其运动规律。不同社会经济形态,以自己特有的经济规律相区别,又以共有的经济规律相联系。广义的政治经济学,既要根据生产关系发展的不同历史阶段,揭示出各个社会和发展时期(如资本主义的自由竞争时期和垄断竞争时期,社会主义的计划经济时期和市场经济时期)特有的经济规律,又要以此为基础,揭示出几个社会共有的,以及一切社会共有的最普遍的经济规律。

第四节　政治经济学的方法

一、历史唯物主义方法

生产关系适合生产力性质这个规律,是马克思和恩格斯的伟大科学发现。这一发现使人们科学地认识了人类社会发展的客观过程。在马克思和恩格斯以前,许多资产阶级学者把人类社会的变化不是看作由客观规律支配的客观过程,而是由人的理性、道德、良心等心理因素决定的,他们完全用人的意识来解释社会现象。因此,他们是历史唯心主义者。马克思和恩格斯把复杂的社会现象归结为经济关系,即生产关系,而生产关系的变化又归结为生产力的发展变化。所以,马克思和恩格斯没有借助于道德、良心等意识来说明社会的变化,而是从客观的生产力水平出发,揭示了社会发展的客观规律。

二、唯物辩证法

唯物辩证法是内容与形式、本质与现象等范畴,以及对立统一、量变与质变、否定之否定等规律的方法论总称。其中,政治经济学的研究尤其强调下列方法:

第一,矛盾分析法。万事万物无时不在发展变化,事物内部固有的矛盾,是事物发展变化的根据。社会经济形态也同样如此。政治经济学要研究生产关系及其运动规律,揭示人类社会经济形态的发展变化,就必须结合运用静态分析和动态分析,从研究和揭示不同社会生产关系的内在矛盾及其运动入手。

定义　辩证唯物主义和历史唯物主义

辩证唯物主义:马克思主义哲学的重要组成部分,由马克思和恩格斯在19世纪中叶创立。辩证唯物主义是关于自然界、人类社会和思维发展的最一般规律的科学。其基本观点包括:世界是物质的;意识是物质高度发展的产物,是对物质的反映;世界是普遍联系和运动发展的;对立统一规律是宇宙的最根本的规律。

历史唯物主义:马克思主义哲学的重要组成部分,由马克思和恩格斯在19世纪中叶创立。历史唯物主义是关于人类社会发展一般规律的科学。其基本观点包括:社会存在决定社会意识;社会发展是一个自然历史过程;生产关系和生产力、上层建筑和经济基础之间的矛盾是推动一切社会发展的基本矛盾。

第二,科学抽象法。科学抽象在认识中有重要作用。任何科学,如要揭示事物的本质,都必须经过科学的抽象过程。对政治经济学尤其如此。这是因为,分析经济问题,既不能用显微镜,也不能用化学试剂,两者都必须用抽象力来代替。这里说的"抽象力",指的就是人们运用头脑对所研究对象的抽象思维能力。

第三,历史与逻辑相一致的分析方法。历史从哪里开始,思维过程也应从哪里开始,但历史经常出现跳跃或曲折,这就必须运用逻辑的方法。它可以摆脱直观的历史形式和起扰乱作用的偶然性,进行逻辑推理。不过,这又不能是脱离历史过程的纯粹抽象推理。它必须结合历史由低级到高级的发展,通过思维推理,以概括的理论形式,从简单概念到复杂概念,重现历史的真实。

第四,定性与定量相结合的方法。质与量是相互依存的统一体,任何事物都包括质与量两个方面。政治经济学的研究对象也是如此。要能充分揭示人类社会经济运行过程和经济关系的内在本质和运动规律,客观描述其表现形式和各种变量之间的关系,必须同时从质和量两个方面进行考察,把定性分析与定量分析结合起来。

除此之外,在政治经济学的研究中,还需要运用综合方法、归纳方法、演绎方法以及规范方法和实证方法等认识手段,适当借鉴系统论、伦理学和心理学等的某些方法和范畴。所有这些,共同构成马克思主义政治经济学的方法论体系。

第五节　中国特色社会主义政治经济学原则

一、科技领先型的持续原则

政治经济学的原理之一,是生产力决定生产关系,经济基础决定上层建筑,生产关系和上层建筑又具有反作用;其中,生产力是最革命、最活跃的因素,而掌握先进科技和管理方式的人对生产力起着核心作用;生产力的发展主要涉及劳动力、劳动资料和劳动对象三大实体性要素,以及科技、管理和教育这三大渗透性要素,其中科技具有引领生产力发展的决定性功效;人口的生产应与物质文化生产相协调,由自然环境构成的自然力应与劳动力和科技力相协调。

中国特色社会主义政治经济学必须坚持科技领先型的持续原则。它依据政治经济学的一般原理,强调解放和发展生产力是初级社会主义的根本任务,是社会主义本质的组成部分之一,是社会主义社会的物质技术基础,经济建设是中心工作;强调人口、资源与环境三者关系的良性化,应构建"人口控减提质型社会""资源节约增效型社会""环境保护改善型社会"的"三型社会",高水平地实现可持续发展;强调自主创新,建设创新型国家,创新是发展的第一动力,要实施创新驱动战略。

目前,要认真贯彻关于创新是引领发展的第一动力的方针。中国经济社会发展的"瓶颈"是老动力不足、新动力缺乏。突出创新理念的实质是解决发展动力问题,因而迫切需要通过科技创新和领先来解决动力不足问题,给经济社会可持续发展注入强大动力。从国际竞争的角度看,也只有重视知识产权优势,从企业、产业和国家层面实施知识产权战略,才能围绕品牌、技术制高点及技术标准制定等构筑企业乃至国家的竞争优势。当前,在经济新常态的格局中,只有紧紧抓住创新这个发展第一动力,才能化解各种风险、破解产能过剩难题,实现经济结构转型升级,跟上世界科技革命步伐。只有把创新作为推动发展的第一要务,以创新转换老动力,用创新培育新动力,使老动力焕发新活力,让新动力层出不穷,才能给经济社会可持续发展注入强劲动力。应扭转"造不如买、买不如租""以市场换技术"等传统观念,正确处理原始创新、集成创新与引进消化再创新之间的关系。经济运行从"自发性"到"自觉化"的演进,要建立政府、市场、科技相结合的三元机制系统,体现出科技这一"决定性"元素的作用,需要在战略高度上认识科技引领配置资源的重要作用。

二、民生导向型的生产原则

政治经济学的原理之一,是关于生产目的的理论。它揭示资本主义私有制直接和最终的生产目的是最大限度地获取私人剩余价值或私人利润,生产使用价值是为生产私人剩余价值和(或)私人利润服务的。社会主义公有制具有双重生产目的,其中,纯粹商业性企业和非商业性企业直接的生产目的有区别,但所有公有制企业的最终生产目的都是为了最大限度地满足全体人民的物质和文化需要(含生态环境的需要),生产新价值和公有剩余价值是为生产使用价值服务的,因而体现了人民主体性和民生导向性的生产目的。

中国特色社会主义政治经济学必须坚持民生导向型的生产原则。它依据政治经济学的一般原理,强调初级社会主义的一个主要矛盾就是人民群众日益增长的物质文化需求同落后的社会生产之间的矛盾,而又好又快地发展生产和国民经济便能缓解这一主要矛盾;强调发展是硬道理,发展是第一要务,要用进一步发展的方法来解决某些发展中的问题;强调坚持以人民为中心的发展思想,这是政治经济学的根本立场,要坚持把增进人民福祉、促进人的全面发展、朝着共同富裕方向稳步前进作为经济发展的出发点和落脚点,部署经济工作、制定经济政策、推动经济发展都要牢牢坚持这个根本立场;强调人民主体性,发展要依靠人民,发展的目的是为了人民,发展的成果要惠及人民,改善民生就是发展,体现了社会主义性质的生产目的性原则和根本立场。

目前,落实关于"改善民生就是发展"的价值导向,与社会主义生产和经济发展的根本目的是内在统一的。我们要继续坚持以经济建设为中心,坚持发展是硬道理的战略思想,变中求新、新中求进、进中突破,推动中国发展不断迈上新台阶。但是,发展生产和经济的出发点和归宿点是改善民生,因而必须以全面建设小康社会为攻坚目标,从改善民生就是发展的战略高度来谋划财富和收入分配、扶贫、就业、住房、教育、医疗卫生、社会保障七大领域的民生改善。要抓紧解决民生领域群众意见最大的某些问题,全力以赴,速补短板,限期缓解,这是新常态下民生导向性的生产原则和协调经济发展与社会发展的主要工作。保障和改善民生没有终点,只有连续不断的新起点,要采取针对性更强、覆盖面更大、作用更直接、效果更明显的举措,实实在在帮群众解难题、为群众增福祉、让群众享公平;要从实际出发,集中力量做好普惠性、基础性、兜底性民生建设,不断提高公共服务共建能力和共享水平,织密扎牢托底的民生"保障网"。

三、公有主体型的产权原则

政治经济学的原理之一,是生产不断社会化与资本主义私有制的基本矛盾,必然导致个别企业的生产经营有计划与整个社会生产和经济活动的无政府或无秩序状态之间的矛盾,导致社会生产经营的无限扩大与人民群众有支付能力的需求相对缩小之间的矛盾,导致生产和国民经济周期性地发生衰退和各种危机,以及贫富阶级对立和经济寡头垄断等一系列严重问题。因此,生产资料公有制取代私有制,社会主义经济制度取代资本主义经济制度,是历史的必然。

中国特色社会主义政治经济学必须坚持公有主体型的产权原则。它依据政治经济学的一般原理,强调初级社会主义由于生产力相对不发达,因而必须坚持公有制为主体、国有制为主导、多种所有制共同发展的基本经济制度；强调毫不动摇巩固和发展公有制经济，毫不动摇鼓励、支持、引导非公有制经济发展，推动各种所有制取长补短、相互促进、共同发展，同时公有制主体地位不能动摇，国有经济主导作用不能动摇，这是保证中国各族人民共享发展成果的制度性保证，也是巩固党的执政地位、坚持中国社会主义制度的重要保证；强调这一基本经济制度有别于私有制为主体、多种所有制共同发展的当代资本主义基本经济制度，如果操作得法，公有制不仅可以与市场经济有机融合，而且可以比私有制实现更高的公平与效率。同时必须看到，在当今世界国家政权还是一种必须存在的历史时期，国家所有制仍是一种具有合理性的社会主义所有制形式。

目前，必须贯彻关于国有企业是社会主义经济基础的支柱、发展混合所有制和改革的目的是为了做强做优做大国有企业等战略思想和方针，汲取过去国有企业改革形成暴富阶层的严重教训，重点发展公有资本控股的双向混合的所有制，大力发展农村村级集体层经济和合作经济，提升公有经济的活力、竞争力、控制力和抗风险力。应牢固确立关于发展私有制的目的是为发展公有制和社会主义经济服务的基本思想。对于中外私有经济，不仅要支持，更要引导和监管，以发挥其正能量，减少负效应。依据资本主义国家的先进经验和华为公司的某些超前做法，中国应鼓励和引导私营企业开展职工持股的改革，以推动劳资两利，共同富裕。

四、劳动主体型的分配原则

政治经济学的原理之一，是生产关系中的所有制决定分配关系，资本主义私有制决定分配上必然是按资分配，雇佣劳动者只能凭借法律上的劳动力所有权获得劳动力的价值或作为其转化形式的广义工资。在这个大框架和前提下，雇佣劳动者在某一企业的具体工资与具体岗位和绩效挂钩，但这不属于社会主义经济性质的按劳分配。某些企业、某些部门和全社会的雇佣阶级总体工资状况，则取决于与资产阶级的实际斗争及其成效。资本主义私有制范围内的分配，表象是按生产要素的贡献分配，其实质是按生产要素的产权分配。

中国特色社会主义政治经济学必须坚持劳动主体型的分配原则。它依据政治经济学的一般原理，强调初级社会主义由于生产力相对不发达，坚持公有制为主体、多种所有制共同发展的产权制度，因而必然实行按劳分配为主体，各种生产要素凭借产权的贡献参与分配这一基本分配制度；强调消灭剥削、消除两极分化，逐步实现共同富裕，这是社会主义的一个本质内容；强调共同富裕是中国特色社会主义的重要原则，要完善按劳分配为主体、多种分配方式并存的基本分配制度；强调缩小收入差距，坚持居民收入增长和经济增长同步、劳动报酬提高和劳动生产率提高同步，健全科学的工资水平决定机制、正常增长机制、支付保障机制，完善最低工资增长机制，完善市场评价要素贡献并按产权贡献分配的机制。

目前，要贯彻共享发展的新理念，必须坚持发展为了人民、发展依靠人民、发展成果由人民共享，做出更有效的制度安排，使全体人民在共建共享发展中有更多获得感；要增强发展动力，增进人民团结，朝着共同富裕方向稳步前进。只有将资源配置的目标着眼于共同富裕，社会生产才能健康稳定地运行，才能显示社会主义制度的优越性。坚持共享发展，主要涉及民生和共同富裕的问题，其中分配问题当下最为突出。中国现在财产和收入的分配差距都比较大，基尼系数超过美国；1%最富家庭已拥有中国家庭财产的1/3，与美国相同。要注意的是，贫富分化的第一指标不是收入。收入只是财富的流量，而关键是财富的存量，即家庭净资产。家庭净资产才是衡量贫富分化的首要指标。事实上,正是发明"中等收入陷阱"一词的新自由主义导致拉美国家陷入所谓中等收入陷阱,导致高收入的美、欧、日陷入金融危机、财政危机和经济危机,导致低收入的非洲发展缓慢。现在,中国只有尽快落实邓小平多次强调在20世纪末就要把解决贫富分化和共同富裕的问题提到议事日程上的指示,遵照劳动主体型的分配原则来改革财富和收入的分配体制机制,才能真正使共享发展和共同富裕落到实处,使广大劳动人民满意。

五、国家主导型的市场原则

政治经济学的原理之一,是价值规律,是商品经济的基本矛盾即私人劳动或局部劳动与社会劳动之间矛盾运动的规律。其内涵是:商品的价值量由生产商品的社会必要劳动时间所决定,生产某种商品所耗费的劳动时间在社会总劳动时间中所占比例须符合社会需要,即同社会分配给这种商品的劳动时间比例相适应,且商品交换按照价值量相等的原则进行,而供求关系、竞争和价格波动在资源配置中的作用以市场价值为基础,是价值规律的具体实现形式;在社会主义国家的计划经济中,按比例规律主要表现为整个社会内部有组织的分工与生产单位内部有组织的分工相结合,按比例规律靠占支配和主体地位的计划规律和占辅助地位的价值规律相结合来实现;在资本主义市场经济中,按比例规律主要靠价值规律自发调节,计划调节或国家调节作用较为有限。

中国特色社会主义政治经济学必须坚持国家主导型的市场原则。它依据政治经济学的一般原理,强调社会主义可以实行市场经济,而社会主义本身包含国民经济的有计划和按比例发展,要在国家调控主导下发挥市场在资源配置中的基础性作用,使市场在一般资源配置中起决定性作用并更好发挥政府的作用;强调着力解决市场体系不完善、政府干预过多和监管不到位问题,就必须积极稳妥从广度和深度上推进市场化改革,大幅度减少政府对资源的直接配置,推动资源配置依据市场规则、市场价格、市场竞争实现效益最大化和效率最优化;强调政府的职责和作用主要是保持宏观经济稳定,加强和优化公共服务,保障公平竞争,加强市场监管,维护市场秩序,推动可持续发展,促进共同富裕,弥补市场失灵。

目前,要坚持社会主义市场经济改革方向,继续在社会主义基本制度与市场经济的结合上下功夫,把两方面优势都发挥好,充分认识在中国社会主义市场经济中,市场调节规律(或价值规律)主要是在一般资源的配置领域发挥决定性作用,但发挥作用的条件与资本主义市场经济不同。市场决定资源配置是市场经济的一般规律,但社会主义经济决定资源配置是有计划按比例发展规律,需要将市场决定性作用和更好发挥政府作用看作一个有机的整体。既要用市场调节的优良功能去抑制"国家调节失灵",又要用国家调节的优良功能来纠正"市场调节失灵",从而形成高功能市场与高功能政府、高效市场与高效政府的"双高"或"双强"格局。[①] 显然,由于中国社会主义市场经济是建立在公有制为主体、国有制为主导、多种所有制共同发展的基础之上的,包括人大、政府在内的整个国家从法律、经济、行政和伦理等多方面的调节力度和广度必然略大于资本主义市场经济下的调节能力,从而显示出中国特色社会主义市场经济的优势和高绩效。

我们不能因为国家规划、计划和调节是有人参与的,就否认其中包含客观性,进而认为

---

① 刘国光、程恩富:《全面准确理解市场和政府的关系》,《毛泽东邓小平理论研究》,2014年第2期。

"国家调节规律""计划规律"等概念不成立。照此逻辑推论,市场活动也是有人参与的,其主体就是人,也就不存在"市场调节规律""价值规律"等相似的概念。市场调节说到底,是经济活动的自然人和法人的行为变动,也可以说是企业的行为或调节,如产品、价格和竞争等方面的所作所为。因此,市场调节规律和国家调节规律都是在形式上具有人的活动主观性,在内容上具有人的活动客观性;良性而有效的微观和宏观经济活动,要求在企业和政府工作的所有人,均应努力使人的主观能动性符合有人参与的经济活动的客观规律性,以便实现主、客观的有效统一性。

六、绩效优先型的增速原则

政治经济学的原理之一,是经济增长速度与经济发展绩效要互相协调,有较高绩效的增长速度是最佳速度;资源没有充分利用的较低增长速度,不利于充分就业、积累财富和提升福利,而资源粗放利用的较高增长速度又不利于保护生态环境、节约资源和积累真实财富;要辩证分析和对待国内生产总值这一指标,它既有积极作用又有严重缺陷,不应过度追求;经济增长与经济发展,经济效率、经济效益与经济绩效,都是有异同点的,应突出经济发展的整体绩效优先的经济增长速度。

中国特色社会主义政治经济学必须坚持绩效优先型的速度原则。它依据政治经济学的一般原理,强调中国20世纪80~90年代在不断提高经济效益的基础上,国内生产总值大体翻两番,而到2020年,将实现国内生产总值和人均国内生产总值比2010年翻一番,基本建成全面小康社会;强调在高速增长30多年的情况下,从2013年开始中国进入经济新常态,其标志之一是从高速增长转向中高速增长[①],重点是由过去突出增长速度的粗放型经济发展方式向突出经济绩效的集约型经济发展方式转变,以提质增效为中心。

目前,贯彻关于推动经济发展,要更加注重提高发展质量和效益。稳定经济增长,要更加注重供给侧结构性改革的精神。中国经济下行压力不断增大,其原因主要在于长期形成的结构性矛盾和粗放型增长方式尚未根本改变,高度依赖物质投入和资源消耗,自主创新能力不强。国内外形势的新变化,迫切需要推动中国经济从速度型发展向质量型发展升级,实现发展动力的转换、发展模式的创新、发展路径的转变、发展质量的提高。中国经济应向形态更高级、分工更复杂、结构更合理的阶段演化,经济发展方式应从规模速度型粗放增长转向质量效率型集约增长,经济结构应从增量扩能为主转向调整存量、做优增量并存的深度调整,经济发展动力应从传统增长点转向新的增长点,从总体上坚持绩效优先型的速度原则。

七、结构协调型的平衡原则

政治经济学的原理之一,是按比例分配社会劳动的规律(简称按比例规律),是社会生产与社会需要之间矛盾运动以及整个国民经济协调发展的规律,其内在要求表现为人、财、物的社会总劳动要依据需要按比例地分配在社会生产和国民经济中,以便保持各种产业和经济领域的结构平衡;在社会再生产中,各种产出与社会需要在使用价值结构和价值结构上均

---

① 2002~2011年,中国国内生产总值一直以每年9%以上的高速度增长。2012年和2013年增长速度均为7.7%,2014年的增长速度为7.4%,2015年的增长速度为6.9%,2016年上半年的增长速度达到6.7%。在全球经济体中,经济增长位居前列。根据国际货币基金组织公布的数据,中国经济对全球经济增长的贡献率超过25%,仍然是全球经济增长的最重要动力。

保持动态的综合平衡,从而实现在既定的生产经营水平下以最小的劳动消耗来取得最大的生产经营成果;广义的经济结构协调表现为合理化和不断高级化,包括产业结构、地区结构、外贸结构、企业结构、技术结构、供求结构、实体经济与虚拟经济结构等。

中国特色社会主义政治经济学必须坚持结构协调型的平衡原则。它依据政治经济学的一般原理,强调中国产业结构应从中低端向中高端提升,一二三次产业内部和之间在不断现代化基础上保持平衡,省市和区域结构应异质化发展,外贸结构应增加高新技术含量和自主品牌,企业结构应构建中国大型企业集团支配、中小企业和外资企业并存的格局,技术结构应增大中国自主创新核心技术和自主知识产权比重,供求结构应保持供给略大于需求的动态总量平衡,金融发展应为实体经济服务,虚拟经济不宜过度发展,新型工业化、信息化、城镇化、农业现代化应相互协调。

目前,要贯彻关于经济新常态和结构性改革的理论和方针政策,要在适度扩大总需求的同时,着力加强供给侧结构性改革,抓紧各种经济结构和重大经济比例的调整和改革,特别是加快缓解结构性产能过剩。要有针对性地去产能、去库存、去杠杆、降成本、补短板,提高供给体系质量和效率,提高投资有效性,加快培育新的发展动能,改造提升传统比较优势,增强持续增长动力。要消除一种长期流行的错误观点,认为只要克服行政干预的经济过剩,而市场化形成的产能过剩和产品过剩是正常的,会自动平衡的,不用事先、事中和事后来积极预防和解决。这种新自由主义误论及其做法,既是形成中国结构性产能大量过剩的重要原因,又会妨碍向中央经济工作会议精神看齐和落实工作,必须予以消除。

八、自力主导型的开放原则

政治经济学的原理之一,是依据国际分工、国际价值规律、国际生产价格、国际市场、国际贸易、国际金融、经济全球化等理论,在一国条件具备的情况下经济适度对外开放,有利于本国和世界的经济增长、资源优化配置、产业和技术互动、人才发挥作用等;一国对外经济开放的方式、范围和程度等,应视国内外复杂多变的情况而灵活有序地进行,发展中国家对发达国家的开放更要讲求战略和策略,因为开放的实际综合利益具有一定的不确定性。

中国特色社会主义政治经济学必须坚持自力主导型的开放原则。它依据政治经济学的一般原理,强调中国要在自力更生主导的基础上坚持双向对外开放基本国策,善于统筹国内和国际两个大局,利用好国际和国内两个市场、两种资源,发展更高层次的开放型经济,积极参与互利共赢型的全球经济治理,同时坚决维护中国发展利益,积极防范各种风险,确保国家经济安全;强调引进来与走出去并重、后发优势与先发优势并重的方针,要大力发展中方控股份、控技术(核心技术和技术标准)和控品牌(世界名牌)的"三控型"跨国公司,防止陷入传统的"比较优势陷阱",实行自主知识产权优势理论和战略。

目前,要抓好优化对外开放区域布局,防止区域开放的雷同化和恶性竞争;要推进外贸优进优出,提高国际分工的层次,加强国际产能和装备制造合作,妥善开展自贸区及投资协定谈判,积极参与全球经济治理,在充分利用中资和外汇储备的基础上有效利用外资;要尽快借鉴日本、韩国和美国对待外国企业的经验和措施,防止外企在中国的"斩首"性兼并和支配日渐增多的产业部门和大众化网站等,大力提升对外开放的质量、层次和绩效;要加快"一带一路"的国际合作和建设措施,发挥好亚投行、丝路基金等机构的融资支撑作用,抓好重大标志性工程落地;要积极利用人民币的国际化优势,但资本项目近期不宜开放,以有效抵御金融风险,维护国家金融安全和国民利益。

第六节 政治经济学的性质和意义

一、政治经济学的实践性、阶级性与人文性

实践的观点,即认为理论依赖于实践,理论来源于实践,反过来为实践服务,又由实践检验的观点,是辩证唯物论的认识论的首要的和基本的观点。实践性是政治经济学的一个重要特性。政治经济学在本质上也可以说是一门实践的科学。

政治经济学的阶级性,是由它所研究的对象决定的。作为政治经济学研究对象的生产关系,本质上就是人们的物质利益关系。在阶级社会或阶级世界里,生产关系及其经济利益必然表现为阶级利益的对立和差别。由于政治经济学所研究的材料的这种特殊性,在阶级社会里从不存在超阶级的政治经济学。迄今历史上出现过的,都是代表一定阶级利益的政治经济学,如资产阶级政治经济学、小资产阶级政治经济学和工人阶级政治经济学。

政治经济学是一门社会科学。也就是说,它不仅是一种科学,而且与自然科学有本质差别,即具有鲜明的"人文"特征。人文性是一切社会科学的基本内涵和标志。

政治经济学的人文性,除了表现为某种阶级性之外,也可以表现为一定的国度性。例如,19世纪出于经济发达的英国的经济学——以亚当·斯密为代表,同出于赶超阶段的德国的经济学——以李斯特为代表,两者差异就很大;20世纪出于资本主义美国的经济学,同出于社会主义苏联的经济学,两者差异就更大;西方发展经济学、比较经济学和过渡经济学的形成,也绝非偶然,均具有国度性。

二、政治经济学的意义

政治经济学的重大意义,是由它在马克思主义体系中的重要理论地位,以及在工人阶级革命和建设事业中的重要指导作用所决定的。政治经济学的学术价值和现实意义表现为:

第一,社会经济革命的指导思想。政治经济学的创立,在人类历史上第一次无可辩驳地证明了社会发展的自然历史过程和社会主义取代资本主义的客观必然性,使社会主义从空想变成科学。这就为世界无产阶级提供了进行社会经济变革和社会主义革命的有力的理论武器。

第二,社会经济建设的理论依据。政治经济学的创立,为执政的工人阶级政党进行社会主义经济建设和科学发展奠定了理论基础,并提供了制定经济纲领、路线、方针和政策的理论根据。

第三,人类知识结构的基础学科。马克思主义政治经济学是马克思主义的主要组成部分之一和通识教育的必修课,阐明了人们日常经济生活、社会经济活动和全球经济的发展规律和制度演化,也是运用科学的世界观和方法论的典范。其基础知识与每个公民的就业、收入、财产、投资、消费等日常生活,与生活在其中的商品交换、货币流通、生产方式、所有制、经济全球化、国际经济安全等,均是密切相关的。为了透彻地科学理解和应对,需要掌握政治经济学这门基础学科。由此可见,当前要积极响应习近平总书记的号召,"面对极其复杂的国内外经济形势,面对纷繁多样的经济现象,学习马克思主义政治经济学基本原理和方法

论,有利于我们掌握科学的经济分析方法,认识经济运动过程,把握社会经济发展规律,提高驾驭社会主义市场经济的能力,更好地回答我国经济发展的理论和实践问题,提高领导我国经济发展的能力和水平。"这就是说,马克思主义政治经济学首先是国民教育系统通识教育的必修课,是现代公民的必备知识,自然也是各级党政干部理论素养的必通课。

思考题

1. 马克思主义政治经济学的研究对象有什么特点?如何把握生产力与生产关系的矛盾运动和演变规律?

2. 有人说,经济活动都是有人参与的,因而没有什么经济规律。请对此做出评论,并说明经济规律与自然规律有何异同点?并联系经济新常态说明之。

3. 政治经济学的实践性、阶级性与人文性特征能否统一?怎样统一?

4. 怎样认识政治经济学的人文精神与数理表达、经济现象与经济本质、历史与逻辑等方法之间的关系?

5. 有一种说法:不学政治经济学,也能学好应用经济学和部门经济学。对此,你有何看法?

6. 美国学者加尔布雷斯早就揭露美国等资本主义市场经济内含垄断型大公司剥削中小企业的"二元体系"对抗性,因而倡导"新社会主义",并支持法国和英国等青年师生开展的批判资本主义市场经济理论(即西方主流经济学)的"经济学国际改革运动"。请你参考有关文献,思考其合理性。

·第一编·

直接生产过程

제1부

문학수첩들

第一章

商 品

学习目的与要求

通过本章的学习,详细了解什么是商品,正确理解商品的两因素和劳动的二重性及其相互关系,掌握价值的质和量的规定性,以及商品价值量的变化规律。理解商品经济的基本矛盾和不同类型商品经济的共同点和区别,掌握商品经济的一般规定性和运动规律,学会运用马克思的劳动价值理论分析和解决问题。

第一节 商品价值

一、商品的两个因素

商品是用来交换的劳动产品。任何商品都是一种能满足人们某种需要的产品;同时,它又是一种能用来交换的产品。商品具有使用价值和价值两个因素。

商品能满足人们某种需要的属性,就是商品的使用价值。由于商品的自然属性不同,商品的使用价值也就不同。又由于同一商品有多方面的自然属性,商品的使用价值是多种多样的。随着劳动生产力的提高、科学技术的进步、生产经验的积累,同一种商品的多种使用价值会越来越多地被人们发现。同样,就整个社会来讲,人们在同自然界做斗争的过程中,商品的数量及满足需要的自然属性会不断丰富和发展。当然,随着社会历史的发展,对商品数量和自然属性的衡量尺度也会发生变化。

商品的使用价值构成一切社会财富的物质或精神内容,是人类社会生存和发展的必要条件。由于商品的使用价值是由商品的自然属性所决定,因此,它本身并不反映社会生产关系。而财富是指能满足人的某种需要的资源,包括商品财富与产品财富、劳动财富与非劳动财富、物质财富与精神财富、有形财富与无形财富等。使用价值或财富本身,就其性能、用途、被满足程度等方面,不属于政治经济学研究范围。政治经济学是把使用价值当作商品的一个因素,从使用价值和交换价值以至价值的联系中来研究使用价值。

商品使用价值的最大特点,就是商品不是直接供给该商品的生产者自身消费的使用价值,而是为他人消费的使用价值。也就是说,因其商品的自然属性而用于交换的使用价值。它是商品交换价值的物质承担者,所以商品的使用价值是社会使用价值。这在商品经济的所有社会形态中都是相同的。

具有使用价值的物品一旦进入交换就具有交换价值。交换价值首先表现为一种使用价值同另一种使用价值相交换的量的关系或比例。例如,1只绵羊与20尺布相交换,20尺布就是1只绵羊的交换价值。在市场上,一种商品可以同其他许多商品相交换形成不同的交换比例,具有不同的交换价值。而且,各种商品相交换的比例,还会因地因时不同而不断变化,但在同一地区、同一时间大致相同。

为什么1只羊的交换价值是20尺布,或者说,商品交换价值是如何决定的?交换价值不可能是由它们的使用价值决定的。因为羊和布作为两种不同的使用价值,不可能在质上等同从而在量上加以比较。要得出正确的答案必须撇开使用价值属性,另辟蹊径。而一旦将商品的使用价值属性撇开,它就只剩下一个属性,即人类劳动产品这个属性。而我们在撇开商品的特殊使用价值的同时,也就撇开了生产特殊使用价值的劳动的特殊形式。这样,就从生产各种使用价值的形式各异的劳动中抽象出作为人的脑力和体力支出的一般人类劳动。凝结在商品中的这种无差别的一般劳动,其质相同而量可以比较,它构成商品的价值。两种使用价值不同的商品之所以能够按一定比例交换,原因在于交换双方的价值是相等的。显然,价值由人们劳动所创造。商品生产中需要投入各种要素,生产过程中的价值形成就包含了耗费其中的全部劳动。因此,劳动不仅是价值的源泉,而且决定着商品交换的比例。不同的商品之间能相互以一定的数量比例进行交换,本质上还是劳动价值论的科学揭示,即商品价值是交换价值的基础和内容,交换价值是价值的表现形式。

劳动表现为价值,人们以价值来交换商品,实际上就是交换劳动。所以,商品的价值体现人们交换劳动的生产关系,这就是价值的实质。价值不是劳动产品所固有的自然属性,而是商品特有的社会属性,是一个历史范畴。

定义　价值·劳动价值论

商品的价值是凝结在商品中的一般的、无差别的人类劳动或抽象的人类劳动。它反映了商品生产者之间交换产品的社会关系。价值通过商品交换的量的比例即交换价值表现出来。

有些资产阶级经济学家否认劳动价值论,认为决定商品交换价值的,是商品的效用。也就是说,商品的效用越多,商品交换的价值越大;商品的效用越少,该商品交换的价值就越小。该理论尽管表面上看是注重了商品的使用价值,实质上是一种典型的"效用决定论"。事实上,某商品的效用是相对的,不同对象、不同要求、不同地区,甚至不同时间的表现是不同的。如果以所谓的"效用"来决定商品的交换价值,那就永远无法对某一商品进行定价,并完成其交换。

还有一些资产阶级经济学家则认为商品的交换价值是由市场的供求决定的。这种"供求决定论"试图表明:市场需求紧缺时,就是说供不应求,商品的交换价值就高;市场供应充足,甚至积压时,也就是供过于求,商品的交换价值就低。这实际上是一种一定时期内的表面现象,并非反映商品交换的实质。如果由"供求"来决定商品的交换价值,那就更无法解释商品在供求一致时的价值决定。

小辞典　各种各样的价值论

效用价值论:商品的交换价值由商品的效用决定。

供求价值论:商品的交换价值由市场的供求决定。

知识价值论:在信息社会里,价值的增长不是通过劳动,而是通过知识实现的。

要素价值论:生产商品的所有要素投入都是价值的源泉。

近年来,随着科学技术的迅速发展,理论界关于劳动价值理论仍有些争论。主要代表有两种。其一是"知识价值论"。对信息社会颇有研究的奈斯比特在《大趋势》中说:在信息社会里,价值的增长不是通过劳动,而是通过知识实现的。"劳动价值论"诞生于工业经济的初期,必将被新的"知识价值论"所取代。事实上由于劳动者对知识(劳动积累的经验)掌握程度同其劳动复杂程度成正比,因而知识能通过提高劳动复杂程度而对价值生产起着相当重要的作用。可见,该理论只能是对"劳动价值论"的丰富而已。其二是"要素价值论"。该理论把价值的源泉归纳于商品生产的所有要素投入。这是西方某些学者试图对"劳动价值论"进行"改造"。马克思在对商品生产和价值生产的论述中清晰地指出:物化劳动转移旧价值和活劳动创造新价值。了解价值的概念和内涵,就不难看出"要素价值论"的失误之处。

从现象形态看,商品是使用价值和交换价值两因素的统一;从本质内涵看,商品是使用价值和价值两因素的统一。进一步分析可知:商品是使用价值和价值的矛盾统一体。

辨析　使用价值、交换价值、价值

使用价值是商品满足人们某种需要的效用。交换价值是一种商品同另一种商品相交换的量的关系或比例。价值是凝结在商品中的抽象劳动。

讨论　财富和价值

问题:人们常常说:"劳动是财富之父,土地是财富之母。"既然如此,为什么又说"只有劳动才是创造价值的源泉"呢?

回答:这里讲的财富是指使用价值而不是价值。就使用价值即财富来说,劳动不是它的唯一源泉。实际上,除了劳动之外,参与创造财富的还有资本等。但是,如果局限于讨论价值,则劳动就是唯一的源泉。当然,说劳动是创造价值的唯一源泉,并不意味着劳动在创造价值的过程中不需要其他生产要素的帮助。恰恰相反,如果没有其他生产要素的帮助,光靠劳动,也不可能创造出价值。尽管如此,创造价值的仍然只是劳动,而不是其他的生产要素。换句话说,劳动以外的其他生产要素是价值的必要条件而非充分条件。

二、劳动的二重性

商品作为用来交换的劳动产品,其两因素是由体现在商品中的劳动的性质所决定的。生产商品的劳动具有二重性:劳动既是具体劳动,又是抽象劳动。

就现象形态上看,生产商品的劳动是各种不同形式的劳动,不同形式的劳动又是由它的目的、对象、方法和结果决定的。以制造某有用物为目的(即反映某商品的自然属性),在特定形式下进行的各自不同的劳动,称为具体劳动。由于具体劳动是以劳动产品的有用性为目的,所以也被称为"有用劳动"。具体劳动创造商品的使用价值。

具体劳动的对象、操作方法及结果的差别,形成了社会分工。具体劳动尽管是一种以具体形态出现的劳动,它仍属于社会劳动的一部分。随着社会生产力的提高和人们需要的扩展,具体劳动会不断变化、丰富和发展。

具体劳动反映的是人和自然的关系。由于它是人类生存所必需,因此,具体劳动是人类社会存在和发展的必然条件。同样,具体劳动是人们改造自然界、创造有用物的过程,所以具体劳动若离开与自然物质的结合,也就无法创造出使用价值。

抽象劳动则表现为一种非具体形式的人类劳动。生产商品的劳动,从形式上看是具体的,但从其劳动的内容和过程来看,都是人类劳动力的消耗,即无差别的人类劳动,这种无差别的一般的人类劳动就是抽象劳动。抽象劳动创造商品的价值。

由于交换劳动产品,不仅是产品量的比较,更是产品质的比较,即要进行劳动量的比较。于是,异质的不同形式的具体劳动在漫长的交换过程中,逐步还原为同质的无差别的人类劳动,也就是抽象劳动。这样,凝结在商品中的抽象劳动被表现为商品的价值,并成为商品交换的共同基础。

辨析　具体劳动和抽象劳动

具体劳动是生产目的、操作方式、劳动对象、劳动手段和生产结果都各不相同的劳动。具体劳动创造使用价值。抽象劳动是撇开各种具体形态的一般的无差别的人类劳动。抽象劳动形成价值。

生产商品的具体劳动和抽象劳动,两者是统一的。它们是生产商品的同一劳动过程的两个方面,而不是独立存在的两种劳动或两次劳动,不论在时间上还是空间上,两者都是不可分割的。生产商品的劳动不管其劳动的具体形式如何,都同时表现为一种抽象劳动的支出,这就是劳动二重性在劳动过程中表现出的统一点。

生产商品的具体劳动和抽象劳动,两者又是对立的。生产者只是把具体劳动看作生产目的的必要手段,他从事的具体劳动只是为了能在交换中转化为抽象劳动,使劳动过程中的抽象劳动的支出得到实现和补偿。因此,以抽象劳动为目的,具体劳动就成为实现抽象劳动的必要前提。而一旦交换成功,买卖双方就各得其所。卖方得到抽象劳动形成的价值,买方得到各种具体劳动创造的使用价值。于是,具体劳动就与抽象劳动相分离。

由于具体劳动创造商品的使用价值,抽象劳动形成商品的价值,因而在劳动生产率发生变化时,同一单位时间里实现的使用价值和价值就会形成对立运动。同样,若生产者的具体劳动不符合社会劳动的要求,就会导致抽象劳动的消耗超出社会平均水平,而使具体劳动不能转化或实现较少的抽象劳动。这些都是具体劳动和抽象劳动相矛盾的表现。

劳动二重性学说是理解马克思主义政治经济学的枢纽,是彻底揭示资本主义内在矛盾及其规律的一个基点。在马克思以前,资产阶级古典经济学家从威廉·配第到大卫·李嘉图等人,也曾经提出过劳动创造商品价值的观点。但他们所说的劳动是笼统的劳动,是概念性的劳动。因此,并不知道是什么劳动创造价值,怎样形成价值。所以,他们的劳动创造价值的理论是很不全面和不彻底的。只有马克思运用劳动二重性的学说并证明了的劳动价值论,才科学地第一次确定了什么样的劳动形成价值,为什么形成价值以及怎样形成价值。马克思的劳动二重性学说也为剩余价值论奠定了基础。运用劳动二重性学说,马克思深刻地描述了剩余价值的来源和本质,揭露了资本家剥削雇佣工人的秘密,最终解决了剩余价值论的核心问题。

三、商品经济及其基本矛盾

商品经济是以商品交换为特征或以出卖为目的而进行生产的经济形式。商品生产和商品交换的总和统称为商品经济。商品经济最明显的特点就是:直接为市场交换而生产,生产借助市场交换而进行。在这里,劳动产品转化为商品,劳动者的劳动也因商品交换而被承认为社会总劳动的组成部分。

商品经济是和自然经济相对应的生产形式。自然经济是一种自给自足的经济,生产的目的是为了直接满足生产者和经济主体自身的需要。自然经济是与社会生产力低下、社会分工不发达相适应的经济形式。从原始公社末期到奴隶社会及封建社会这一漫长历史过程中,自然经济始终占据着统治地位。

商品经济产生需要两个条件。一是社会分工。社会分工一方面使生产走向专业化,出现专门生产某种产品的生产者;另一方面在各劳动者劳动产品单一化的同时,人们的需要日趋多样化。为满足生活上和生产上的各种需要,他们不仅要有各种各样的生活资料,还要有品种繁多的生产资料,所以不同产品的生产者需要互通有无,交换其产品。二是商品属于不同的所有者,即商品由不同的所有者或利益主体支配。于是,由社会分工形成的人们之间的经济联系,通过商品关系建立了起来,产品转化为商品,劳动交换采取了商品交换的形式,人们的社会关系由商品生产关系联系了起来。商品经济是社会经济发展到一定阶段的产物。商品经济在封建社会甚至奴隶社会末期就已出现,但不占主导地位。这种以生产资料个人所有,以个体劳动为基础,以换取自己需要的使用价值为目的的商品经济叫作简单商品经济。

商品两因素的矛盾来自劳动二重性的矛盾。在私有制为基础的商品经济中,它反映了私人劳动和社会劳动的矛盾。

人类生产本质上是社会生产,劳动的社会性是人类劳动的一个根本特征,只是在不同的社会形态下,表现出不同的特点。在私有制为基础的商品生产条件下,生产商品的劳动,直接表现为私人劳动,劳动的社会性是通过交换以价值形式表现出来的。

商品生产以社会分工为前提。在自发形成的社会分工中,每个生产者相互依存,他们既为满足他人的需要而生产,又都依赖他人的供给而生存。他们的劳动是社会总劳动的一个组成部分,具有社会劳动的性质。但是,在私有制条件下,生产什么、生产多少以及怎样进行生产,是生产资料所有者的私事,劳动的私人性是直接的、一目了然的。而这种私人劳动所具有的社会劳动的性质,又不能在生产过程中直接得到表现和承认。

辨析　私人劳动和社会劳动

在商品生产条件下,一方面,由于商品生产者独立进行生产并拥有自己的生产结果,故其生产具有私人的性质——它被称为私人劳动;另一方面,由于社会分工,商品生产者又是相互联系和相互依赖的,因而其生产又具有社会的性质——它被称为社会劳动。

私人劳动要被承认为社会劳动,只能在流通过程中通过把产品当作商品来交换这种间接途径而实现,这就是私人劳动(直接的)和社会劳动(间接的)的矛盾。解决矛盾的条件是商品交换。交换商品不仅以具体劳动形成不同的使用价值为前提,还以劳动量的比较为基础,这就要将具体劳动转化为抽象的人类劳动,于是,凝结在商品中的抽象劳动,才表现为商品的价值。可见,劳动二重性以及商品自身的两因素,追根寻源,都来自私人劳动和社会劳动的矛盾,都是由生产商品的私人劳动所具有的这种间接社会劳动的特性所决定的。

在私有制条件下,各自分散的商品生产者的经营带有盲目性,但是,私人劳动作为社会劳动的性质,却要求它所生产的商品在使用价值的质和量两方面都符合社会的需要。私人劳动的盲目性又与社会劳动的比例性相冲突。每当商品在市场上卖不出去时,人们只看到由于商品的使用价值不符合社会的需要,致使价值不能实现,是使用价值和价值的矛盾。其实,商品无用,既是具体劳动无用的表现,也是私人劳动盲目性的结果。

总之,商品两因素和劳动二重性,根源于生产商品的私人劳动和社会劳动的矛盾。因此,私人劳动和社会劳动的矛盾是私有制商品生产的基本矛盾,它决定着商品生产的其他矛盾,决定着商品生产者的命运。

四、商品拜物教

拜物教就是对物的偶像崇拜。在以私有制为基础的商品生产条件下,商品生产者之间的关系表现为物与物即商品与商品的关系。商品本来是商品生产者生产出来的,但在商品关系中,它却成了支配商品生产者命运的力量。如果商品生产者的商品销路好,能卖好价钱,他的生产就能发展,甚至发财致富;如果他的商品卖不出去,或卖不到好价钱,就会赔本甚至破产。人们对这种现象不理解,以为商品有一种神秘的力量在支配自己,因而像崇拜偶像那样崇拜商品,这种情形就叫作商品拜物教。

小辞典　拜物教

拜物教:把某些特定物体(如石头、树木、弓箭等)当作是具有意志的而加以崇拜的宗教。
商品拜物教:认为商品有一种神秘的力量在支配自己,因而崇拜商品。
货币拜物教:认为货币万能,因而崇拜货币。

货币出现以后,商品必须以货币作为媒介来进行交换。这时,商品生产者之间的联系就通过货币来实现。本来是商品生产者互相交换其劳动,现在表现出来的却是某种商品卖多少钱。用钱——货币可以购买一切商品,货币具有无限效力。过去是商品支配人,现在变成了货币支配人,人们崇拜货币,追逐货币,产生了货币拜物教。

商品拜物教来源于生产商品所特有的间接劳动的性质,即生产商品的劳动直接表现为私人劳动或个别劳动,但由于社会分工,各种私人劳动或个别劳动又是社会总劳动的组成部分,是社会劳动。由于私人劳动或个别劳动的社会性质不能直接表现出来,只有通过商品交换才能间接表现出来,即通过相互交换他们所生产的商品才能表现出来,这样就使本来是商品生产者之间的劳动联系,现在却表现为物与物之间的交换关系。人与人的关系被物的外壳掩盖起来,物决定着人的命运。这样,人和物的关系颠倒了,产生了商品拜物教。

第二节　商品的价值量

一、价值量的决定

马克思的劳动价值论告诉我们，商品的价值是劳动创造的，价值不过是人们交换劳动所借以进行量的比较的社会尺度，所以商品价值量是由生产商品所耗费的劳动量决定的。劳动量又怎么来衡量呢？回答是用"社会必要劳动时间"来衡量。

定义　价值量·社会必要劳动时间

社会必要劳动时间是在现有的社会正常的生产条件下，在社会平均的劳动熟练程度和劳动强度下，制造某种使用价值所需要的劳动时间。商品的价值量是由生产商品的社会必要劳动时间决定，并随社会必要劳动时间的变化而变化。

所谓社会必要劳动时间，是在现有的社会正常的生产条件下，在社会平均的劳动熟练程度和劳动强度下，制造某种使用价值所需要的劳动时间。它不同于某个商品生产者所耗费的个别劳动时间。

辨析　社会必要劳动时间和个别劳动时间

社会必要劳动时间是在现有的社会正常的生产条件下，在社会平均的劳动熟练程度和劳动强度下制造某种商品所需要的劳动时间。个别劳动时间是个别商品生产者生产某种商品所需要的劳动时间。

据此，商品生产者就以社会必要劳动时间来同个别劳动时间相比较。生产商品所耗费的个别劳动时间与社会必要劳动时间的比例，将直接影响到商品价值实现和经营的成败。因此，积极改善劳动条件，努力提高操作水平，合理分配劳动，就成为商品生产者降低个别劳动时间、实现更多商品价值的基本途径。

例　社会必要劳动时间和个别劳动时间

设某行业只有 A、B 两个生产者。A 的 1 个小时可以生产 3 个单位的产品，B 的 1 个小时可以生产 1 个单位的产品。于是，由 A、B 两个生产者组成的整个行业的情况是：2 个小时生产了 3+1=4 个单位的产品。商品的价值量（即社会必要劳动时间）为 2(小时)/(3+1)单位=1/2。其中，A 的 1 个小时创造的价值为 $3\times(1/2)=3/2$，B 的 1 个小时创造的价值为 $1\times(1/2)=1/2$。A 与 B 的 2 个小时创造的价值总量为 $(3/2)+(1/2)=2$。A 生产 1 单位产品的个别劳动时间为 1/3，B 生产 1 单位产品的个别劳动时间为 1/1。

讨论　劳动价值论的基本假定和基本公式

设某一行业在生产过程中使用的全部社会必要的活劳动量（简称"劳动"）为 L，生产资料的数量（简称"资本"）为 K，生产的产量为 Q。这里，"资本"一词指的是"物质资本"，包括原材料和生产工具（如机器、设备和厂房等）。由于生产过程中的消耗，生产资料的价值或部分价值会转移到产品中去。一般来说，原材料是完全消耗掉的，其价值会全部转移；生产工具则只是部分地消耗掉,其价值只是部分地转移。① 转移价值的数量通常随产量的增加而增加。为简单起见,假定它们成正比。② 于是,该行业所生产的全部产品的价值总量(用 Z 表示③)可以写为：

$$Z = L + cQ \quad (c > 0) \tag{1}$$

其中,L 代表生产过程中新创造的价值部分,cQ 代表从所消耗的生产资料中转移过来的价值部分。(1)式是劳动价值理论的基本假定。根据该假定,一个行业所生产的全部商品的价值总量等于该行业使用的全部社会必要活劳动量加消耗掉的生产资料价值。④

如果在(1)式的等号两边同时除以该行业的商品总量,则可以得到表示单位商品价值(简称"价值",用 z 表示)的公式：

$$z = \frac{Z}{Q} = \frac{L + cQ}{Q} = \frac{L}{Q} + c \tag{2}$$

(2)式是劳动价值理论关于价值决定的基本公式。它表示：每一商品中包含的价值量也由两个部分组成,即平均的新价值量 L/Q 和平均的转移价值量 $c(= cQ/Q)$。

进一步来看,由于在(2)式中,c 为常数,故它的存在和大小只影响价值函数的位置高低,而不会影响价值函数的形状(如倾斜方向和凹凸方向等),从而不会影响基本的分析结果。为方便起见,我们可以忽略掉这一部分。实际上,即使 c 不是常数,而是 Q 或 L 的函数,它也不会影响商品中新创造的价值部分。因此,当我们着重分析价值与劳动之间的关系时,仍然可以对它略而不论。这样,(2)式就可以简化为：

$$z = \frac{L}{Q} \tag{3}$$

二、简单劳动和复杂劳动

简单劳动是指因工艺、技术要求简单,不需要经过专门训练就能从事的劳动。这是一种简单劳动力的支出,也就是任何一个劳动者普遍具有的劳动力的耗费。一般来说,它是以体力支出为主要内容的劳动。简单劳动的规定性不是固定不变的,不同历史时期有其不同的规定。先进生产力或先进地区的简单劳动要比落后生产力或落后地区的简单劳动复杂一些。当然,随着社会科技的发展,相对复杂的劳动又会变得相对简单,原来意义上的复杂劳动变成新的意义上的简单劳动。在市场经济条件下,创造商品价值的抽象劳动是简单劳动。对劳动者的劳动量计量,要以简单劳动为单位,将复杂劳动折算为倍加的简单劳动。这样,就可以按同一尺度衡量劳动的差别,使得复杂程度不同的劳动,都可以用同一的简单劳动按照一定的比例进行比较。

复杂劳动是指需要经过专门培养与训练才能从事的劳动。复杂劳动包含着较多的技能和知识的运用,因此,这是一种具有一定技能和知识的复杂劳动力的支出。复杂劳动和简单劳动在同一时间内所创造的价值是不相等的,复杂劳动是自乘的或不如说多倍的简单劳动,

---

① 对生产过程中生产资料价值转移的更加详细的讨论请参看第三章第二节。
② 考虑非线性的转移价值会使讨论变得更加复杂,但不会改变基本的结果。
③ 代表价值(value)的最"自然"的符号当然是"v"。但是,从马克思的《资本论》开始,在马克思主义的政治经济学文献中,v 总是被用来表示"可变资本"。这已经成为"惯例"。因此,为了避免混淆,我们这里用大写的 Z 代表总的价值量,用小写的 z 代表单位商品的价值量。
④ 在"纯粹"地讨论价值本身的决定和变化时,我们假定市场的供求总是相等的,因而,所有商品中的价值都能够得到实现。

因此,少量的复杂劳动等于多量的简单劳动。这是因为:复杂劳动的劳动力比普通劳动力需要较高的教育费用,它的生产要花费较多的劳动时间,因此它具有较高的价值。既然这种劳动力的价值较高,它也就表现为较高级的劳动,也就在同样长的时间内物化为较多的价值。

辨析　简单劳动和复杂劳动

简单劳动是在一定的社会条件下,不需要经过任何专门训练的、一般劳动者都能胜任的劳动。复杂劳动是经过专门训练、具有一定技术专长的劳动。在同样的时间内,与简单劳动相比,复杂劳动创造的价值更多。

讨论　简单劳动和复杂劳动

在前面表示劳动价值论基本假定

$$Z=L+cQ \quad (c>0)$$

的公式中,隐含着一个重要的前提条件,即所有行业的劳动都是同质的。如果考虑到不同行业的劳动具有不同的复杂程度,而不同复杂程度的劳动在价值的创造上具有不同的"效率",则我们可以把(1)式改写为:

$$Z=kL+cQ \quad (c>0, k\geq 1) \tag{4}$$

其中,k 是表示劳动复杂程度的系数。$k=1$ 表示简单劳动,$k>1$ 表示复杂劳动,k 越大,表示劳动的复杂程度越高。

如果在上式的等号两边同时除以该行业的商品总量,则可以得到不同劳动复杂程度条件下表示单位商品价值的公式:

$$z=\frac{Z}{Q}=\frac{kL+cQ}{Q}=\frac{kL}{Q}+c \tag{5}$$

忽略其中的不变资本 c 之后,它可简化为:

$$z=\frac{kL}{Q} \tag{6}$$

三、价值量的变化规律

商品价值量随社会必要劳动时间的变化而变化,而社会必要劳动时间的变化又反映了社会劳动生产力的变化。劳动生产力是人类认识、利用和改造自然界以获得物质资料的能力,是生产方式的主要物质内容。劳动生产力不完全等同于劳动生产率。劳动生产力是具体劳动运用劳动手段加工劳动对象以生产使用价值的能力,也就是劳动生产的能力。劳动生产率则是用使用价值的量标志劳动生产力发挥作用的结果,也就是劳动生产的效率。但是,劳动生产率也可以不是劳动力作用的结果,而是劳动强度作用的结果。在后一种情况下,劳动生产力与劳动生产率就不可以通用,并且劳动生产率的变化不会引起单位商品价值量反比例的变化。劳动生产率可以有两种表示形式:单位时间内生产的产品数量,或生产单位产品所消耗的必要劳动时间。影响劳动生产力高低的因素是多种多样的,一般归纳为以下几种:社会科学技术发展和应用状况;生产技术装备的规模和效能状况;劳动者的文化知识水平和操作状况;生产的自然条件和组织状况;原材料、能源等质量和供应状况等。

社会科学技术的发展带来了劳动生产力的变化,劳动生产力的变化必然引起商品价值量的变化。在劳动强度、熟练程度和复杂程度等劳动的主观条件不变而由生产资料和自然环境等劳动的客观条件变好的情况下,劳动生产力越高,同一劳动在单位时间内生产的商品越多,或用于生产单个产品的社会必要劳动时间越少,其价值量也越小;反之亦然。也就是说,在生产资料和自然环境等劳动的客观条件变好的情况下,随着劳动生产力的提高,单位时间生产的商品数量增加,生产单位商品的社会必要劳动时间将随之减少,在商品生产和商品交换条件下,如果个别劳动时间少于社会必要劳动时间,商品生产者就处于较为有利的地位,就能实现较多的商品价值;反之,则处于不利甚至破产的地位。商品价值量的变化规律,使商品生产者就社会必要劳动时间展开激烈的竞争,从而有效地促进社会技术进步。这也使我们看到,随着科学技术的发展,劳动生产力将不断提高,单位使用价值包含的价值量日益减少将成为必然趋势。但是,主要由科技发展而引起的劳动的日益复杂性增加,又会使社会总价值增大。

例 劳动生产力、社会必要劳动时间和商品价值量

仍然考虑整个行业只有 A、B 两个生产者的情况。设一开始时,A 1 小时生产 3 单位产品,B 1 小时生产 1 单位产品,即整个行业用 2 小时生产了 4 单位产品。商品价值量为 1/2。A 1 小时创造的价值为 3/2,B 1 小时创造的价值为 1/2。A 与 B 的 2 个小时创造的价值总量为 2。A 生产 1 单位产品的个别劳动时间为 1/3,B 生产 1 单位产品的个别劳动时间为 1/1。

现在假定 A 和 B 的劳动生产力均提高 1 倍,即 A 的 1 个小时可以生产 6 个单位产品,B 的 1 个小时可以生产 2 个单位产品。由 A 和 B 两个生产者组成的整个行业的情况是:2 个小时生产了 6+2=8 个单位的产品。商品的价值量(即社会必要劳动时间)为 2(小时)/(6+2)单位=1/4。与原来相比,劳动生产力提高 1 倍之后,商品价值量下降了 50%。

思考题

1. 为什么在不同所有制下会有不同类型的商品经济出现?

2. 商品能够通过买卖同其他商品相交换的属性,是商品的交换价值。决定商品交换的比例,是商品的价值。那么,商品的"效用"、市场的"供求"是否也能决定商品的交换价值呢?

3. 如何理解商品两因素的矛盾来自劳动二重性的矛盾,归根到底来源于私人劳动和社会劳动的矛盾?

4. 商品的价值是劳动创造的,劳动是价值的唯一源泉,因而商品的价值量是由生产商品所耗费的劳动量决定的。但为什么不能由任何一个商品生产者所耗费的个别劳动时间来决定呢?

5. 根据马克思的观点,"商品的价值量与体现在商品中的劳动的量成正比,与这一劳动的生产力成反比。"那么,随着社会劳动生产力的提高,商品价值量的变化将呈现怎样的态势?

第二章

货 币

学习目的与要求

通过本章的学习,掌握价值形式的演变及货币的产生和发展概况,了解货币的职能和货币流通规律,认识价值规律是商品经济的基本规律。学习这一章要正确理解货币的本质,把握货币的各种职能及其相互关系,了解货币流通规律及通货膨胀与通货紧缩的概念,掌握价值规律的基本内容及其表现形式,认清价值规律在不同性质商品经济中的作用。

第一节 价值形式的演变与货币的起源

一、简单的价值形式

商品既然具有使用价值和价值两个因素,因而它也就相应地具有两种表现形式——使用价值的表现形式和价值的表现形式。使用价值的表现形式就是商品的自然体本身,是人们可以直接感触到的。价值的表现形式则不然,它体现着商品的社会属性,是看不见、摸不着的,从每个孤立的物品上无法表现出来。例如,一张桌子,把它翻来转去,即使把它砸碎也找不到它的价值。既然价值体现商品的社会属性,那么商品的价值就只有在商品与商品的社会关系即商品交换中才能表现出来。所谓商品的价值形式,就是价值的表现形式,也就是交换价值。因此,我们必须在交换关系中来研究商品价值形式的发展。商品价值形式的发展和商品交换的不同阶段相适应,经历了四个发展阶段:简单的价值形式、扩大的价值形式、一般的价值形式和货币形式。

小辞典　价值形式、相对价值形式和等价形式

价值形式:价值的表现形式,即交换价值。一种商品的价值只有在与其他商品的交换中才能表现出来。

相对价值形式:在价值的表现形式中,其价值被表现的商品,处于相对价值形式的地位。

等价形式：在价值的表现形式中，充当其他商品价值的表现材料的商品，处于等价形式的地位。

简单的价值形式是与简单的、偶然的物物交换相适应的。人类最初的商品交换产生于原始社会后期，当时人们还不是专门为交换而生产，只是将自己消费以后偶然剩下的东西拿来进行以物易物的交换。因此，交换带有偶然的性质。与这种偶然的交换相适应，产生了简单的价值形式，即一种商品的价值偶然地表现在另一种商品上。例如，一只绵羊和两把斧子相交换，一只绵羊的价值表现在两把斧子上，用等式表示就是：

$$1 只绵羊 = 2 把斧子$$
$$（1 只绵羊价值 2 把斧子）$$

在"1只绵羊＝2把斧子"的简单价值形式中，绵羊和斧子这两种不同的商品处于不同的地位，起着完全不同的作用。绵羊起着主动作用，它要表现自己的价值。绵羊的价值不是由本身表现出来的，而是通过与斧子发生交换关系相对地表现出来的。在这里，绵羊是价值被表现的商品，处于相对价值形式的地位上。斧子起着被动作用，它不表现自己的价值，而是充当其他商品价值的表现材料，处于等价形式的地位上。处于等价形式地位上的商品称为等价物。

相对价值形式和等价形式处于同一价值形式的两极，它们是对立统一的关系：既相互依赖、互为条件，又相互排斥、相互对立。两者的统一表现在：一种商品处于相对价值形式上，是以另一种商品处于等价形式上为条件的；一种商品处于等价形式上，同样以另一种商品处于相对价值形式上为条件，缺少任何一方都不成其为价值形式。两者的对立表现在：在同一价值关系表现中，一种商品不能既处于相对价值形式上，同时又处于等价形式上，因为任何商品都不能用自己来表现自己的价值，也不会自己同自己相交换。需要指出的是，在简单的价值形式中，相对价值形式和等价形式的对立很不固定，如上例中，假如斧子处于主动地位，它要用绵羊来表现它的价值，等式就颠倒过来成为"2把斧子＝1只绵羊"。

辨析　价值（量）和相对价值（量）

某商品的价值是凝结在该商品中的一般的、无差别的人类劳动，其大小由生产该商品的社会必要劳动时间决定，与其他商品的价值量无关。

某商品的相对价值是该商品的价值的相对表现，即通过另外一种商品而表现出来的价值，其大小不仅取决于该商品本身的价值量，而且也取决于另外那种商品的价值量。

例　相对价值（量）及其变化

设绵羊的价值为6，斧子的价值为3，则我们有："1只绵羊＝2把斧子"。在这个公式中，绵羊通过斧子表现出来的相对价值为$6/3=2$。

简单的价值形式和简单的偶然的商品交换相适应。在当时，它促进了商品交换的发展。但是，在简单的价值形式中，处于相对价值形式的商品的价值表现是不充分的。价值只是同它本身的使用价值区别开来，表现在一种商品上，还没有充分表现价值是一般人类劳动的凝结这一本质。与此相适应，处于等价形式的商品只是个别的等价物，只能表现一种商品的价值。随着商品交换种类和范围的扩大，价值的表现就必然由简单的价值形式逐步过渡到扩大的价值形式。

二、扩大的价值形式

随着社会生产力的发展,原始社会末期出现了第一次社会大分工,畜牧业从农业中分离出来。分工使社会生产力获得进一步发展,剩余产品不断增加,商品交换也逐渐经常化。随着商品交换的发展,一种商品已经不是偶然而是经常与许多商品相交换。这样,简单的价值形式就发展为扩大的价值形式。某一种商品的价值表现在其他一系列商品上的价值形式,就叫作扩大的价值形式。用等式表示就是:

$$1\text{ 只绵羊}\begin{cases} =2\text{ 把斧子} \\ =80\text{ 斤粮食} \\ =60\text{ 尺布} \\ =5\text{ 张兽皮} \\ =\text{一定量其他商品} \end{cases}$$

在扩大的价值形式中,处于相对价值形式的商品的价值已经不是偶然地表现在另一种商品上,而是经常地表现在一系列的其他商品上,每一种其他商品体都成为反映它的价值镜。这时,作为等价物的已经不是一种商品,而是许多种不同的商品了。扩大的价值形式表明,商品的价值同它借以表现的使用价值的特殊形式是没有关系的。一种商品之所以能够同一系列使用价值不同的商品发生等价交换,只是因为它们都是人类劳动的产物。价值实体是物化在商品中的一般人类劳动这一本质,在扩大的价值形式中得到了更清楚的证明。

扩大的价值形式和简单的价值形式相比,商品价值的表现更加充分,因而促进了商品交换的发展。但是,由于扩大的价值形式仍然是直接的物物交换阶段上的价值形式,是简单的价值形式的扩大,它仍有缺点和局限性:从相对价值形式来看,每一种商品的价值表现,都是一个不同于别的商品的价值表现形式的无限系列;从等价形式来看,每一种商品又都可以与其他许多商品并列成为特殊的等价物。这表明,生产各种商品的一般人类劳动,还不能获得共同的统一表现形式,商品世界中还没有一个社会公认的共同的等价物。因此,在扩大的价值形式中,商品的相对价值仍然不能获得最终的完全的表现。

三、一般价值形式

一般价值形式是适应解决扩大的价值形式的矛盾而产生的。在长期交换过程中,商品所有者逐渐认识到,如果先将自己的商品换成市场上大家都愿意要的商品,然后用这种商品去换回自己所需要的商品,交换就比较容易实现。这样,在商品所有者自发活动的基础上,便逐渐从商品世界中分离出某种商品来作为交换的媒介,一切商品的价值都由这种商品来表现,这样的价值形式就是一般价值形式。用等式表示就是:

$$\left.\begin{matrix} 2\text{ 把斧子}= \\ 80\text{ 斤粮食}= \\ 60\text{ 尺布}= \\ 5\text{ 张兽皮}= \\ \text{一定量其他商品}= \end{matrix}\right\}1\text{ 只绵羊}$$

这个价值表现形式之所以叫作一般价值形式,是因为在这个价值形式中,一切商品的价值都表现在某种特殊商品(如绵羊)上,这种从商品世界中分离出来充当其他商品的统一的价值表现材料的特殊商品,叫作一般等价物。

四、货币形式及其发展

货币形式是价值形式发展的完成阶段。在这一阶段,一切商品的价值都统一由货币来表现,货币成为价值和财富的化身。

货币是商品交换发展的产物。当某种商品从商品世界中分离出来,并固定地独占了一般等价物的地位时,这种特殊商品就成了货币,这种价值形式就是货币价值形式。用等式表示就是:

$$
\left.\begin{array}{r}
2\text{把斧子}= \\
80\text{斤粮食}= \\
60\text{尺布}= \\
5\text{张兽皮}= \\
\text{一定量其他商品}=
\end{array}\right\} 1\text{克黄金}
$$

货币形式和一般价值形式相比,并没有发生本质上的变化。它们之间的区别仅在于:在一般价值形式下,在不同时间、不同地区、不同民族,作为一般等价物的商品还不固定、不统一;而在货币形式下,作为一般等价物的商品则在相当长的时期内稳定在一种商品上。

辨析　等价物、一般等价物、货币

所谓"等价物",是在价值形式中,处于等价形式地位、表现其他商品价值、充当其他商品的交换媒介的商品;所谓"一般等价物",是在价值形式中,处于等价形式地位、表现其他一切商品价值、充当其他一切商品的交换媒介的商品;所谓"货币",是固定地充当一般等价物的商品。

货币的出现,使整个商品世界分成了两极:一极是各种各样的商品,它们都有特殊的使用价值,要求转化为价值;另一极是货币,它直接以价值的化身出现,可以代表任何一种商品的价值。这样,由于货币的出现,就使商品内部使用价值和价值的对立统一关系,发展为商品与货币的对立统一关系。一切商品都必须转化为货币,它的价值才能得以实现。货币的出现解决了商品物物交换的困难,使得商品交换能以最高效率和最低成本进行,从而极大地促进了商品交换的发展。

小辞典　各种各样的价值形式

简单的价值形式:一种商品的价值偶然地表现在另一种商品上。

扩大的价值形式:一种商品的价值表现在其他一系列商品上。

一般价值形式:一切商品的价值都表现在某种特殊的商品上。这种特殊的商品被叫作"一般等价物"。

货币形式:一切商品的价值都表现在某种固定的特殊商品上。这种固定的特殊商品(例如黄金)就是所谓的"货币"。

货币作为一种人们能够共同接受的价值体化物,在不同的时期有着不同的表现形式。在漫长的岁月中,货币的形态经历着由低级向高级的不断演变过程。

小辞典　各种各样的货币

实物货币：指非金属的商品货币。

金属货币：以金属（如金、银）作为材料的货币。

代用货币：用其他物品（如不足值的铸币和纸币）作为货币，代替足值的金属货币。

信用货币：以信用作为保证，通过信用程序发行的货币。

电子货币：如信用卡。它贮存于银行的电子计算机中，而无须任何物质性的材料。

第二节　货币的职能与货币流通规律

一、货币的职能

货币的职能是指货币的社会经济作用，它是货币本质的具体表现形式。货币的职能随着商品生产和商品交换的发展而发展。在发达的商品经济中，货币具有价值尺度、流通手段、贮藏手段、支付手段和世界货币五种职能。

1. **价值尺度**

货币的第一个职能是充当商品的价值尺度。

货币在表现其他商品的价值，并衡量商品价值量的大小时，便执行价值尺度的职能。货币之所以能够充当价值尺度职能，是因为货币本身也是商品，具有价值。货币和其他商品一样，都凝结了一般人类劳动，它们在质上是相同的，在量上是可以互相比较的。这样，一切其他商品都可以用作为一般等价物的货币商品去衡量，表现自己的价值，这个一般等价物的货币商品便成了衡量其他一切商品共同的价值尺度。

讨论　价值尺度的相对性

货币的最重要的职能是充当商品的价值尺度。然而，需要注意的是，货币这把衡量商品价值的尺子本身却不是固定不变的。这是因为，货币本身的价值量会变化。例如，它会由于生产货币的劳动生产力的变化而变化。不过，只要我们总是拿同一把尺子（尽管该尺子本身会伸缩）去衡量不同商品的价值，则这些不同商品的价值的相对大小就仍然是一目了然的。换句话说，在货币这把尺子的衡量下，价值大的商品其价格也大；反之亦然。

货币在执行价值尺度职能时，商品的价值形式就转化为价格形式。价格是商品价值的货币表现。但是，货币在执行价值尺度的职能时，只是想象的或观念的货币。例如，1块手表值2克黄金，只是把手表的价值观念地表现在黄金上，在这里，并不需要有现实的货币，只需要用想象的或观念的货币就可以了。因为货币执行价值尺度的职能，只是把商品价值的大小表现出来，并不是实现商品的价值。

定义　价值形式和价格（价格形式或货币形式）

一种商品的"价值形式"是指该商品在其他商品上的价值表现。

商品的"价格"（"价格形式"或"货币形式"）是价值形式的一种，指商品在货币（如黄金）上的价值表现。说得更加严格一点，价格是指商品（如绵羊）在已经执行货币商品职能的商品（如黄金）上的简单的相对的价值表现。例如，绵羊的价格可以表示为：

$$1 只绵羊 = 2 盎司黄金$$

简言之,商品的价格就是商品价值的货币表现。需要注意的是,由于有不同的货币(如不同的金属货币或纸币),商品价值的货币表现也会有所不同。

讨论　劳动价值论与价格

设生产1件衣服所花费的社会必要劳动时间为4,生产1单位货币(假定货币的单位是"元")所花费的社会必要劳动时间为2。根据劳动价值理论,可以进行如下推理:

$$1 件衣服的价值 = 2 个单位的货币的价值 \rightarrow$$
$$1 件衣服 = 2 个单位的货币 \rightarrow$$
$$1 件衣服 = 2 元钱$$

最后一个等式表示的就是衣服的价格。由推理过程显而易见,它是衣服价值的货币表现。

货币执行价值尺度的职能,不仅要表现价值,而且要表现一定数量的价值。为了衡量和计算各种商品的不同的价值量,必须首先给货币本身确定一个计量单位,即在技术上有必要用某一种固定的金量作为货币单位,这个货币单位又可分成若干等分,这种被确定的货币单位及其等分就叫作价格标准。不同国家有不同的货币单位,因而有不同的价格标准。例如,英国的英镑、便士,美国的美元、分,法国的法郎、生丁,德国的马克、芬尼,中国的元、角、分,等等。

辨析　价值尺度和价格标准

"价值尺度"是指货币所具有的表现商品价值、衡量商品价值大小的一种职能。货币之所以具有价值尺度的职能,是因为货币本身也是商品,具有价值。由于货币的价值会随生产货币的劳动生产力的变化而变化,故货币这把价值尺度亦会随劳动生产力的变化而变化。另一方面,"价格标准"是关于货币的计量单位以及划分这一计量单位的规定,用于衡量货币本身的数量。它与劳动生产力的变化无关。

2. 流通手段

货币的第二个职能是流通手段,即充当商品交换的媒介。

货币产生之后,商品交换从物物交换转化为以货币为媒介的交换,这一交换把一个统一的商品交换过程分解为两个过程:一是出卖的过程,二是购买的过程。这种以货币为媒介的商品交换就是商品流通,它由商品变为货币($W-G$)和由货币变为商品($G-W$)两个过程组成。$W-G$即卖的过程,是商品的第一形态变化,这一阶段很重要,实现也比较困难。这是因为,如果商品卖不出去,不能使原来的商品形态转化为货币形态,则商品的使用价值和价值都不能实现,商品生产者就有可能破产。$G-W$即买的阶段,是商品的第二形态变化,这一阶段一般是比较容易实现的。因为货币是一切商品的一般等价物,如果商品充足,有货币就可以买到商品。

货币充当流通手段,打破了商品直接交换在时间上和空间上的限制,促进了商品交换的发展。但是,买和卖的分离也包含着危机的可能性。这是因为交换过程在时间上和空间上分开了。商品所有者在一地卖出商品以后,可以到另一地去购买,也可以在出卖商品以后,不马上购买,这样就有可能使一些人的商品卖不出去,造成生产的相对过剩。所以在以货币为媒介的商品流通中,已经包含着发生商品相对过剩危机的可能性。

货币作为流通手段,在商品流通过程中,不断地被当作购买手段,实现商品的价格。商品经过一定流通过程后,必然要退出流通领域而进入消费领域。但货币作为流通手段,却始终留在流通领域中,不断地从购买者手中转移到出卖者手中。货币这种不断的转手就构成货币流通。货币流通是以商品流通为基础的,它是商品流通的表现。

辨析 物物交换、商品流通和货币流通

"物物交换"是直接的商品与商品的交换。在物物交换中,商品的"买"和"卖"是统一的。"商品流通"是以货币为媒介的商品交换。它分解为卖和买两个过程。前者是把商品变为货币,后者是把货币变为商品。"货币流通"是商品流通中货币作为商品交换的媒介不断地从一个商品所有者手里转到另一个商品所有者手里的运动。

3. 贮藏手段

当货币退出流通领域以后,被人们保存、收藏起来时,货币就执行贮藏手段的职能。

货币之所以能够执行贮藏手段,乃是因为货币是一般等价物,是社会财富的一般代表,人们贮藏货币就意味着可以随时将其转变为现实的商品。作为贮藏的货币,它必须既是现实货币,又是足值货币。严格地说,只有金属货币才能执行贮藏手段的职能,纸币是不能执行贮藏手段的。

在金属货币流通的条件下,贮藏货币具有自发地调节货币流通的特殊作用。当流通领域所需要的货币量增加时,货币供不应求,货币就会升值,从而刺激货币从贮藏中流出,加入流通领域成为流通手段;而当流通中所需要的货币量减少时,货币供过于求,货币就会贬值,有一部分货币就会自动退出流通领域成为贮藏货币。这样,贮藏货币就像蓄水池那样,能够自发地调节流通中的货币量,使之与流通中的客观需要量相适应。由于贮藏货币的这种特殊作用,在足值的金属货币流通条件下,一般不会发生货币过多的现象。

4. 支付手段

在以延期付款形式买卖商品的情况下,货币在用于清偿债务时,就执行支付手段的职能。

货币作为支付手段的职能产生于赊卖赊买的商品交换中,是与商业信用联系在一起的。由于一些商品生产过程的季节性和地域性差异,在客观上要求商品的出售与商品价值的实现在时间上分离,这样就产生了赊销和赊购。这时,卖者成为债权人,买者成为债务人,买卖双方约定一定时期,到期由买者向卖者支付货款。因此,商业信用是货币支付手段职能产生的前提条件。

在货币当作支付手段的条件下,买者和卖者的关系已经不是简单的买卖关系,而是一种债权债务关系。首先,等价的商品和货币就不再在售买过程的两极上同时出现了。这时,货币首先是当作价值尺度,计量所卖商品的价格。其次,货币是作为观念上的购买手段,使商品从卖者手中转移到买者手中,但货币并没有同时从买者手中转移到卖者手中。只是到了约定的付款日期,货币才被用来清偿债务,从买者手里转到卖者手里。

5. 世界货币

随着国际贸易的产生和发展,货币也超越国界,在世界市场上发挥一般等价物的作用,于是货币就具有了世界货币的职能。

货币在执行世界货币职能时,必须摆脱国家的烙印,还原其作为金银的本来面目。这是

因为铸币和纸币的制造和发行,都是由一定的国家政权认可的,超出本国的范围便失去其法定的意义,一般不可充当世界货币。当然,在现代西方社会,由于新的国际货币体系的建立,有一些国家的货币(如美元、欧元、日元等),尤其是美元,可以在一定的条件下代替贵金属跨越国界执行世界货币的职能。更为引人注目的是,国际货币基金组织在1969年还创造了"特别提款权"(Special Drawing Right)这一记账形式(又称"纸黄金")来充当国际的支付手段。

世界货币的职能主要表现在三个方面:(1)作为国际支付手段,用来支付国际收支差额。各国之间政治、经济、文化联系引起的相互之间的货币支付,有时采取债务相互抵消以后,只支付差额的做法。这时,货币就作为国际的一般支付手段。(2)作为国际的一般购买手段,主要是一国单方向另一国购买商品,货币商品直接同另一国的一般商品相交换。(3)充当国际财富转移的手段。货币作为社会财富的代表,可由一国转移到另一国,如资本的转移、对外援助、战争赔款等。

小辞典　各种各样的货币职能
价值尺度:表现商品的价值、衡量商品价值量的大小。
流通手段:充当商品交换的媒介。
贮藏手段:可被保存,充当财富的代表。
支付手段:用于清偿债务。
世界货币:在世界市场上作为一般等价物。

二、货币流通规律

货币流通规律是指决定在一定时期内商品流通中所需要货币量的规律。

如果以 M 代表执行流通手段职能的货币量,以 P 代表商品价格水平,以 Q 代表流通中商品数量,以 V 代表货币流通速度,则在金属货币条件下,货币流通规律的数学表达式为:

$$M = \frac{PQ}{V}$$

换句话说,货币需要量与商品数量、价格水平,进而与商品价格总额成正比,与货币流通速度成反比。

三、纸币流通规律与通货膨胀和通货紧缩

纸币流通规律是指流通中纸币总量所代表的价值量决定于货币需要量的规律。

由于纸币是金属货币的符号,无论发行多少纸币,它只能代表商品流通中所需要的金属货币量。

如果纸币发行量相当于商品流通中所需要的金属货币量,那么纸币的购买力就会同它所代表的金属货币的购买力相等。例如,商品流通需要10亿元金币,国家发行10亿元的纸币代替金币流通,这样,总额10亿元纸币代表10亿元金币的价值,每1元纸币的购买力同1元金币的购买力相等。如果纸币发行量超过上述限度,较大的纸币总额仍只能代表流通中所需要的金币的价值,每张纸币所代表的金币量就会相应减少,造成纸币贬值。假如上例中,国家发行20亿元的纸币投入流通,则每1元纸币只能代表0.5元金币,从而价格为1元金币的商品,需要用2元纸币才能买到,即物价上涨1倍。

纸币发行量超过商品流通所需金属货币量所引起的货币贬值、物价上涨的现象,叫作通货膨胀。

通货膨胀是纸币流通条件下的特有现象。在金属货币流通条件下,由于金银本身具有价值,过多的金币或银币会自发地退出流通,被贮藏起来,使流通中货币量与需要量相适应,因此,没有因货币过多而使物价上涨的现象。在纸币流通条件下,如果纸币发行过多,只能靠降低单位纸币所代表的价值量来与客观需要相适应,这就必然使物价上涨。

另一方面,纸币发行量少于商品流通所需金属货币量所引起的货币升值、物价下跌的现象,叫作通货紧缩。它表现为一般物价水平的持续下跌,即物价出现负增长。所谓一般物价水平,是指具有普遍代表意义的价格水平,即包括商品和劳务等价格水平。单一商品或某一部门商品价格下降并不构成通货紧缩。所谓持续下跌,是指一般物价持续下跌。关于持续下跌的期限,由于不同的经济环境下通货紧缩具有不同的特征,有的国家物价持续下跌5年以上,有的国家物价持续下跌仅几个月。一般认为,一般物价持续下降半年以上的现象称为通货紧缩迹象。但以下两种价格下降不构成通货紧缩:(1)由于生产效率和竞争成本优势,产品到达最终消费者的流通成本更低,致使产品价格趋于下降。加上更多的企业将生产过程转入低工资成本的国家,消费者对产品支付的价格更低。(2)尽管产品的价格与以前一样,但是企业通过增加产品数量并提高产品质量,相对价格有所下降。这也不是经济学意义上的通货紧缩。

通货紧缩与通货膨胀一样,都可能给经济发展带来灾难性的后果。要保持国民经济的持续、快速、健康发展,既要防止通货膨胀,又要防范通货紧缩。

第三节 商品经济的基本规律

一、价值规律的基本内容

在商品经济的运行中,存在着许多客观经济规律,如价值规律、供求规律、竞争规律、货币流通规律等,这些规律相互联系、相互影响,推动着商品经济的运动和发展。但是,在这许多的经济规律中,起着最主要作用的是价值规律。价值规律不仅贯穿商品生产和商品交换的始终,体现在社会再生产的生产、交换、分配和消费的各个领域,而且制约着商品经济的其他规律和矛盾运动,支配着每一经济主体的行为和命运,调节着商品经济的全部运行过程,决定着商品经济的整个发展。不论在什么社会形态中,凡是有商品生产和商品交换存在的地方,价值规律就存在并发生作用。因此,价值规律正是商品生产的基本规律。价值规律在市场经济规律体系中起着基础性规律的作用,其他规律都要在它的基础上发挥作用。

价值规律的基本内容是:商品的价值量由生产商品的社会必要劳动时间所决定,商品必须按照价值量相等的原则进行交换。这表明,价值规律既是价值如何决定的规律,也是价值如何实现的规律。

定义 价值规律

价值规律是商品生产和商品交换的基本规律。根据这一规律,商品的价值量由生产商品的社会必要劳动时间决定;不同商品之间的交换按照价值量相等的原则进行。

我们知道,商品是用来交换的劳动产品。不同的商品生产者,由于主客观条件的差别,生产同一种商品所耗费的个别劳动时间是千差万别的。不等的个别劳动时间形成不等量的个别价值。但是,商品是用来满足社会需要的产品,社会对于使用价值相同的商品,只承认同一的价值。单位商品的价值不是取决于生产该商品的个别劳动时间,而是取决于社会必要劳动时间,即在现有的社会正常的生产条件下,在社会平均的劳动熟练程度和劳动强度下,制造某种使用价值所需要的劳动时间。社会必要劳动时间形成商品的社会价值,商品的交换是依据社会价值进行的。例如,假定生产某种商品的企业有优等条件、中等条件和劣等条件三类情况,它们生产同一种单位商品的个别劳动时间分别为 2 小时、3 小时、4 小时,如果其中中等条件的企业代表社会正常的生产条件,具有社会平均的劳动熟练程度和劳动强度,因而它生产单位商品耗费的 3 小时劳动,就是生产同种单位商品的社会必要劳动时间,它决定该种商品的社会价值量。以此为标准,劣等条件企业生产同种商品的个别劳动时间为 4 小时,超过社会必要劳动时间 1 小时,超过的部分就不能为社会所承认,从而不能形成社会价值;而优等条件企业生产同种商品的个别劳动时间仅 2 小时,低于社会必要劳动时间 1 小时,但是社会承认这 2 小时形成 3 小时的社会价值,即同样的劳动时间形成更大的社会价值。

二、价值规律的表现形式

在货币出现以后,商品价值的货币表现就是价格。商品以价值为基础进行等价交换,就是要求价格符合价值。价格水平的高低首先取决于商品价值量的大小,价格水平的变动也首先取决于商品价值量的变化。

当然,这绝不是说,每一次的商品交换都必须是价格和价值完全一致。实际上,商品价格和价值相一致是一种偶然现象,不一致才是经常现象。这是因为,商品的价格虽然以价值为基础,但还有其他因素影响价格的变动,其中主要是供求关系。当某些商品供不应求时,由于购买者之间展开了激烈的竞争,价格就会涨到价值以上;当某种商品供过于求时,售卖者之间的竞争会加剧,价格会跌到价值以下。由于供求关系的变化,价格时而高于价值,时而低于价值,价格围绕价值上下波动。

那么,这种价格经常背离价值的情况,是否说明价值规律不起作用或价值规律遭到破坏了呢? 当然不是。首先,商品的价格是以价值为基础的,它的涨落总是围绕着价值这个中心进行的,变动的幅度一般不会离开价值太远。其次,从短暂的、个别的交换过程看,价格经常背离价值,但价高者所得,正是价低者所失,就整个社会来说,总价格与总价值仍基本一致。如果从较长时期来看,商品的价值高于或低于价值,都是不能持久的。同一种商品价格的上涨与下跌是经常反复出现的,商品价格上涨超过价值的部分,与价格下跌低于价值的部分,可以相互抵消,它的价格总额和价值总额还是一致的。这是因为,各种商品的价格不仅受供求关系的影响,而且也反过来影响供求,从而使价格和价值趋于一致。

三、价值规律的作用

价值规律的一般作用表现为:

第一,价值规律调节生产资料和劳动力在各个部门之间的分配。价值规律作为调节商品生产的内在规律,是通过商品生产者之间的竞争来强制地贯彻它的作用的。在市场经济条件下,商品生产者要根据商品价格的上涨和下跌来了解社会需要什么、需要多少和不需要什么,并据此来安排自己的生产。当商品供过于求时,价格下跌;供不应求时,价格上涨。商品的供求状况就是这样通过价格的涨落表现出来,因此,市场价格的涨落便成为商品生产者了解市场供求状况的"晴雨表"。市场价格不仅是"晴雨表",而且也是"调节器"。因为价格涨落直接涉及商品生产者的经济利益,通过赔和赚,指挥着商品生产者展开激烈的竞争,竞争的实质是各个生产者竭力争取生产市场上有利可图的商品。当某种商品的价格上涨到价值以上时,表明这种商品的供给不能满足需要,生产这种商品特别有利可图,它必然会吸引许多商品生产者生产这种商品;反之,价格低于价值,生产这种商品不仅无利可图,甚至亏本,而且会使许多生产者放弃这种商品的生产而把生产资料和劳动力从这个部门转移出去。价值规律就是这样自发地调节着商品生产者的活动,调节着生产资料和劳动力在不同部门之间的分配。

第二,价值规律刺激商品生产者改进生产技术,改善经营管理,提高劳动生产率,从而促进社会生产力的发展。价值规律刺激商品生产技术和经营管理改进的作用是通过同一生产部门的不同生产者之间的竞争来实现的。按照价值规律的要求,商品的价值量不是由生产商品的个别劳动时间决定,而是由社会必要劳动时间决定,商品生产者按照社会必要劳动时间决定的价值量出卖商品。这样就出现了三种情况:第一种是个别劳动时间等于社会必要劳动时间,他的劳动耗费能够得到补偿;第二种是个别劳动时间低于社会必要劳动时间,按社会必要劳动时间出售商品,他不仅可以补偿自己的劳动耗费,而且可以获得较多利润;第三种是个别劳动时间高于社会必要劳动时间,按照社会必要劳动时间出卖,就会亏本,长此下去就会破产。一切商品生产者,为了获得更多的盈利,在竞争中击败对手而不致被对手击败,就要努力改进生产技术,提高劳动生产率,从而促进了技术和整个社会生产力的发展。

第三,价值规律调节商品生产经营者的利益分配。在商品生产条件下,存在着个别劳动时间和社会必要劳动时间的矛盾,这一矛盾使商品生产者在生产、流通和竞争中所处的地位不同,从而获得的经济利益不同。生产相同商品的生产者,由于主观和客观条件不同,生产商品的个别劳动时间有很大差别,但是,在同一个市场上,只能按着由社会必要劳动时间决定的价值量出卖,这样,生产条件好的商品生产者就能获得较多利润,生产条件差的商品生产者就会亏本。

思考题

1. 你是怎样理解"金银天然不是货币,但货币天然是金银"这句话的?
2. 在一个经济社会中,有三个人分别生产了大米、小麦、马铃薯,如果大米生产者只偏爱小麦,小麦生产者只偏爱马铃薯,而马铃薯生产者只偏爱大米,在一个物物交换的经济中,这三个人之间会发生贸易吗?如果将货币引入,这三个人将获得怎样的利益?
3. 早在16世纪初,意大利航海家哥伦布就曾惊叹道:"'金'真是一个奇妙的东西!谁有了它,谁就能成为他想要的一切东西的主人。"金钱真是万能的吗?货币究竟有哪些职能?它们所反映的货币的本质是什么?
4. 假如某一时期社会上的商品价格总额为10亿元,那么是否需要投入10亿元货币用于流通?为什么?如果用纸币作为流通中的货币符号,那么纸币的发行应遵循怎样的规律?

5."既然政府的决策者并不认为通货膨胀是好的,那么他们的政策不可能是通货膨胀的根源。"这一表述是否正确?为什么?

6.有人认为,通货紧缩不会像通货膨胀那样对经济运行产生很大的破坏力,而且通货紧缩的基本特征是价格下跌,这会给消费者带来好处,因为他们可以以更低廉的价格获得所需要的商品。你对此如何评价?

7.恩格斯说过:"只有通过竞争的波动从而通过商品价格的波动,商品生产的价值规律才能得到贯彻,社会必要劳动时间决定商品价值这一点才能成为现实。"①这句话说明了什么?你认为在不同的社会经济条件下,价值规律的作用有何不同?

---

① 《马克思恩格斯全集》第21卷,人民出版社1965年版,第215页。

第三章

资本和剩余价值

学习目的与要求

通过本章的学习,掌握货币转化为资本的条件与途径,认识劳动力的内涵;了解资本和剩余价值的一般性质及在不同所有制下的特性,以及剩余价值生产的基本方法和新特点;从生产力和生产关系两个方面理解企业制度的演进和现代企业制度的规定性;了解工资的一般概念及在不同所有制下的经济关系实质,认识工资的各种具体形式。

第一节　货币转化为资本

一、资本总公式及其矛盾

货币是资本的最初表现形式。从历史上看,资本主义以前的商人资本和高利贷资本都是采取货币形式。但货币本身不是资本。货币在一般商品流通中起媒介作用,其流通公式是:"商品—货币—商品",即 $W—G—W$,其运动的目的是实现不同商品的交换。作为资本的货币,其流通公式是:货币—商品—更多的货币,即 $G—W—G'$。

资本流通的目的是要经过流通取回更多的货币。这个增值了的部分,马克思称之为剩余价值,货币只有作为带来剩余价值的价值时,才成为资本。[①] 资本就是能带来剩余价值的价值。

辨析　货币和资本

货币是资本的最初表现形式。无论是商人资本、产业资本,还是生息资本,一开始都是采取货币形式。但货币本身不是资本。货币只有作为可以带来剩余价值的价值时,才成为资本。

[①] 在本书中,我们用"增值"代替过去常常使用的"增殖"。

辨析　商品流通和资本流通

商品流通（或简单商品流通）的公式是：从商品开始，首先是商品转化为货币，然后再是货币转化为商品，即 $W—G—W$，其目的是"为买而卖"。

资本流通的公式是：从货币开始，首先是货币转化为商品，然后再是商品转化为货币，即 $G—W—G$，其目的是"为卖而买"。在该公式中，出现在开始和结束处的都是同质的货币，因此，要使整个资本流通过程有意义，它们必须在量上有所不同——在终极处出现的货币量必须大于在始极处出现的货币量。换句话说，资本流通的公式可以更加明确地写成：$G—W—G'$。这里，$G'=G+\Delta G$，即等于原预付货币额加上一个增值额。正是这种增值运动使货币转化为资本。

$G—W—G'$ 是资本的总公式。它不只是商品资本所特有的运动形式，也适用于产业资本和生息资本。从运动形式看，产业资本也是从货币开始的。由货币转化为商品，然后通过商品的出卖，再转化为更多货币。虽然产业资本在流通以外，还有一个生产过程，但这并不会改变资本在流通领域中的运动形式。同样，生息资本的运动公式 $G—G'$，也只是 $G—W—G'$ 公式的简化。其中被简略的中介，是在借入资本的职能投资者那里发生的过程。所以，$G—W—G'$ 是直接在流通领域内表现出来的资本总公式，又叫作资本的一般公式。

定义　资本的总公式

所谓资本的总公式（或资本的一般公式），指的是资本直接在流通领域内表现出来的运动形式，即 $G—W—G'$。首先，它直接就是商业资本（或商人资本）的运动形式——该形式由买和卖两个流通阶段组成。其次，它可以通过在买和卖两个流通阶段之间补充生产阶段而扩展成为产业资本的运动形式：$G—W\cdots P\cdots W'—G'$。这里的 $W\cdots P\cdots W'$ 代表产业资本的生产过程，W 和 W' 分别是生产过程开始和结束时的商品。最后，它可以通过省略掉流通的中介而简练成为借贷资本（或生息资本）的运动形式：$G—G'$。

按照价值规律的要求，商品交换按等价的原则进行。流通只会引起商品价值的形态变化，并不会改变商品的价值量。即使在流通中存在贱买贵卖、互相欺诈等不等价交换的现象，但社会价值总量并不会增加，整个商品生产经营者不能靠欺诈发财致富。

在任何商品经济社会里，不等价交换只能改变社会财富在不同商品生产经营者之间的分配。然而，在上述资本流通公式中，资本不仅保存了自身价值，而且带来了剩余价值，这显然同价值规律相违背。这就是资本总公式的矛盾。这个矛盾表明，剩余价值不能在流通中产生，又不能不在流通中产生，它的产生必须以流通为媒介。

讨论　总公式的矛盾

资本的总公式 $G—W—G'$ 包含着明显的矛盾。一方面，按照该公式，资本的价值在运动结束时要增值，即从 G 增加到 G'；另一方面，资本的总公式可以分解为买（$G—W$）和卖（$W—G$）两个阶段，但是，无论是买还是卖，只要局限于流通领域，价值就不可能增值，也就是说，总的结果只能是 $G—W—G$，而不可能是 $G—W—G'$。买或卖如果是等价的，自然无法使价值增值；如果是不等价的，则改变的只能是价值的分配，而非价值的总量。

资本总公式的矛盾如何解决呢？解决了这个矛盾，也就揭示了剩余价值产生的秘密。在流通领域中既然等价交换是前提，显然，剩余价值便不能从作为资本的货币本身产生；它也不能在上述公式的第二阶段(商品出卖阶段)产生。因此,价值变化只能发生在资本总公式的第一阶段所购买的商品上。但不能发生在这种商品的价值上,只能从这种商品的使用价值上,即从它的使用上产生。也就是说,要获得剩余价值,货币所有者就必须在市场上买到一种特殊的商品,它有一种特殊的使用价值,即具有成为价值源泉的特殊属性,它的使用能够创造出价值,并且能够创造出比自身更大的价值。这种特殊商品就是劳动力。劳动力的买和卖是货币转化为资本的前提。

二、劳动力的买和卖

劳动力成为商品是解决资本总公式矛盾的条件,也是货币转化为资本的关键。劳动力要成为商品,劳动者必须在双重意义上是自由的人。第一,劳动者有完全的人身自由,能够自由地出卖自己的劳动力。第二,劳动者除了自己的劳动力以外,既没有生产资料,又没有生活资料,除了出卖自己的劳动力外,别无生路。

劳动力作为一种特殊的商品,也具有价值与使用价值。

劳动力的价值和其他商品的价值一样,也是由生产和再生产这种商品的社会必要劳动时间决定的。劳动力的生产和再生产,就是劳动者维持他本人及其家庭物质文化生活的过程。具体而言,劳动力的价值包括三部分:一是为维持劳动者自身生存所需要的生活资料的价值,以满足生产和再生产劳动力的基本生活需要。二是维持劳动者家属所必需的生活资料的价值,用以延续后代,保持劳动力源源不断地供应。三是劳动者的教育或训练费用。这是劳动者为适应机器大工业和科学技术的发展,提高劳动力的质量所必需的一定的教育和训练费用。

例 劳动力(日)价值的计算

设生产和再生产劳动力所需要的商品的价值量每天为 A、每周为 B、每季为 C、每年为 D、每两年为 E,则平均而言,每天生产或再生产出的劳动力价值(称为劳动力的日价值,用 W 表示)就是:

$$W = \frac{365A + 52B + 4C + D + E/2}{365}$$

劳动力价值的决定又和其他商品价值的决定有不同的特点,它还包含一个历史和道德的因素。由于各国的自然环境条件不同,历史形成的经济和文化发展程度不同,劳动阶级的形成条件和特点不同,因而生活习惯和要求也不同,这就使得各国生产和再生产劳动力所必需的生活资料在范围、类别以及质量上都存在很大的差别。同样,同一国家的不同发展时期,所需要的生活资料的物质内容,也会发生较大的变化。资本主义早期劳动力只是维持基本生存的需要,当今劳动力却要满足生存、发展和精神生活的需要。

正如商品的价值与劳动生产力成反比一样,科学技术的进步和社会生产力的提高,会同时从相反方向引起劳动力价值量的变动。一方面,它使劳动力价值所包含的物质内容,即使用价值的范围、数量和质量在日益扩大和提高,而成为促使劳动力价值提高的因素;另一方面,它又同时使这些使用价值的价值量日益下降,而成为促使劳动力价值降低的因素。这两种因素交错作用,形成方向相反的趋势,使劳动力的价值量的变动呈现可升可降的多种情况。

劳动力商品的最大特点在于使用价值的特殊性。劳动力的使用价值就是劳动本身。劳动创造价值,而且创造出超过自身以上的价值,超过的部分就是剩余价值。也正是这一特点,才促使投资者到市场上寻找这一特殊商品。

小辞典　劳动力、劳动力商品、劳动力商品的价值和使用价值

劳动力:活的人体中存在的体力和智力的总和,又称劳动能力。

劳动力商品:作为买卖对象的劳动力。

劳动力商品的价值:再生产劳动力商品所必需的生活资料的价值,简称劳动力价值。

劳动力商品的使用价值:劳动力的使用或劳动,简称劳动力的使用价值。

辨析　劳动和劳动力

劳动不同于劳动力。劳动是劳动力的使用或消耗。劳动创造价值,但本身却没有价值。否则就会陷入同义反复的谬误:劳动的价值等于生产劳动中使用的劳动！实际上,有价值的是劳动力,而非劳动。劳动者拥有并作为商品出卖的也是劳动力而非劳动。劳动是在劳动者出卖劳动力之后才发生的事情。

第二节　剩余价值的源泉与资本的属性

一、劳动过程与价值增值过程

劳动过程是劳动者借助于劳动工具,作用于劳动对象,生产出具有某种使用价值的有目的的活动过程。它包括人类劳动本身、劳动对象和劳动资料三要素的有机结合。资本主义的劳动过程同样具有劳动过程的一般性质。但资本主义劳动过程,作为资本家消费劳动力的过程,体现了以下两个特点:第一,工人在资本家监督下为资本家劳动;第二,劳动产品归资本家所有,而与直接生产者无关。这说明资本主义制度的劳动是具有强制性的。而在公有制经济条件下,劳动者的身份、地位和产品的分配原则发生了根本性的变化。劳动者成了生产资料的共同所有者,实现了劳动者"不再通过受雇于剥削者"而进入劳动过程,使劳动者成为共同占有生产资料和凭借自己的劳动取得报酬的主人。

社会生产过程又是价值增值过程。分析价值增值过程须先考察价值形成过程。假设某纱厂,纺纱工人劳动日的日价值是 3 元,劳动 6 小时便能生产出棉纱。又假定工人劳动 6 小时需消耗棉花 10 公斤,价值 10 元,消耗纱锭等其他生产资料价值 2 元。投资者共垫付了 15 元。

预付资本:$(10+2)c+3v=15$(元)

6 小时劳动过程结束时,工人运用纱锭等通过"纺"的具体劳动,将 10 公斤棉花纺出棉纱。棉花和纱锭等生产资料的价值(共 12 元)随之转移到新产品中。纺纱工人的劳动,作为抽象劳动的支出,形成了 3 元新价值,也同时加到棉纱中。10 公斤棉纱的价值,总共为 15 元。

产品价值:$(10+2)c+3v=15$(元)

这样,产品的价值等于预付资本的价值,没有增值。这只是价值形成过程,货币没有转化为资本。

为了使预付资本发生价值增值,就要加强对劳动力的使用,在生产技术条件和劳动强度既定的条件下,主要是延长工人的劳动时间。对投资者来说,他既然支付了劳动力的日价值,那么,劳动力的 1 天的使用全归他。因此,投资者可以要工人劳动更长时间。假定投资者要工人 1 天劳动 12 小时,生产资料的消耗与劳动时间同比例增加,则投资者垫付资本增为 27 元(其中 20 公斤棉花 20 元,纱锭等 4 元,劳动力日价值仍为 3 元)。生产结果,产品价值共计 30 元。纺纱工人 12 小时共转移生产资料旧价值 24 元,创造新价值 6 元。其中 3 元(耗费 6 小时)补偿劳动力价值,尚余 3 元(另 6 小时创造)被投资者占有。产品按价值出卖后,投资者收回了原预付价值 27 元,净赚 3 元。

预付资本:$(20+4)c+3v=27$(元)

产品价值:$(20+4)c+3v+3m=30$(元)

剩余价值:$30-27=3$(元)

这 3 元就是剩余价值。预付的价值生了"金蛋",货币转化为资本了。

辨析 劳动过程和价值形成(增值)过程

可以从生产过程中不同生产资料的作用上看出劳动过程和价值形成(增值)过程的区别。例如,一方面生产资料中的机器,是全部进入劳动过程,但却只是部分地进入价值形成(增值)过程;另一方面,生产资料中的原料,能够全部进入价值形成(增值)过程,但只是部分进入劳动过程。

可见,当把工人的劳动时间延长到补偿劳动力价值所需要的时间以上时,价值形成过程就同时成为价值增值过程。可以说,价值增值过程就是超过补偿劳动力价值所需劳动时间而延长了的价值形成过程。在价值增值过程中,工人的劳动时间分为两部分,其中一部分是再生产劳动力价值的时间,叫作必要劳动时间;另一部分是为私人、集体或国家生产剩余价值的时间,叫作剩余劳动时间。工人的剩余劳动是剩余价值的源泉。剩余价值是由工人创造的超过劳动力价值的价值,体现了投资者与工人的某种经济关系。

通过对价值增值过程的分析,可以看到,商品生产的性质不同,生产过程的内容和本质也不同。作为劳动过程和价值形成过程的统一,是小商品生产过程;作为劳动过程和私人剩余价值生产过程的统一,是资本主义生产过程;作为劳动过程和公有剩余价值生产过程的统一,是社会主义生产过程。

定义 资本·剩余价值

资本是能够带来剩余价值的价值。

剩余价值是劳动者创造的价值中超过其劳动力价值的部分。

例 剩余价值量

假定某一企业雇用 n 个劳动者,劳动了 k 天,其中,每个劳动者劳动一天创造的价值为 ω,每个劳动力的日价值为 w。在劳动过程开始时,生产资料的价值为 c,在劳动过程结束时,生产资料正好全部消耗完毕。现在要求该企业在整个劳动过程以及平均每一天中所得到的剩余价值。

由题意可知,企业在整个劳动过程中预付的资本等于全部劳动力价值加上生产资料价值,即 $k\times n\times w+c$;在劳动过程结束时得到的产品价值等于全部新创造的价值加上转移价值，即 $k\times n\times \omega +c$。

企业在整个劳动过程中得到的全部剩余价值（用 m 来表示）等于产品价值减去预付资本，即：

$$m=(k\times n\times \omega +c)-(k\times n\times w+c)=kn(\omega -w)$$

它随劳动过程的长度 k、劳动者的数量 n 和每个劳动者每天创造的价值 ω 的增加而增加，随每个劳动力的日价值 w 的增加而减少。

另一方面，企业平均每天得到的剩余价值为：

$$\frac{m}{k}=\frac{kn(\omega -w)}{k}=n(\omega -w)$$

它随劳动者的数量 n 和每个劳动者每天创造的价值 ω 的增加而增加，随每个劳动力的日价值 w 的增加而减少。

从上述两个公式中可以看到，剩余价值存在的一个必要条件是 $\omega >w$，即劳动者每天创造的价值大于劳动力的日价值。

此外还可以看到，无论是根据整个劳动过程来计算，还是根据每一天来计算，剩余价值的大小都与转移价值的大小无关。

二、不变资本与可变资本

在资本主义和社会主义商品生产中，生产资本可分为两大组成部分，即以生产资料形式存在的资本和以劳动力形式存在的资本。两者在价值增值中的作用是不同的。在生产中转化为生产资料的资本，在生产过程中只变换了它的物质存在形式，转移原有的旧价值，并不改变自身的价值量，称之为不变资本（C）。在生产中转变为劳动力的那部分资本则不同，它在生产过程中改变自己的价值量，再生产自身的等价价值量和超过这个等价价值量的一个额外价值量（即剩余价值量）。所以，劳动力的使用能够增加价值，即创造包含补充可变资本和剩余价值的价值。由于这部分资本的价值会发生增值，故称之为可变资本（V）。

定义　不变资本和可变资本

不变资本是生产中转化为生产资料的资本。在生产过程中，这部分资本不会改变其自身的价值，只是把原有的价值转移和保存到产品中去，即在产品中得到"再现"。

可变资本是生产中转化为劳动力的资本。在生产过程中，这部分资本转化成为实际使用的劳动力。劳动力的使用能够创造更多的超过劳动力价值的价值。这意味着：可变资本一方面会在产品的价值中被"再生产"，即被劳动重新创造出来；另一方面会带来一个剩余价值，即超过其自身价值的价值。

辨析　劳动的二重作用：价值创造和价值保存

劳动具有二重性，即抽象劳动和具体劳动。劳动的二重性导致了同一劳动在生产过程中的二重作用，即抽象劳动创造新价值，具体劳动转移和保存旧价值。同一劳动所具有的创造价值和保存价值这两个属性在本质上是不同的。这一点在劳动生产率发生变化时表现得非常明显。下面举例说明。

设一开始时，某一工人劳动 10 个小时创造的价值为 100 元，转移的生产资料价值也为 100 元。现在假定劳动生产率提高 1 倍。在这种情况下，该工人 10 小时创造的价值仍然为

100元,但转移的生产资料价值通常将增加,例如,可能增加到 2×100＝200 元。

由此可见,劳动生产率的变化尽管不会影响同一劳动创造的新价值,但却会影响它转移和保存的旧价值。

根据资本这两部分在价值增值中的不同作用,把资本区分为不变资本和可变资本,是马克思的伟大功绩。这一理论对揭露私人剩余价值的来源以及资本家对工人的剥削程度具有重要意义。它揭示了剩余价值是由可变资本带来的,剩余价值的真正源泉来自于工人的剩余劳动。不变资本作为活劳动的吸收器,固然也是价值增值的一个必要条件,但它本身不能带来剩余价值。

辨析　不变资本的"不变"与"可变"

在不变资本的定义中,"不变"的意思是说,转化为生产资料的那部分资本,在生产过程中只是把自己的价值"再现"于产品之中,而不会改变原有的价值。但是,不变资本的概念并不排斥它的组成部分发生价值变动的可能性。例如,在棉纱的生产过程中,作为原料的棉花的价值会因为生产棉花(注意:不是生产棉纱)的劳动生产力的变化而变化,因而,它转移到产品(即棉纱)中去的那部分价值也会发生变化。但是,在这种情况下,棉花价值从而其转移价值的变化是发生在棉纱的生产过程之外,而不是发生在棉纱的生产过程之中。棉花转移的价值仍然不会因为棉纱的生产过程而发生任何的变化。

因此,生产资料的价值变动,虽然会使已经进入生产过程的生产资料受到影响,但不会改变生产资料作为不变资本的性质。

辨析　可变资本的"可变"与"不变"

在可变资本的定义中,"可变"的意思是说,转化为劳动力的那部分资本,在生产过程中通过劳动力的使用生产了一个超过其自身价值的价值。但是,新价值大于原来的可变资本价值这一点,只是由于劳动创造的价值大于相应的劳动力价值,而并不意味着可变资本的价值本身是可变的。恰好相反:可变资本的价值本身没有变化——它等于劳动力价值,而劳动力的价值并不会因为它的使用所创造的价值比自己的价值更大一些就发生变化。

三、资本的特征与属性

资本是历史的产物,具体说是商品经济社会的产物,是人类发展史上多种不同的社会形态所共有的。但资本与不同社会经济制度结合在一起,表现为不同的社会属性,这体现了资本的特殊性质。如在资本主义社会,资本是与生产资料私人所有结合在一起的,其性质就是能带来私人剩余价值的价值,体现了资本对雇佣工人的剥削关系。私人资本及其带来的剩余价值属于资本家所有。

在社会主义公有制条件下,与生产资料公有制结合起来的资本,是由国家或集体所有,表现为集体资本和国家资本,是由公有企业占用的能带来增值的价值。它是为社会主义经济服务的,体现了社会主义的生产关系,反映着国家、企业与劳动者之间的利益关系。资本增量中的一部分作为利税上缴国家,其余部分转化为垫支资本,构成劳动者的整体利益、长远利益的源泉。

第三节 剩余价值的生产方法

一、商品的价值构成

从一方面看,商品的全部价值可以分为两个部分:一部分是生产该产品的劳动新创造的价值,设这部分新价值为 ω;另一部分是在生产该产品的过程中,从生产资料上转移过来的价值,设这部分转移价值为 c。于是,整个商品的价值可以表示为:

$$z=c+\omega \tag{1}$$

从另一方面看,企业为生产该产品预付的资本也可以分为两个部分:相当于劳动力价值的可变资本 v 和相当于生产资料价值的不变资本 c。于是,企业为生产商品所预付的全部资本 C 可表示为:

$$C=c+v$$

企业从产品生产中得到的剩余价值等于产品价值减去预付资本价值,即:

$$m=z-C=(c+\omega)-(c+v)=\omega-v$$

将上式改写为

$$\omega=v+m$$

并代入(1)式得:

$$z=c+v+m$$

由此可见,商品的价值最终可以分解为三个部分,即不变资本 c、可变资本 v 和剩余价值 m。

二、剩余价值率与剩余价值量

剩余价值只是可变资本发生价值变动的结果,因此人们通常用剩余价值与可变资本对比,来反映实际使用的可变资本的增值程度,即工人创造剩余价值的能力。剩余价值与可变资本之间的比率就是剩余价值率,剩余价值率通常用 m' 来表示,则:

$$m'=\frac{m}{v}$$

与工人创造的价值分为 v 和 m 两部分相联系,工人的工作日也可分为两部分。一部分是再生产劳动力价值的必要劳动时间,在这部分时间内耗费的劳动称为必要劳动;另一部分是工人为投资者创造剩余价值的剩余劳动时间,在这部分时间内耗费的劳动叫作剩余劳动。工人剩余劳动的凝结,或者说物化的剩余劳动,便是剩余价值的实体。所以,剩余价值率的公式也可以表示为:

$$剩余价值率=\frac{剩余劳动时间}{必要劳动时间}\times100\%=\frac{剩余劳动}{必要劳动}\times100\%$$

定义 剩余价值率

剩余价值率反映劳动创造剩余价值的能力,或者说反映可变资本的增值率。它可以有如下各种等价的表示:

$$剩余价值率=剩余价值/可变资本$$
$$剩余价值率=剩余劳动/必要劳动$$
$$剩余价值率=剩余产品/必要产品$$

剩余价值率与剩余价值量之间有密切联系。剩余价值量取决于两个因素:剩余价值率和可变资本总量。如果以 M 代表剩余价值总量,V 代表可变资本总量,则:

$$M=m'V$$

可见,投资者可以通过两个途径增加剩余价值总量:一是扩大生产规模,增加可变资本总量,使用更多的工人;二是提高剩余价值率,即每个工人提供更多的剩余价值。

讨论　剩余价值量

在上述关于剩余价值量的决定公式

$$M=m'V$$

中,剩余价值率 $m'=m/v$。于是有:

$$VM=m/v \cdot V$$

其中,m 是平均每个劳动生产的剩余价值,可称为平均剩余价值,反映劳动创造剩余价值的效率;v 等于平均劳动力价值。于是,剩余价值量可看作由三个因素决定:平均剩余价值 m、可变资本 V 和平均劳动力价值 v。它随 m 和 V 的增加而增加,随 v 的增加而减少。

还可以换一种方式来看上面的公式。上式可以写为:

$$M=m \cdot V/v=mL$$

其中,V/v 表示总的可变资本 V 除以平均劳动力价值 v,恰好就是全部可变资本 V 所能够雇佣的劳动量 L。于是,剩余价值量又可以看作平均剩余价值与劳动量的乘积:平均剩余价值越大(即劳动创造剩余价值的效率越大),或者,所雇佣的劳动量越大,剩余价值量就越大。

从对剩余价值量的分析中可以看出,工人人数是决定剩余价值量的一个重要因素,而雇用一定数量的工人,这就要求货币所有者手中有一定量最低限额的可变资本和相应的不变资本。可变资本的最低限额能够保证工人所生产的剩余价值量足以使投资者基本脱离生产劳动。如果没有这个最低限额的资本,雇工不多,他就还要直接参加生产劳动,他也就只能成为一个介于资本家和工人之间的"小业主"。所以,货币转化为资本有一个数量界限,是一个从量变到质变的过程。而货币转化为资本的数量界限,也就是小业主转化为资本家的资本数量界限。

例　剩余价值率的计算

首先,从全部的产品价值中减去属于生产资料转移的价值部分,即不变资本价值,得到价值产品(价值产品是产品价值中由劳动新创造的那部分价值);然后,从价值产品中减去劳动力的价值,即可变资本价值,得到剩余价值;最后,用剩余价值除以可变资本价值,得到剩余价值率。

三、绝对剩余价值生产

剩余价值生产的基本方法有两种:一是绝对剩余价值生产,二是相对剩余价值生产。

在必要劳动时间不变的条件下,由于劳动日的绝对延长而生产的剩余价值,叫作绝对剩余价值。这种生产方法就是绝对剩余价值生产。

假定劳动日长度为 12 小时,其中 6 小时为必要劳动时间,6 小时为剩余劳动时间,剩余价值率为 100%。如果资本家把劳动日延长到 15 小时,必要劳动时间不变,仍然是 6 小时,剩余劳动时间就从 6 小时增加到 9 小时,增加的 3 小时所生产的剩余价值就是绝对剩余价值。

企业之所以能够采取延长劳动日的方法来增加剩余价值的生产,是因为劳动日的长度是一个可变量。但是,它只能在一定限度内变动。它的最高限度取决于:

(1)生理界限。一个人每天总要有吃饭、睡觉等非劳动时间,这是生理因素决定的,没有这种需要,就不会有劳动力的恢复。

(2)道德界限。工人必须有时间满足精神方面的需要,如读书、看报、抚育子女和参加必要的社会活动等。这种需要的范围与数量,由经济和文化发展的一般状况决定。但是,工作日的生理界限和道德界限都有很大的伸缩性,在必要劳动时间以上延长劳动日的可能性还是很大的。

四、相对剩余价值生产

用延长劳动日的办法获取剩余价值,总是有限度的。因为不仅劳动日本身有一个客观界限,而且由于工人的反对,也使劳动日的延长受到限制。在工作日长度不变的条件下,投资者要获取更多的剩余价值,只有缩短必要劳动时间,相应延长剩余劳动时间,即改变劳动日中必要劳动时间和剩余劳动时间的比例。

假定劳动日长度为 12 小时,其中 6 小时为必要劳动时间,6 小时为剩余劳动时间,剩余价值率就是 100%。如果劳动日长度不变,而把必要劳动时间缩短为 4 小时,则剩余价值相应延长为 8 小时,增加那 2 小时时间生产的剩余价值就是相对剩余价值。

这种在劳动日长度不变的条件下,由于必要劳动时间缩短,剩余劳动时间相应延长而产生的剩余价值,叫作相对剩余价值。这种生产方法就是相对剩余价值生产。

相对剩余价值生产的关键在于缩短必要劳动时间。如何缩短必要劳动时间呢?这里排除投资者把工人的工资压低到劳动力价值以下的那种手段,在等价原则的基础上来说明问题。这样,为缩短必要劳动时间,必须降低劳动力的价值。降低劳动力的价值,就是降低再生产劳动力所必需的生活资料的价值,只有在这些生活资料的价值普遍降低了,劳动力价值才能降低。要降低这些生活资料的价值,必须提高有关生产部门——包括同生产生活资料直接、间接有关的生产资料部门——的劳动生产率,使生产这些生活资料的社会必要劳动时间减少。可见,缩短必要劳动时间,实现相对剩余价值的生产,是整个社会劳动生产率提高的结果。

不过,在现实经济生活中,这个过程是从个别企业提高劳动生产率开始的。个别企业采用新技术、提高劳动生产率的直接动机,就是追求超额剩余价值。然而,个别企业纷纷追逐超额剩余价值的结果,必然促使社会劳动生产率的普遍提高和劳动力价值的降低,从而所有的企业都能获得相对剩余价值。所以,相对剩余价值的生产是作为各个企业自发竞争和追求超额剩余价值的结果而实现的。超额剩余价值是商品个别价值低于社会价值的差额。例如,假定纺织部门生产布的平均劳动生产率为:每个工人 1 天 12 小时生产 12 尺布,耗费生产资料价值 12 元,12 小时劳动生产创造的新价值也是 12 元,12 尺布的价值共计 24 元。每尺布的社会价值是2元。如果有一个纺织厂首先改进生产技术，企业劳动生产力提高了1倍，工人在12小时内可以生产24尺布。24尺布耗费的生产资料价值是24元，12小时劳动创造的新价值仍是12元，24尺布的总价值便是36元，每尺布的个别价值下降到1.5元。但这个纺织厂的资本家仍可按每尺布2元的社会价值出卖他的布。这样，他便可从每尺布中获得0.5元的超额剩余价值。即使在需要降低出售价格的情况下，只要每尺布的价格在1.5元以上，仍可获得超额剩余价值。

超额剩余价值是个别价值低于社会价值的差额，它同样也是由本企业工人创造的。它是由缩短工人必要劳动时间、相应延长剩余劳动时间而产生的，因而实质上也是相对剩余价值，是相对剩余价值的特殊表现形式。

辨析　绝对、相对和超额剩余价值

绝对剩余价值：通过延长工作日使剩余劳动时间增加而生产的剩余价值。

相对剩余价值：在工作日长度不变的条件下，通过缩短必要劳动时间从而相应延长剩余劳动时间所生产的剩余价值。

超额剩余价值：单个企业通过提高劳动生产率使自己商品的个别价值低于社会价值但仍按社会价值出售从而得到的剩余价值。

个别企业获得超额剩余价值是暂时的。因为经过激烈的竞争，迫使其他投资者也采用新技术。而当新技术普遍采用后，部门平均劳动生产率提高了，这种商品的社会价值随之下降，个别先进企业的超额剩余价值也就会消失。不过，超额剩余价值在这个企业消失，又会在另一个企业产生。因而从整个社会看，它的存在仍是持续不断的。而且，正是这种此起彼伏追逐和实现超额剩余价值的经济过程，导致了社会劳动生产率的普遍提高，从而使工人必需生活资料趋于便宜，劳动力价值日益降低，相对剩余价值不断增加。

讨论　相对剩余价值和超额剩余价值

与绝对剩余价值不同，相对剩余价值和超额剩余价值都与劳动生产力有关，即随劳动生产力的提高而提高，随劳动生产力的降低而降低。两者的区别是：相对剩余价值与"一般"劳动生产力有关——一般的（或社会的或平均的）劳动生产力的变化导致劳动力价值的变化，从而导致相对剩余价值的变化；超额剩余价值则与"个别"劳动生产力有关——个别的（或企业的）劳动生产力的变化导致产品的个别价值与社会价值之间的差别变化，从而再导致超额剩余价值的变化。

五、剩余价值规律

在市场经济条件下，无论是资本主义社会还是社会主义社会，一般商业性投资者生产的直接目的都是追求剩余价值，达到这个目的的手段也都是扩大和增加对剩余劳动的占有，这就是剩余价值规律的基本内容。剩余价值规律是价值规律在社会生产目的和特征上的延伸与表现，是一个社会的客观目的性规律或特征性规律。

定义　剩余价值规律

在市场经济条件下，私有资本和公有资本的投资者在直接或最终的生产目的上有一定的区别，但投资者进行生产的一般目的是追求剩余价值的最大化，达到这一目的的手段是尽可能地增加对劳动者的剩余劳动的占有。

首先,剩余价值规律表明资本主义和社会主义的一般生产目的。生产和追求最大限度的剩余价值,是资本主义和社会主义一般生产的直接目的,也是市场经济的客观要求。但是,资本主义私有制直接和最终的生产目的,都是最大限度地获取私人剩余价值或私人利润,生产使用价值是为生产私人剩余价值和(或)私人利润服务的。社会主义公有制具有双重生产目的,其中,纯粹商业性企业直接的生产目的是追求最大限度的公有剩余价值,而其他非商业性企业直接的生产目的,是为了最大限度地满足全体人民的物质和文化需要(含生态环境的需要),但所有公有制企业的最终生产目的,都是为了最大限度地满足全体人民的物质和文化需要,并服从于国家出于整体和全局利益的调控,生产新价值和公有剩余价值是为生产使用价值服务的,因而体现了人民主体性和民生导向性的社会主义生产特性。

其次,剩余价值规律决定着社会资本运行的各个环节。剩余价值的生产过程是资本主义和社会主义生产和再生产过程的基础和核心。流通过程则是为剩余价值生产准备条件,并使剩余价值得到实现的过程。分配过程主要表现为剩余价值在社会各利益主体之间的分配过程。消费过程是剩余价值生产的要素,即劳动力的再生产过程,同时也是投资者消费剩余价值和维持生活的过程。

最后,剩余价值规律决定着资本主义和社会主义市场经济矛盾发展的全过程。剩余价值是社会存在的基础和发展的动力。追求剩余价值的目的与手段之间的矛盾决定着社会内在矛盾及其发展过程。

第四节 相对剩余价值生产与企业制度的演进

一、相对剩余价值生产的三个阶段

从历史上看,生产相对剩余价值的方法,是循着简单协作、工场手工业和机器大工业的发展顺序进行的。

1. 简单协作

许多劳动者在同一个生产过程、在同一投资者指挥监督下有组织地共同协作劳动,这样的劳动形式叫作简单协作。它在历史上和逻辑上都是生产发展的初级阶段。简单协作除了直接获得平均社会劳动和节省生产资料以外,还有以下优越性:第一,协作作为社会化劳动的一种形式,不仅提高了个人生产力,而且创造了大大超过许多单个人劳动能力机械总和的集体力。第二,协作由于是许多人在一起劳动,发生社会接触,会引起劳动者的竞争心和精神振奋,从而提高每个人的工作效率。第三,协作使许多人的同种作业具有联系性和多面性。既可以组织流水作业,又可以组织全面作业,从多方面对劳动对象同时进行加工。第四,协作可以集中力量在短促的时间内完成紧急的任务,这在农业方面尤为突出。第五,协作既能在很大的空间同时进行劳动,如修筑公路、开凿运河,又能在较小的空间投入大量的劳动,如修建大型建筑物、集约耕作等,从而节约生产费用。

2. 工场手工业

生产力发展的内在规律,决定了简单协作逐步发展到以分工为基础的工场手工业阶段。工场手工业是以分工为基础的协作,是生产过程的某种特殊形式。大约发生在欧洲16世纪末叶至18世纪末叶。

工场手工业是以两种方式产生的。一种是混成的工场手工业,即投资者把不同行业的独立手工业者联合在一个工场里,实行分工协作,共同生产一种产品。另一种是有机的工场手工业,即投资者把同行的许多手工业者组织在一个工场里,实行分工,在互相衔接的不同工序上进行某种操作,共同完成一种产品。工场手工业工人劳动的专门化和工具的专门化引起劳动生产力的提高。这为相对剩余价值生产创造了条件。其历史局限性在于:工场手工业的分工,一方面靠牺牲工人的整个劳动能力,使其非常片面的专长发展成为技艺;另一方面是从事简单工作的工人毫无专长。工人简单地分为熟练工和非熟练工,使劳动力的价值降低了,这就扩大了剩余劳动的领域,增加了相对剩余价值的生产。

工场手工业仍以手工劳动为基础,所以使生产力的发展受到限制。这是因为,工场手工业本身的狭隘的技术基础发展到一定程度,就和它自身创造出来的生产需要发生矛盾。工场手工业的分工,使生产劳动工具专门化,在这个基础上逐渐出现了生产复杂的机械装置的工场。于是,工场手工业就开始向机器大工业阶段过渡。

3. 机器大工业

机器大工业代替工场手工业,在英国,是18～19世纪经过工业革命完成的。一切发达的机器都是由发动机、传动机、工具机或工作机三个本质上不同的部分组成。其中,工具机是具有决定意义的部分,它是18世纪工业革命的起点。机器协作是许多台同种的工具机集合在一个工厂里,由同一个动力机产生动力,通过传统装置把它们带动起来,生产同样的产品。这是简单协作在机器生产上的再现。机器体系是几种不同的而又互相补充的工具机集合起来,劳动对象通过各个阶段上的不同机器的不同操作,最后制成产品。机器大工业是在企业追逐相对剩余价值的目的下发展起来的。

机器大工业把巨大的自然力和自然科学并入生产过程,大大地提高了劳动生产力。从单个产品来看,机器生产的产品比手工生产的产品要便宜。这是因为:第一,机器的价值虽然大,但它定期转移到产品上去的价值不大。由于机器耐磨损,每次转移到产品上去的价值要比手工工具的价值更小。第二,许多工人共同地使用生产资料(如建筑物等),比单个工人使用分散的生产资料要节约,因而会降低生产费用。

小辞典　简单协作、工场手工业和机器大工业

简单协作:许多劳动者在同一生产过程中,或在不同的但互相联系的生产过程中,有计划地一起协同劳动。

工场手工业:以手工技术和劳动分工为基础的协作。工场手工业有两种形式。一是混成的工场手工业——把从事不同劳动的手工业者组织在一个工场里实行分工协作共同生产一种产品。二是有机的工场手工业——把从事同类劳动的手工业者组织在一个工场里实行分工协作共同生产一种产品。

机器大工业:广泛使用机器代替手工劳动,使用机器的分工、协作和自动化体系代替单纯的劳动分工和协作的大工业。机器大工业与工场手工业的一个重要区别是,它要求以自然力来代替人力,以自觉应用自然科学来代替从经验中得出的成规。

二、企业制度的演进

在一定产权制度的基础上,建立起企业的组织形式和企业管理制度,便构成企业制度的整体。企业制度随着商品经济和市场经济的发展不断演进,经历了单业主制、合伙制和公司制三种形式。

单业主制企业制度的载体是小规模的企业组织。在这一企业中,出资人是企业财产的唯一所有者,也就是企业主,同时又是企业经营者。企业主按照自己的意志经营企业,并获得全部经营收益。这种企业经营规模小、经营灵活、激励和约束直接。业主制的缺陷是:资本来源有限,企业发展受限制;企业主要对企业的全部债务承担无限责任,经营风险大;企业的存在与解散完全取决于企业主,企业的存续时间极短。因此,业主制难以适应社会化大生产条件下市场经济的发展和企业规模不断扩大的要求。

合伙制是一种由两个或两个以上的人共同投资,并分享收益、共同监督和管理的企业制度。与单个业主制企业相比,合伙制企业有其优势:合伙企业的资本由合伙人共同筹集,扩大了资本来源;合伙人共同对企业承担无限责任,可以分散投资风险;合伙人共同管理企业,有助于提高决策水平。但是,合伙人在经营决策上也容易产生意见分歧,合伙人中可能会出现偷懒和道德风险。合伙制企业是依据合伙人之间的协议建立起来的,当一位伙伴退出或死亡,或接纳新成员,都必须通过谈判建立新的伙伴关系。在经营中,合伙人对企业债务承担无限和连带责任。所有合伙人都是老板,都有权代表企业进行经营活动,如果一人决策失误,所有合伙人受累。一切决策要经合伙人同意,这也增加了经营成本,降低了效率。因此,合伙制一般适用于小规模的经营,以小企业居多,不适合社会化大生产的需要。

单业主制和合伙制企业都是自然人企业,企业具有法律地位,可以独立存在,合法经营,但不具有法人资格。企业法人资格有两个基本要求:一是企业法人的财产独立,由企业法人独立支配;二是企业法人的财产必须达到国家规定的最低限额以上。只有公司制才具有法人资格,是现代企业制度的基本形式。

合作制企业是劳动群众自愿组合、共同出资,使用共同占有的生产资料进行合作劳动的经济形式。

股份合作制是股份经济和合作经济相互融合、渗透而形成的一种新的组织形式和企业制度。其基本特征在于:第一,股份合作制实行全员入股,即由劳动者全体入股形成企业运行所需的大部分资本,强调投资入股是成为企业成员的重要前提。这既吸收了股份制的筹资方式,又保持了合作制中股东参与劳动的特征。第二,民主决策和管理。股份合作制企业内部职工拥有参与决策和管理的权利,在实际操作中,民主决策与管理通过股东大会或职工大会来实施。第三,按股分红与按劳分红相结合。按股分红,即股份合作制企业税后利润在弥补上年度亏损,提取法定公积金、公益金,支付优先股红利后,在企业股东(职工)之间进行分配。按劳分红是根据职工的劳动贡献分配红利,按股分红是按照股东所持有的股份分配红利。按劳分红与按股分红的比例由股东(职工)大会决定。

合作制与股份合作制有一定的渊源,同时也存在差别。从财产来源看,两者都是由职工共同出资组建的,但合作制不吸收本企业职工以外的个人、法人的投资,资本来源单一。股份合作制的资本来源较广,除职工投资外,还可以由国家、集体和其他法人投资,还允许部分职工暂时不入股;而合作制企业则要求职工全员入股,不允许非股东职工的存在。从管理机制来看,均设立股东会、董事会、监事会、经理人的治理结构,实行法人治理结构的管理机制。区别在于:合作制企业实行一人一票的表决制度,股份合作制实行一人一票和一股一票相结合的方式,兼顾资本所有者的利益。从分配机制来看,两者都实行按劳分配为主的分配方式。合作制企业职工投入的资本也可获得一定数量的利息,股份合作制企业职工按投入的资本参与分红,按资分红的比例是不确定的,由职工股东大会决定,职工收入的差别除反映劳动量的差别外,还反映了个人股份的差别。从风险承担来看,合作制企业虽然也是由职工共同出资组建,但职工离开企业可以退股,不必承担资本损失的风险;股份合作制的企业职工不能退股,只能在企业内部转让,因而要承担一定的资本风险。

公司制是随着大规模资本联合、协作生产而产生的一种新型的企业制度。依不同的标准,从不同的角度可以对公司做不同的分类。公司的分类有法律上的分类,也有理论、学理上的分类,同时在不同国家也有不同的分类。依据股东对公司承担责任形式的不同,可分为无限公司、有限公司、股份有限公司与两合公司四类:

(1)无限公司(Unlimited Company),是无限责任公司的简称,它是由两个以上的股东组成的、全体股东对公司的债务负连带无限责任的公司,即由两个以上的股东组成的,股东对公司的债务负无限责任的公司。

(2)有限公司(Limited Company)亦称有限责任公司,是由两个以上的股东出资组成,每个股东以其认缴的出资额对公司债务承担有限责任,而公司以其全部资产对其债务承担责任的公司。

(3)股份有限公司(Stock Corporation 或 Company Limited by Shares)又称股份公司,是指由一定人数以上的股东组成,公司全部资产分为等额股份,股东以其所认购的股份对公司承担有限责任,公司以其全部资产对其债务承担责任的公司。

(4)两合公司(Limited Partnership),是指由无限责任股东与有限责任股东共同组成,无限责任股东对公司债务负连带无限责任,有限责任股东对公司债务仅以其出资额为限承担有限责任的公司。两合公司是大陆法国家公司法中规定的公司形式。在英美法国家,一般视其为有限合伙,以有限合伙法来进行规范。此外,还有一种特殊的两合公司,即股份两合公司,它是两合公司的一种特殊形式。普通的两合公司兼有无限公司和有限公司的特点,而股份两合公司则兼有无限公司和股份有限公司的特点。

当代经济活动日益复杂,使得无限公司及两合公司、股份两合公司股东的投资风险更加突出,采用这三种公司形式的国家已经不多,目前各国普遍采用的公司形态是有限公司和股份有限公司。所以现代公司制企业的典型形式是有限责任公司和股份有限公司。上市股份有限公司也称公众公司,是指公开上市募集股份,并可对股权进行交易的股份有限公司。

公司制比业主制和合伙制更为优越。其特点是公司的资本来源广泛,使大规模生产成为可能;出资人对公司承担有限责任,投资风险相对降低;公司拥有独立的法人财产权,保证了企业决策的独立性、连续性和完整性;所有权与经营权分离,为科学管理奠定了基础。现代公司是社会化程度很高的企业,是企业制度的一种创新,它的出现极大地促进了生产力的发展,公司制就是一种现代企业制度。

股份公司是在资本主义机器大工业基础上发展起来的,是资本的一种组织形式。由于生产力的提高,资本主义市场的扩大,铁路、公路等水陆运输的发展,电力的加速扩大等,单个资本企业无法满足为进行有效生产所必需的企业资本的最低限额,企业资本的社会化就产生了。再加上信用制度及通信业的发展,股份企业制度由此产生了。

小辞典 各种各样的企业形式

业主制:出资人是企业财产的唯一所有者,同时又是企业的经营者。企业主按照自己的意志经营企业,并获得全部经营收益。

合伙制:两个或两个以上的人共同投资,并分享利益、共同监督和管理的企业制度。

公司制:包括有限责任公司和股份有限公司。前者指不通过公开募集股份,也不发行股票,而由为数不多的股东集中组成的公司,股东以其出资额为限对公司承担责任,公司以其全部资产对公司债务承担责任。股份有限公司又称股份公司,其全部资本分为等额股份,由发起人认购公司应发行的全部股份;或由发起人认购一部分股份,其余部分由社会公开募集。

合作制:劳动群众自愿组合、共同出资,使用共同占有的生产资料进行合作劳动的经济形式。

股份合作制:股份经济和合作经济相互融合、渗透而形成的一种新的组织形式和企业制度。

股份公司是一种资本组织形式,本身并不表明所有制的性质。各种不同的所有制都可以采用,并赋予新的内容和所有制性质。在企业混合所有制中,若是公有资本绝对或相对控股,则该股份制企业明显具有公有制性质;若是公有资本非控股类型的一般参股,则只具有公有制成分。国有企业实行国有资本控股的股份制改造,有利于政企分开,转换企业经营机制。

三、企业管理及其性质

与企业制度的演进相伴随的是企业管理的日益成熟。企业管理最初是在资本主义企业中产生和发展起来的。资本主义企业管理经历了三个发展阶段。一是传统管理阶段(18世纪后期至20世纪初),亦称经验管理阶段。二是科学管理阶段(20世纪初至20世纪40年代),突破了按传统的经验管理,管理有了科学理论,并把科学方法和实验方法应用于企业管理。科学管理的最初创始人是美国的泰罗。他提出了定额管理、标准化管理等理论。三是现代管理阶段(第二次世界大战之后),现代管理学派林立,最主要的是管理科学学派和行为科学学派。管理科学学派着眼于研究企业内生产力的合理组织问题,同时将现代科学技术最新成果如系统论、控制论、信息论以及电子计算机等用作管理的方法和手段。行为科学学派强调从社会学、心理学的角度,从人的行为、动机及其相互关系和社会环境等方面研究企业经营管理中如何调动人的积极性,并把人们有效地组织起来的问题。现代管理理论尽管有不同学派,但都在不同程度上对当代资本主义企业完善管理制度起着指导和影响作用。

企业管理具有二重性。资本主义企业管理的二重性和二重基本职能是:既具有合理组织生产力的自然属性,即一般管理职能;又具有实现资本所有权的社会属性,即资本主义管理的特殊职能。在现实经济生活中,管理的这二重属性和二重基本职能往往交织在一起,表现为同一管理活动的两个方面。

第五节　工资的本质和形式

一、工资的一般现象与本质

工资是企业成本的重要组成部分。工资形式给人以假象，似乎是工人进行劳动，投资者根据劳动付给的报酬，多劳多得，工资的本质就是劳动的价值和价格。实际上，工资是劳动的价值或价格，只是一种虚幻的外观或现象。若把经济现象当作经济本质，则是一种不正确的说法。这是因为：

第一，如果劳动是商品，价值量就无法计算。我们知道，商品价值是耗费在商品生产上的抽象劳动的凝结，商品的价值量是用它所包含的劳动量来计量的。如果说劳动是商品，它有价值，那么，试问12小时劳动的价值是多少呢？回答只能是12小时劳动的价值是12小时的劳动。这种劳动的价值由劳动来决定的说法，是毫无意义的同语反复。

第二，劳动不是独立存在的实体，不能作为商品出卖。假如劳动能够作为商品在市场上出卖，它必须在出卖前就已经存在。但是，当工人以卖者的身份走进资本家的工厂时，劳动过程还没有开始。当劳动过程开始时，劳动已不再属于工人，也就不能再被工人出卖了。在出卖以前能够独立存在的劳动，只有物化劳动，即以劳动产品形式存在的劳动，而如果出卖的是这个东西，那么，他出卖的就是商品而不是劳动了。

第三，把劳动看作商品，不是违反价值规律，就是违背剩余价值规律。假定劳动是商品，资本家用货币（物化劳动）同作为商品的活劳动直接交换，只能发生两种情况：一是如果要获得剩余价值，只能实行不等价交换，这就违反了价值规律的要求；二是等价交换，这就不能获得剩余价值，就否定了剩余价值规律的存在。

总之，工资的本质是劳动力价值或价格，而不是劳动的价值或价格。马克思在将劳动和劳动力加以区分的基础上，创造了科学的工资理论。

二、工资的形式及其变动

工资的形式主要有两种：计时工资和计件工资。计时工资是按照劳动时间支付工资的形式。如按日、按周、按月、按年计算的日工资、周工资、月工资、年工资（年薪）等。从现象看，它表现为活劳动的报酬；实质是劳动力的日价值、周价值、月价值、年价值的转化形式。计时工资是基本的工资形式。

计件工资是按照标准质量的劳动成果的数量（如合格产品件数）支付工资的形式。这种工资形式同计时工资并无本质区别。它表面上是物化劳动的报酬，实质上是一定劳动时间劳动力价值或价格的转化。因为实行计件工资时，每件产品的工资单价，就是根据日计时工资额和平均日产量计算出来的。可见，计件工资只是变相的计时工资。

一般来说，计件工资是更有利于降低工资成本、刺激工人提高劳动生产率的形式。因为计件工资把工人收入同劳动成果直接挂钩，工人劳动的数量、质量和强度，都由工资形式本身来控制，这就使工资成为从物质利益上刺激工人更紧张、更有效劳动的重要手段。于是，计件工资在资本主义社会和社会主义社会都被广泛地利用。

讨论　计时工资和计件工资

计时工资是工人从每小时的劳动中得到的工资,它等于日工资与日劳动小时(或者周工资与周劳动小时、月工资与月劳动小时等)的比率。例如:

$$计时工资 = \frac{日工资}{日劳动小时} \left(= \frac{周工资}{周劳动小时} = \frac{月工资}{月劳动小时} \right)$$

从上式可以看到,计时工资是与日、周和月劳动小时等成反比的。因此,即使日工资(或周工资、月工资)不变,但如果每日(或每周、每月)的劳动时间延长了,计时工资(也就是劳动价格)还是会下降;即使日工资(或周工资、月工资)上涨,但如果每日(或每周、每月)的劳动时间同比例延长,计时工资还是会不变;只有在日工资(或周工资、月工资)的上涨幅度超过相应的劳动时间的延长时,计时工资才会增加。

计件工资是工人从每一件产品中得到的工资,它等于日工资与日产品数量(或者周工资与周产品数量、月工资与月产品数量等)的比率。例如:

$$计件工资 = \frac{日工资}{日产品数量} \left(= \frac{周工资}{周产品数量} = \frac{月工资}{月产品数量} \right)$$

根据计时工资和计件工资的公式分别可得:

$$日工资 = 日劳动小时 \times 计时工资$$
$$日工资 = 日产品数量 \times 计件工资$$

于是有:

$$日劳动小时 \times 计时工资 = 日产品数量 \times 计件工资$$

亦即:

$$计时工资 = \frac{日产品数量}{日劳动小时} \times 计件工资$$

这就是计时工资和计件工资的关系。

三、劳动力价值或价格的其他转化形式

劳动力价值或价格的转化形式,除工资外,还采取其他形式,如奖金、津贴等。

奖金是劳动力价值的一种转化形式。它实质是对劳动者超额劳动支付的价值。奖金的特点是比较及时地反映劳动者提供的劳动量的变化,具有较大的灵活性。在计时工资的情况下,劳动者的工资级别较稳定,而劳动者提供的劳动量却是经常变化的。因此,计时工资的固定工资等级不能及时和准确地反映出劳动者实际提供的劳动量的变化。在计件工资情况下,对劳动者在技术革新、节约、物质消耗、安全生产等方面提供的超额劳动也不能准确地反映,甚至没有反映。因此,要利用奖金这一形式,以补充计时工资和计件工资的不足,调动劳动者的积极性。

津贴也是劳动力价值的一种转化形式。它是对特殊条件下工作的劳动者的额外劳动和对某种艰苦劳动的补偿。如对高空作业、地下作业、高温作业、野外作业的劳动者,要给予一定的补充报酬。其特点是灵活地支付报酬,有利于劳动者的调配和管理。同时,津贴对劳动者额外劳动的补充,有利于保护劳动者的身体健康,调动劳动者的积极性。

此外,有些国家流行餐馆和旅馆等服务小费,也是劳动力价值的补充形式。

思考题

1. 马克思说,货币所有者变为资本家,"必须在流通领域中,又必须不在流通领域中。这就是问题的条件"。试问:货币转化为资本究竟是怎样实现的?
2. 如何理解"资本是带来剩余价值的价值"? 如何正确认识资本的特殊性与一般性?
3. 为什么说资本主义和社会主义的生产过程是劳动过程与价值增值过程的统一?
4. 正确理解相对剩余价值生产与绝对剩余价值生产的关系,以及相对剩余价值与超额剩余价值的联系与区别。
5. 如何评价各类企业制度的演进? 怎样正确理解公司制的类型与特征?
6. 正确认识不同社会制度下工资的性质与形式,正确认识名义工资与实际工资的关系。

第四章

资本积累

学习目的与要求

通过本章的学习,了解再生产是物质资料的再生产、资本价值的再生产和经济关系的再生产三者的统一;认识扩大再生产的源泉,以及决定资本积累量的因素;理解资本有机构成的内涵与相对过剩人口的成因;了解资本积累的一般规律和不同的历史作用,以及国际国内反贫困问题。

第一节 简单再生产

一、生产资料的再生产

人类社会为了自身的生存和发展,任何时候都不能停止消费,因而也就不能停止生产,社会生产总是连续不断地进行的。这种不断重复、不断更新的生产过程,就是再生产。再生产按其规模可以分为简单再生产和扩大再生产两种类型。简单再生产就是按照原有的生产规模不断重复进行的再生产。扩大再生产,就是按照扩大的生产规模不断更新的再生产。简单再生产是扩大再生产的基础和出发点,因此,分析再生产,必须先分析简单再生产。

定义 再生产、简单再生产和扩大再生产

再生产:不断重复、不断更新的生产过程。

简单再生产:按照原有的生产规模不断重复进行的再生产。

扩大再生产:按照扩大的生产规模不断更新的再生产。

物质资料的生产和再生产是人类社会存在和发展的基础。任何社会为了满足其社会成员生产和生活的需要,都必须要有各种各样的物质资料,为此就要进行物质资料的生产。所谓物质资料的生产,就是人们以一定的方式结合起来,根据自己设想的目的,运用劳动资料去加工劳动对象,改变劳动对象的性质、形状或地理位置,使被加工成的产品能满足人们生产和生活需要的社会经济活动。物质资料的生产是人类最基本的实践活动,同时也是再生

产的基础和条件。由于每一次生产过程都会生产出一定的物质资料,同时也要消耗掉一定的物质资料,因此只有从生产出来的物质资料中拿出一部分再转化为新的生产要素,包括劳动资料、原料和辅助材料等,生产才能连续不断地进行。正因为存在着物质资料的生产和再生产,人类才能生存,社会才能持续和发展。所以,社会再生产就其内容来讲,首先应当是物质资料的再生产。

二、资本价值的再生产

简单再生产虽然只是生产过程按同一规模的反复,但这种反复的持续,可以使人们消除作为孤立的生产过程所具有的表象,看到不同社会生产过程的一些重要的特征。

第一,从简单再生产过程来看,可变资本的价值是由工人创造的。任何一个生产过程都需要预先垫付可变资本,如果把资本主义生产当作一个孤立的过程来看,资本家支付给工人的工资,好像是靠掏自己腰包里的货币垫付的。但是,从生产过程的连续性来考察,工人在这一时期得到的工资,正是他在前一时期劳动创造的产品价值的一部分,资本家只是用工人自己创造的价值来购买工人的劳动力。从社会主义公有制企业的生产过程来看,无论是孤立的一次生产过程,还是连续性的生产过程,都表现为工人靠自己的劳动,通过按劳分配,既创造了可变资本,养活了自己,同时,又为国家和企业创造了税利,提供了再生产的资金积累。

第二,全部资本的价值都是由工人创造的剩余价值转化而来的。如果从一个孤立的生产过程来看,好像企业的全部资本都是资本家自己的财产,是由其"辛勤劳动"积累起来的。如果从再生产过程来看,就会发现,不管资本家最初的资本从何处而来,经过若干再生产周期后,原有的资本就会被他消费掉。资本家的资本之所以继续存在,是由工人创造的剩余价值积累起来的。

讨论　剩余价值替换全部预付资本的周期:简单再生产

假定某一企业开始生产时拥有的总资本为 C,其中,用于不变资本的部分为 c,用于可变资本的部分为 v,资本构成(即不变资本与可变资本的比率)为 θ,剩余价值率为 m'。试问:在简单再生产条件下,劳动创造出企业预付的全部可变资本和全部总资本(简称"资本更新")的时间是多少?

设资本全部更新的时间为 n 年。为方便起见,假定简单再生产的周期为一年。也就是说,从企业预付资本购买生产资料和劳动力开始,到生产和销售出产品为止,恰好为一年的时间,并且,在这一年中,全部生产资料的价值恰好折旧完毕,需要从头更新。于是,在第一年结束时,企业得到的剩余价值等于剩余价值率与预付可变资本的乘积,即 $m'v$,在 n 年结束时,得到的全部剩余价值(包括从第一年到第 n 年的全部剩余价值)为 $nm'v$。令它等于企业一开始时预付的全部可变资本:

$$nm'v = v$$

解之即得:

$$n = \frac{v}{m'v} = \frac{1}{m}$$

于是,全部可变资本更新的时间等于剩余价值率的倒数。例如,设剩余价值率为50%,则可变资本更新的时间为:

$$n=\frac{1}{50\%}=2(年)$$

换句话说,企业的可变资本在 2 年之后将完全由剩余价值构成。

另一方面,为了求得全部总资本的更新时间,可以令:
$$nm'v=c+v$$

解之即得:
$$n=\frac{c+v}{m'v}=\frac{\theta v+v}{m'v}=\frac{\theta+1}{m'}\cdots$$

于是,全部总资本的更新时间等于资本构成加 1 再除以剩余价值率。例如,设剩余价值率为 50%,资本构成为 4,则全部资本更新的时间为:
$$n=\frac{4+1}{50\%}=10(年)$$

换句话说,企业的全部资本在 10 年之后将完全由剩余价值构成。

在社会主义公有制经济条件下,工人在必要劳动时间内创造的价值除了转化为可变资本以外,在剩余劳动时间内创造的剩余价值转化为上缴国家的利税和企业留存的基金,其中一部分用于再生产的原始资本投入,因此社会主义公有制经济的全部资本从一开始就表现为是由工人阶级创造的剩余价值转化而来的。

三、经济关系的再生产

人们从事物质资料的生产,总是在一定的社会形式下,或结成一定的社会经济关系来进行的。社会经济关系就是人们在物质资料生产和再生产过程中结成的相互关系。它是人们各种社会关系中最基本的关系。不论生产的社会形式如何,劳动者和生产资料始终是物质生产的基本要素。凡是要进行生产,必须使两者结合起来。实行这种结合的特殊方式和方法,使人类社会区分为不同的经济形态,从而使社会经济关系具有不同的性质。

资本主义再生产是建立在雇佣劳动基础上的,一方面它不断地再生产出劳动者和生产资料的分离;另一方面它又不断地再生产出剥削劳动者的条件和雇佣劳动关系。所以,资本主义生产和再生产过程,不仅仅是生产私有剩余价值,而且还生产和再生产资本主义经济关系的本身:一方面是资本家,另一方面是雇佣劳动者。

社会主义经济制度的建立,使广大劳动群众成了生产资料的主人。他们既是生产资料的所有者,又是社会主义企业的劳动者,劳动者与生产资料不再相互分离,而是在社会主义公有制的基础上实现了一定程度上的直接结合。劳动者既为社会的公共利益劳动,又为自己的利益劳动。劳动得越多,他们得到的也就越多,生活就越富足,社会就越发展。虽然,劳动力的再生产是社会主义再生产顺利进行的必要条件,然而,劳动者的体力和智力只有在社会主义的条件下才能得到较自由和较全面充分的发展。因此,社会主义的再生产体现着劳动者在再生产过程中摆脱了剥削和贫困地位,走向共同富裕的经济关系。

定义 物质资料、资本价值和经济关系的再生产

物质资料再生产:物质资料生产过程的不断更新。

资本价值再生产:不变资本、可变资本和剩余价值的再生产。

经济关系再生产:生产关系的再生产。例如,资本主义经济关系的再生产表现为一方面再生产出雇佣工人,另一方面再生产出资本家,从而再生产出雇佣工人与资本家的关系。

第二节　扩大再生产

一、扩大再生产的源泉

再生产的主要形式和特征是扩大再生产。扩大再生产就是企业把积累的剩余价值转化为新的资本,用来购买追加的生产资料和劳动力,使生产在扩大的规模上重复进行。把剩余价值再转化为资本,或者说,剩余价值的资本化,叫作资本积累。

定义　资本积累

剩余价值的资本化,即由剩余价值到再生产追加资本的转化,叫作资本积累。

在资本主义扩大再生产过程中,资本家不断利用无偿占有的剩余价值,扩大资本的规模,扩大对工人的剥削,以继续榨取更多的剩余价值,这就是私人资本积累的实质。

社会主义再生产的基本特点也是扩大再生产,因为只有扩大再生产,才能使人民日益增长的物质文化需要不断得到满足,才能使社会主义国家的综合国力不断得到增强。要扩大社会主义的再生产,同样离不开资本积累,离不开剩余价值的创造。

二、商品生产所有权规律的转变

所谓商品生产所有权规律,就是按等价原则实行商品交换的商品经济规律。它要求商品交换以承认交换双方对商品的所有权为前提,只有让渡自己的商品才能占有别人的商品,同时,商品交换必须遵循等价原则,任何人不得无偿占有别人的劳动,因而商品所有权是建立在自己劳动的基础上的。在私人资本积累的情况下,使商品生产所有权规律转变为资本主义占有规律,也就是商品生产的等价交换规律转变为资本主义的剩余价值规律。

资本主义占有规律的特点是以等价交换的形式掩盖无偿占有工人剩余劳动的内容。在资本积累中,劳动力按等价原则进行交换只是形式上、表面上的。因为资本家用来购买劳动力的资本,是由他无偿占有的剩余价值转化而来的,表面上是等价交换,实际上资本家没有付出任何等价物;同时,购买劳动力的这部分资本不仅要由工人劳动创造的新价值予以补偿,而且还为资本家带来新的剩余价值。因此,等价交换形式掩盖下的实质内容是资本家无偿占有他人劳动产品的权利。

商品生产所有权规律转变为资本主义占有规律,好像是破坏了商品等价交换规律,实际上,资本主义占有规律恰恰是在商品生产所有权规律的基础上形成的,而且正是对价值规律应用的结果。因为价值规律要求买卖双方彼此出让的商品的交换价值相等,而使用价值各不相同。资本家用货币与劳动力交换,是等价物的交换。

工人所出卖的是劳动力,并且已经按照等价交换规律得到了其交换价值。资本家也正是依靠等价交换的原则购买到劳动力这一特殊商品,才能把这已归他占有的工人劳动,同另外也归他占有的生产资料相结合,通过生产过程转化为新产品。而这种新产品,依据商品生产所有权规律,在法律上也归资本家所有。这样资本家就实现了其对工人剩余劳动的占有。可见,资本家获得剩余价值是在购买劳动力以后发生的生产过程,并不是在市场上用不等价交换而欺骗劳动力所有者。他在生产过程中消费劳动力而获得剩余价值,是劳动力具有创造价值和剩余价值这种特殊使用价值的结果。由于消费劳动力是在交换结束后才开始的,因而交换价值与消费无关。当资本家把获得的剩余价值再转化为资本购买生产要素时,事情和原来一样,仍是等价物交换。所以,问题的关键是商品经济内在矛盾的发展使劳动力成为商品。劳动力一旦变成商品,雇佣劳动成为商品生产的基础,简单商品生产就发展成为资本主义生产,商品生产所有权规律也必然转变为资本主义占有规律。

在社会主义条件下,商品生产所有权规律转变为公有制联合起来的劳动者共同占有规律。劳动力成为商品并非资本主义社会特有的现象。在社会主义社会,劳动力作为商品是劳动者的人身自由和劳动力归劳动者自己所有的客观经济表现。虽然从表面上看来,具有人身自由的劳动者在社会主义条件下和在资本主义条件下确实没有什么不同。但是,由于他们所处的社会经济环境发生了本质的变化,因而商品生产所有权规律的转变也就根本不同。在社会主义生产资料公有制的基础上,生产资料是联合起来的劳动者共同所有的公共财产,生产资料的占有和使用者是代表劳动者不同层次社会利益的国家、社会组织和企业,劳动者个人并不是生产资料的直接占有者。在这种情况下,劳动者个人与生产资料的结合,是作为劳动力的所有者,同代表劳动者不同层次利益的国家、社会组织、企业之间的结合,因此,这种结合是在共同利益一致基础上的自由、平等的结合。在劳动力商品交换中,劳动者个人与国家、企业之间形成的是等价、自由、平等互利的商品交换关系。在生产中,使劳动者个人与生产资料结合起来,共同进行商品生产,形成以共同经济利益为目的的价值增值关系。可见,商品生产所有权规律,在社会主义公有制市场经济条件下,也必然会转化为社会主义联合劳动者共同占有的规律。

三、资本积累量的决定因素

影响或决定资本积累量的基本因素是:

第一,剩余价值率的高低。在其他条件不变的情况下,如果剩余价值率越高,那么同量的可变资本获得的剩余价值量就越多,资本积累的数量也就越多。

第二,劳动生产率的高低。在其他条件不变的情况下,如果劳动生产率提高了,单位商品的价值就会下降,这会从以下几个方面影响资本积累的数量。首先,由于劳动生产率的提高,生活资料的价值降低,劳动力商品的价值也降低,从而导致剩余价值率的提高和剩余价值量的增加,扩大资本积累量。其次,当劳动生产率提高时,由于劳动力和生活资料价值的降低,同样数量的资本,便可以购买更多的生产资料和劳动力,于是就可以生产出更多的剩余价值,从而可以增加更多的资本积累量。再次,随着劳动生产率的提高和商品价值的降低,同量剩余价值便表现为更多的商品,这样可以在不减少甚至增加剩余价值中用于个人消费的情况下,增加资本积累量。最后,在劳动生产率提高的条件下,当更新原有的生产资料时,可由效率更高和价格更低廉的生产资料代替原有的生产资料,企业因此可以获得超额剩余价值或相对剩余价值,从而有利于增加资本积累量。

第三,所用资本和所费资本的差额的大小。所用资本是指投入生产中的全部资本,所费资本是指在生产中实际耗费掉的资本。在生产过程中,所使用的厂房、机器、设备等劳动资料按实物形态,其使用价值不是一次全部地被消耗掉,而是经过多次使用,逐渐地被消耗掉的,价值也是一部分一部分地转移到新产品中去的。这样就形成了所用资本和所费资本之间的差额。这个差额的大小,取决于劳动资料的质量和数量:在所用资本一定的条件下,劳动资料的质量越好,越经久耐用,所费资本就越少,从而所用资本和所费资本的差额就越大;劳动资料的数量越多,上述差额的总量则随之增加,所用资本和所费资本的差额越大,一部分劳动资料就会如同空气、阳光等自然力一样为生产提供无偿的服务,产品价值中用以补偿资本耗费的部分就越小,其结果必然引起产品价值的下降。这对个别企业来说,可以得到超额剩余价值;对一般的企业来说,可以得到相对剩余价值,从而使资本积累量增大。

第四,预付资本的多少。在其他条件不变的情况下,预付资本量越大,可变资本量就越大,可以使用的劳动者数量就越多,剩余价值量也就越多,从而资本积累量就越大。

第三节 资本有机构成与相对过剩人口

一、相对过剩人口的形成

资本的构成可以从两个方面来理解。从物质形态上看,资本是由一定量的生产资料和劳动力构成的,两者之间的比例叫作资本的技术构成。从价值形态上看,由于生产资料的价值表现为不变资本,劳动力的价值表现为可变资本,因而,资本又是由一定数量的不变资本和可变资本构成的,它们之间的比例叫作资本的价值构成。

资本的技术构成和资本的价值构成之间存在着密切的联系。在生产正常有序进行过程中,资本的价值构成反映资本的技术构成的变化,但这种反映不是同比例的,而只能是近似的。这种由资本技术构成决定而又反映技术构成变化的资本价值构成,叫作资本有机构成,可用 $c:v$ 表示。资本有机构成以资本的技术构成为基础,资本的技术构成决定资本有机构成。

定义 资本的构成

资本构成:资本各部分的比例,通常是指资本的有机构成。
资本的技术构成:反映生产技术水平的生产资料和劳动力的比例。
资本的价值构成:不变资本和可变资本的比例。
资本有机构成:由资本技术构成决定又反映技术构成变化的资本价值构成。

在资本积累过程中,如果资本有机构成不变,则可变资本会与总资本按同一比例增长,对劳动力的需求因此会增加。但是,由于资本追求超额剩余价值的内在动力和迫于竞争的外在压力,任何企业必然会不断改进技术装备,提高劳动生产率,结果在全部资本中,不变资本所占比重日益增大,可变资本所占比重相对缩小,从而导致资本有机构成的提高。可见,资本有机构成的不断提高,是资本主义和社会主义经济发展的必然趋势,也是资本积累的必然结果。

假定其他条件不变,资本有机构成的不断提高,必然造成资本主义社会的相对过剩人口,给无产阶级的命运带来严重的影响。虽然资本有机构成随着资本积累而不断提高,可变资本的绝对量有可能会增加,但它在总资本中所占的比重却会下降。因为资本对劳动力的需求不是取决于总资本的大小,而是取决于可变资本量的大小。原有资本在提高有机构成的基础上更新,造成对劳动力需求的绝对减少,追加资本有机构成的提高,会造成资本对劳动力的需求相对减少;新式机器代替旧式机器则不仅造成资本对劳动力需求的相对减少,而且还会造成"机器排挤工人"。

资本对劳动力的需求是相对的,有时甚至是绝对地减少了,但是,劳动力的供给却在资本积累的进程中增加了。这是因为:(1)由于采用新机器,使操作简单化了,不用很强的体力就可担任,资本家有可能雇用妇女和儿童进工厂工作,这就使劳动力的供给大大增加;(2)竞争以及资本的积累和集中,使得城乡小生产者,甚至中小资本家破产,变为出卖劳动力谋生的雇佣劳动者。既然在资本积累过程中劳动力对资本的供给在绝对地增加,而资本对劳动力的需求却相对地有时甚至绝对地减少,那么,不可避免地就会产生失业人口,即相对过剩人口。

所谓相对过剩人口,是指劳动力的供给超过了资本对它的需求。也就是说,这些人口相对于资本的需求表现为过剩,是"多余"的劳动人口。在资本主义制度下,劳动者作为雇佣工人,只是生产私人剩余价值的工具。工人被资本所吸收或排除,完全取决于私人资本增值的需要。私人资本积累所造成的失业人口,不是社会财富不能养活这些人口,也不是社会生产力的发展绝对不需要他们,而是由于对这些劳动力的使用不能给资本带来平均的剩余价值。所以,相对过剩人口,实质上是超过资本增值的平均需要而形成的相对多余的劳动人口。

定义　相对过剩人口
劳动力的供给超过了资本对它的需求。

相对过剩人口是由资本积累造成的,而资本积累本来是工人创造的剩余价值转化为资本的结果,资本有机构成的提高也是以工人创造出日益先进的技术装备为条件的,可是,工人在创造资本积累和先进技术装备的同时,也使自己变成了相对过剩人口,这就是资本主义生产方式所特有的人口规律。

相对过剩人口不仅是资本积累的必然产物,而且是资本主义生产方式存在和发展的必要条件之一。首先,相对过剩人口可起到劳动力"蓄水池"的作用,以适应资本主义再生产周期性发展的需要。相对过剩人口形成一支可供支配的产业后备军,绝对地隶属于资本。因为资本主义再生产总是经历着从危机到高涨再到危机的周期循环。当危机时,生产缩减,大批工厂倒闭,大量工人被抛进失业大军;当生产走向高涨时,生产急剧扩大,需要追加大量工人,人口自然增长不能满足这种需要,失业人口的存在则可以及时提供所需要的劳动力,满足变化中的资本增值的需要。所以,经常存在大批失业人口,就好像劳动力的"蓄水池",可以随时调节和满足再生产周期不同阶段资本对劳动力的需要。其次,相对过剩人口的存在,有利于加强对在业工人的剥削。在劳动力供过于求的情况下,资本家不仅可以从市场上购买到更廉价的劳动力,而且可以利用产业后备军来威胁在业工人,迫使他们遵守资本主义的劳动纪律和接受资本家的苛刻的条件。

在资本主义社会,相对过剩人口有三种基本形式:第一种是流动的过剩人口。这是指在城市里那些时而失业、时而找到工作的失业工人。在这里,过剩人口处于流动的形式。第二种是潜在的过剩人口。这是指农业中的过剩人口。由于农业资本有机构成的提高,对农业工人的需求会日益减少,虽然从表面上来看,这些过剩人口还常常保留少量的生产资料和土地,好像没有失业,但实际上已经过剩了。第三种是停滞的过剩人口。这是指那些没有固定职业,只能揽点零活在家里劳动的人。这些人虽然形式上还是现役劳动军的一部分,但是就业极不规则,经常处于失业和半失业状态,其特点是劳动时间最长、劳动条件最恶劣而工资最低,生活状况低于工人阶级的平均正常水平。

> **小辞典** 相对过剩人口的形式
> 流动的过剩人口:城市里那些时而失业、时而找到工作的失业工人。
> 潜在的过剩人口:农业中的过剩人口。他们潜伏在农村,随时准备流向城市。
> 停滞的过剩人口:没有固定职业,只能揽点零活在家里劳动的人。

二、资本的积聚和集中及其现代特点

资本积聚是指个别资本依靠自己的资本积累,即通过剩余价值的资本化来增大资本的总量。资本积累是资本积聚的基础,资本积聚又是资本积累的直接结果。资本积累越多,资本积聚的规模就越大,个别资本总额就越大。不过资本积聚受到以下两个限制:第一,资本积聚是以资本积累为基础的,因此,社会生产资料在个别资本那里的积聚,要受到剩余价值总量和社会财富增长总量的限制;第二,资本积聚受到社会资本分散程度的限制。社会资本是由许多相互独立的个别资本组成的,个别资本的数量越多,资本积聚就越分散,个别资本的增长就相对越慢,从而限制了资本积累的速度。加上个别资本的分立和分解等因素,原资本中还会裂变出新资本来,又会限制个别资本量的增加。

资本集中是指个别资本通过结合而形成较大的资本。它既可以通过大资本兼并中小资本来实现,也可以由原来分散的中小资本联合起来成为新的更大的资本。竞争和信用是资本集中最强有力的杠杆。在竞争的情况下,大资本比小资本拥有更优越的条件,大资本可以采用先进的生产技术和科学的劳动组织,可以广泛实现合理分工和专业化生产,可以提高设备的利用率和采用效率更高的大型设备,因而在竞争中易于淘汰小资本。这样,个别资本不得不通过兼并和联合的方式来扩大资本规模,以避免在竞争中处于劣势的地位。同时,由于大资本具有采用先进技术和组织规模生产的优势,它可以比小资本获得更多剩余价值,因而也促使个别资本利用兼并或联合的方式扩大资本规模,以获取更多的剩余价值。另外,信用制度的发展,也大大加速了资本集中的进程,特别是通过银行信用,一方面利用贷款来加强大资本的竞争能力,帮助他们在激烈的竞争中打垮或兼并中小资本,另一方面又促使一些分散的中小资本联合起来,组织规模巨大的股份公司,实现资本的集中。

> **辨析** 资本积累、资本集聚和资本集中
> 资本积累:剩余价值转化为资本。
> 资本集聚:个别资本依靠资本积累来增大资本总量。
> 资本集中:个别资本通过结合而形成较大的资本。

第四节 资本积累的一般规律与历史趋势

一、资本积累的一般规律及其当代效应

资本积累必然伴随资本的积聚和集中,必然促使资本有机构成的提高。而私有资本有

机构成的不断提高,使得社会财富越来越集中在少数资本家手里;同时,无产阶级的队伍也在不断扩大,产业后备军日趋庞大,无产阶级遭受的劳动折磨及其贫困状况也就越加严重。资本主义的积累包含两极相反的积累:一极是财富作为资本在资本家手里的积累;另一极则是创造这些财富的无产阶级的贫困的积累。这就是资本主义积累一般规律的基本内容。

定义　资本主义积累的一般规律
资本主义积累包含着两种截然相反的又相互联系的积累:在一极上,是财富作为资本在资本家手里的积累;在另一极上,是创造这些财富的无产阶级的贫困的积累。

无产阶级贫困的规律,与资本主义特有的其他经济规律一样,是建立在资本主义制度的基础上的。只要资本主义制度存在,这个规律是不会改变的。但是在不同的资本主义国家和不同的历史时期,它的表现形式是不相同的。当代资本主义国家,特别是发达资本主义国家无产阶级的状况,确实得到了一定的改善,但是这并没有使他们摆脱被剥削的地位,没有摆脱贫困的厄运。当代无产阶级的贫困仍然可以分为相对贫困和绝对贫困两种表现形式。

无产阶级的相对贫困,是指无产阶级的工资收入在国民收入中所占的比重日益下降,即在无产阶级新创造的价值中,无产阶级的工资所占的比重越来越小,工人同资本家之间的贫富差别越来越大。

无产阶级的绝对贫困,是指在资本主义制度下无产阶级经济生活状况的绝对恶化。它在每个资本主义国家表现不同,但有时在不少国家表现明显。无产阶级绝对贫困主要表现为以下几个方面:

第一,失业人口的大量增加。这是无产阶级绝对贫困的主要或集中表现形式。

第二,实际工资下降。这是因为资本主义国家往往采取通货膨胀的政策,造成物价、房租、医药费用等不断上涨,而货币工资并未相应提高,特别是在经济危机爆发时,大批工人失业、工资被压低的情况下,都不可避免引起工人的实际工资下降。

第三,大量的工人生活在"贫困线"以下。所谓"贫困线",就是国家官方规定维持最低生活需要的收入标准。

二、原始资本的积累

劳动者和生产资料是生产过程的两个基本要素,但是对资本主义生产来说,劳动者必须具有人身自由而又失去生产资料,生产资料和生活资料必须集中在资本家手里。要能够有条件既雇用大批工人,又购买大量生产资料和生活资料,从而组织较大规模的资本主义生产,就必须有大量货币财富,在少数人手中积累,因而大批雇佣劳动者队伍的形成和少数人拥有大量货币财富就成为资本主义生产方式建立的两个基本条件。

在资本主义经济制度建立以前,小商品生产者的分化虽然不断地准备着这两个条件,但是,仅仅依靠小商品经济的机制向资本主义过渡,那是一个渐进的、缓慢的过程。15世纪的地理大发现,使世界市场急剧扩大,对资本主义经济的发展产生强大刺激作用。新兴资产阶级在强烈的致富欲望推动下,采取暴力手段来加速这两个条件的形成,这就是资本的原始积累过程。它是发生在资本主义生产方式确立之前的原始资本的形成过程,有别于在资本主义生产方式确立以后进行的资本积累,所以叫作资本的原始积累。

定义　资本的原始积累

发生在资本主义生产方式完全确立之前、通过暴力手段迫使生产者和生产资料相分离、把生产资料和财富集中到资本家手里的历史过程。

资本原始积累是生产者和生产资料相分离的过程，它的实质是资产阶级用暴力手段剥夺生产者，强迫生产者与生产资料相分离，并使生产资料和货币财富迅速集中在自己手中的过程。剥夺广大农民是资本原始积累全部过程的基础，因为资本主义发展所需要的雇佣劳动大量来自失去土地的农民。在历史上对农民进行暴力剥夺的典型是英国的"圈地运动"。

三、资本积累的不同历史作用

资本主义生产方式确立以后，它一方面把分散的、孤立的、规模狭小的个体生产，转变为社会化的大生产；另一方面又把以自己劳动为基础的个体私有制，转变为以剥削雇佣劳动为基础的资本主义私有制。这样，就形成了生产的社会化和生产资料资本主义私人占有之间的矛盾，这个矛盾就是资本主义的基本矛盾。

资本主义生产的高度社会化，客观上要求生产资料和产品归社会共同占有。但在资本积累过程中，由于竞争的加剧，生产资料和劳动产品却越来越集中于少数资本家手中。这表明，随着资本主义的发展，资本主义的基本矛盾更加尖锐了，这也反映了生产资料的私有制已经越来越成为生产力发展的严重障碍。

资本积累不仅为资本主义制度的灭亡准备了客观的物质条件，即社会化的大生产，而且也为资本主义制度的灭亡准备了掘墓人，即无产阶级。无产阶级没有任何生产资料，是社会化大生产中的劳动者，因而最富有革命的组织性和纪律性。在资本积累过程中，无产阶级队伍不断壮大，在同资产阶级的斗争中，他们的阶级觉悟不断提高，最后必将完成消灭资本主义制度的历史使命。

定义　资本主义积累的历史趋势

剥夺者被剥夺、资本主义制度被社会主义制度所代替的必然性。

社会主义的积累与资本主义的积累不同之处就在于：它是要消灭剥削、消除两极分化、实现劳动人民的共同富裕。而要做到这些，生产资料公有制和按劳分配是根本的保证。社会主义积累的不断进行，将使国家拥有比资本主义发展更快和更高的劳动生产力，劳动者的生活更丰裕。

社会主义积累的历史趋势是建立共产主义社会。共产主义是人类历史上最进步、最美好、最合理的社会制度。而要实现这一制度，必须要以社会主义资本积累和扩大再生产为前提。生产力的不断发展，不仅为共产主义社会创造出物质技术基础，而且要求社会主义生产关系进一步完善和变革，使社会主义的生产关系逐步成长为共产主义的生产关系。不过，这是一个较长的历史时期。

思考题

1. 为什么说再生产是物质资料再生产、资本价值再生产和生产关系再生产的统一？
2. 在资本主义和社会主义不同的条件下，商品生产的所有权规律是怎样转变的？

3. 试举1~2个实例,具体解释决定资本积累的因素及其变化。

4. 资本积累、资本积聚和资本集中的相互关系是怎样的?

5. 目前流行一种观点,说各国都要反贫困,不能只讲资本主义社会有无产阶级的贫困问题。那么,怎样正确认识一般意义上的生活贫困与马克思所说的阶级贫困?

6. 有人认为,马克思关于资本主义必然被社会主义替代的学说是一种主观想象。对此,请运用马克思的资本积累理论来解析之。

第二编

流通过程

第五章

资本循环和周转

学习目的与要求

通过本章的学习,从生产过程和流通过程统一的角度了解单个产业资本的循环与周转,认识个别资本再生产的形式和条件,认清资本主义和社会主义企业微观运行的共同机制和规律;通过分析资本的循环,掌握资本运动的连续性及连续运动的条件;通过分析资本的周转,掌握提高资本周转速度的方法与意义。

第一节 资本循环

一、资本循环的三个阶段

在市场经济条件下,每个企业都必须把资本不断地投入到经营活动中,通过购买生产要素进行生产,然后将产品销售,最终收回投入的货币并取得其增值。现实企业经济活动的这个过程,就是资本的循环过程。资本循环的目的是要实现价值增值,产业资本是典型的能发生价值增值的资本。所谓产业资本,是指投放在工业、农业、建筑业等物质资料生产部门的资本。本章分析个别资本的运动,就是指这部分资本的运动。其运行机制和状况在资本主义和社会主义经济条件下大致相同。

产业资本的循环要经过三个阶段,即购买、生产和销售阶段。资本在这三个阶段中要相继地采取货币资本、生产资本和商品资本三种职能形式,每种形式完成一定的职能,最后实现资本价值的增值。

定义 产业资本和产业资本循环

产业资本:投放在工业、农业、建筑业等物质资料生产部门的资本。

产业资本循环:产业资本依次经过购买、生产和出卖三个阶段,相继采取货币资本、生产资本和商品资本三种职能形式，最后实现资本增值的运动过程。

资本循环的第一个阶段，是资本的购买阶段，也就是资本家或企业经营者以购买者的身份在市场上出现，用货币去购买生产资料和劳动力的阶段。这个阶段可以用公式表示，即：

$$G-W<{A \atop P_m}$$

其中，G代表货币，W代表商品，A代表劳动力，P_m代表生产资料。

资本的购买阶段从形式上看，与一般商品的流通过程的购买阶段没有什么区别，因为都是用货币去购买商品，都是发生了从货币到商品的价值形式的变化。但是，从物质内容上看，它又根本不同于一般的商品流通过程。因为企业家用货币购买到的不是一般的用作生活消费的商品，而是从事一定种类生产所需要的生产资料和劳动力。生产资料和劳动力既是生产的要素，又是具有生产剩余价值能力的资本。生产资料是生产剩余价值的物质条件，劳动力是生产剩余价值的源泉。所以，这个阶段是资本运动的第一个阶段。

资本循环的第二个阶段，是资本的生产阶段，也就是资本家或企业经营者作为生产者，将购买来的生产资料和劳动力作为生产的要素结合起来，实现生产价值和资本增值。这个阶段可用公式表示，即：

$$G-W<{A \atop P_m}\cdots P\cdots W'$$

其中，P代表生产过程，虚线代表流通过程中断，W'代表生产过程结束后生产出的商品。

生产阶段是资本循环的一个特定阶段，这是由生产资料和劳动力结合的特殊性质所决定的。在资本主义社会，通过资本家购买劳动力和生产资料，并使劳动力和生产资料强制结合。这种特殊的结合方式，使进入生产过程的劳动力属于资本家，并为资本家提供活劳动而生产剩余价值。生产资料是作为活劳动的吸收器，生产剩余价值的物质条件。因此，生产资料和劳动力在生产过程中是作为不变资本和可变资本发挥作用的，它们成了资本价值的又一种存在形式，即生产资本。资本主义的剩余价值就是在这一阶段生产出来的。这样，生产阶段就与一般的直接生产过程有本质区别。

资本循环的第三个阶段，是资本的销售阶段，也就是资本家或企业经营者作为销售者，重新出现在市场上，把生产阶段生产出来的商品卖出，取得比预付资本价值还要多的货币的阶段。在这一阶段，执行的是商品资本的职能。用公式表示，即：

$$W'-G'$$

其中，W'代表商品资本，G'代表货币资本。

这个阶段从形式上看，与一般商品流通的销售阶段没有区别，都是把商品变成货币，商品从卖者手中转到买者手中，价值形式由商品变为货币，而价值量没有变化。但是，从性质上说，它与一般的商品流通的销售阶段不同。因为，这里所销售的商品，在价值量上，包含了预付资本价值和剩余价值，它是资本主义生产过程的结果。这个阶段不仅是商品价值形式的变化，也是资本的形式变化，是资本价值、剩余价值的实现过程。所以，这个阶段是资本循环的一个特定阶段。

以上我们分析了资本循环的三个阶段，现在综合地考察资本的总循环。所谓资本循环，就是产业资本依次地经过购买、生产和销售三个阶段，相应采取货币资本、生产资本和商品资本三种职能形式，使价值得到增值，最后又回到原来出发点的运动过程。资本循环可以用公式表示为：

$$G-W<^{A}_{P_m}\cdots P\cdots W'-G'$$

资本循环的总过程包含了两个过程,一个是流通过程(购买阶段和销售阶段),另一个是生产过程。资本循环是这两个过程的统一,也是三个阶段的统一。在资本循环的过程中,生产过程是起决定作用的过程,但是,流通过程也不可缺少,它为剩余价值或资本增值的生产准备条件,它使剩余价值或资本增值实现。

二、产业资本循环的三种形态

在资本循环过程中,一方面,要求资本形式不停顿地从一个阶段转入另一个阶段,而另一方面,又要求资本形式在各个循环阶段中在一定的时间内稳定下来,以完成相应的职能。所以,在每一个阶段中,产业资本都被限定在一定的形式上:货币资本、生产资本、商品资本。从一定的时间看,每种资本形式都可以成为资本循环的起点,而且会经过三个阶段,回到原来出发点的形式。因此,产业资本的循环有三种形式,即货币资本的循环、生产资本的循环和商品资本的循环。

辨析 货币资本的循环、生产资本的循环和商品资本的循环

货币资本的循环:以货币资本为出发点和回归点的产业资本运动;产业资本循环的一般形式。

生产资本的循环:以生产资本为出发点和回归点的产业资本运动;产业资本循环的形式之一。

商品资本的循环:以商品资本为出发点和回归点的产业资本运动。产业资本循环的形式之一。

货币资本的循环,就是以货币资本为出发点和回归点的资本运动,即:

$$G-W\cdots P\cdots W'-G'$$

货币资本循环的起点和终点都是货币,只不过是终点的 G' 其数量比起点的 G 大。所以,货币资本的循环的特点最清楚地表达了资本主义生产的动机和目的是获取剩余价值。也正由于货币资本的循环最明白地表明了产业资本的动机和目的是资本价值的增值,所以,货币资本循环是产业资本循环的一般形式。但是,货币资本循环也有片面性。因为,货币资本的循环要顺次经过购买阶段、生产阶段和销售阶段,这里,生产阶段仅表现为两个流通阶段的中介,它在资本运动中的作用被掩盖了。这就是说,它突出的是流通阶段,强调这个过程的货币形式,强调 G' 必须大于 G。所以,如果孤立地考察货币资本的循环,就会产生假象:剩余价值似乎是从流通过程中产生的,是从货币本身产生的。

生产资本的循环,就是以生产资本为出发点和终点的资本运动,即:

$$P\cdots W'-G'\cdot G-W\cdots P$$

生产资本循环的特点是,它揭示了剩余价值的真正来源,纠正了货币资本循环产生的假象——货币自身能够增值,因为,生产资本的循环顺次经过了生产阶段、销售阶段、购买阶段和再生产阶段,起点和终点都是生产,生产占主导地位。同时,G' 是新的起点而不是终点,所以,生产资本在一次循环中已经表明是再生产。但是,生产资本循环也有片面性。因为,在生产资本循环中,货币资本只表现为转瞬即逝的暂时形式,而 $P\cdots P$,它的起点和终点都是生产资本,这只表明再生产规模的大小,并不能表示再生产的目的是价值增值。所以,它

造成了假象,似乎资本主义生产的目的是为生产而生产,是为了更多更好地生产而生产。

商品资本的循环,就是以商品资本为出发点和终点的资本运动,即:

$$W'—G'—W\cdots P\cdots W'$$

这个循环经过销售、购买和生产三个阶段,而循环的开始,是生产过程的结果——包含了剩余价值,即已在商品形式上增大了的资本价值,即 W'。商品资本的循环不仅包含了资本价值的循环,而且包含了剩余价值或资本增值的循环。在资本主义社会,剩余价值分为两部分,一是追加资本,一是资本家的个人消费。因此,包括生产消费和个人消费的全部商品的消费,是商品资本循环正常进行的条件。商品资本的循环表明了剩余价值实现条件的重要性,表明了生产与消费的内在联系,从而克服了货币资本循环和生产资本循环的片面性:似乎资本主义生产可以不受限制地发展。但是,由于商品资本循环是以总流通过程为起点,这样,商品的实现和消费居于首位,生产仅是流通的条件,生产过程服从流通过程。因此,这个循环会造成一种假象,似乎资本主义生产的目的是满足社会需要,而不是剩余价值。

三、产业资本正常循环的条件

产业资本正常循环必须具备两个条件:一是产业资本循环在空间上的并存性,二是产业资本循环在时间上的继起性。

第一,产业资本循环在空间上的并存性,是指产业资本的三种形式要按一定比例在空间上并存,也就是将资本分为三部分,同时存在于货币资本、生产资本和商品资本形式上,一部分货币资本用于购进生产资料和劳动力,一部分作为生产资本投入生产过程,还有一部分作为商品资本以商品的形式出售。如果全部资本只存在生产资本一种形式,那么,流通过程就会中断;反之,如果全部资本存在货币资本和商品资本上,生产过程也会中断。

第二,产业资本循环在时间上的继起性,是指产业资本的各个部分要依次经过三个阶段的运动,在时间上继起。也就是说,当一部分资本在进行货币资本的循环,处于从货币资本到生产资本的转化阶段;另一部分资本必须在进行生产资本的循环,并且处在生产资本转化为商品资本的阶段;第三部分资本也必须同时进行商品资本的循环,并且处于商品资本到货币资本的转化阶段。如果没有这种继起性,资本在循环过程中的任何一个阶段发生停顿都会使整个循环中断。

四、生产时间与流通时间

资本的生产时间是指资本在生产领域里停留的时间。由于在生产领域里,资本是采取了生产资本的职能形式,生产资本的物质内容是劳动力和生产资料。因此,根据劳动力和生产资料的结合状况,资本的生产时间又分为劳动时间和非劳动时间。劳动时间就是生产一种产品所经过的劳动过程的全部时间,这段时间是劳动力和生产资料结合在一起、生产资本正处于发挥职能的时间,也只有这段时间是创造价值和增加资本价值的。非劳动时间是生产资料虽然处于生产领域,但是它没有与劳动力结合起来的时间。非劳动时间有:(1)备料时间,即为了生产过程能够连续地进行,原料、材料和燃料的必要储备时间;(2)停工时间,即夜间休息或正常检修设备而停工的时间;(3)自然力作用的时间,即产品在它的生产过程中所经历的物理的、化学的或生物的作用的时间。例如,化工产品的化学反应时间,农牧产品的自然生长时间。在非劳动时间里,生产资料都不与劳动力结合,生产资料都不吸收劳动,也就不吸收剩余劳动。所以,生产时间和劳动时间的差距愈小,生产资本的效率就愈大,为了提高资本的价值增值能力,应该尽可能地缩短非劳动时间,以增加劳动时间。

辨析 劳动时间和非劳动时间

劳动时间:资本的生产时间的一部分。在这一部分中,劳动力和生产资料结合在一起进行生产,创造价值和进行价值增值。

非劳动时间:资本的生产时间的一部分。在这一部分中,生产资料虽然处于生产领域,但没有与劳动力结合。在非劳动时间中,由于没有劳动力的使用,故没有新价值的创造,但可以有旧价值的转移。

资本的流通时间是指资本在流通领域里停留的时间。由于在流通领域里,资本是采取了货币资本和商品资本的职能形式,因此,资本的狭义流通时间包括了两个部分:(1)购买时间,即 $G—W$,货币资本购买生产资料和劳动力的时间;(2)出售时间,即 $W—G$,商品出售的时间,也就是商品资本转化为货币资本的时间。出售时间的长短取决于市场需求状况、企业距离市场的远近,交通运输和通信条件以及产品价格的变化等。另外,它还受商品本身的自然性质的制约。购买时间的长短取决于市场供给状况、生产资料供应地点的距离以及交通运输条件等。由于货币是一般等价物,它能够同一切商品直接交换,在正常情况下,购买时间比较容易实现。

第二节 资本周转

一、资本周转时间和周转次数

将资本的循环不是当作孤立的行为,而是当作周而复始、连续不断的周期性的过程来考察时,就叫作资本的周转。资本循环旨在分析产业资本运动的阶段和职能形式、作用,以及资本循环的条件。而资本周转旨在研究资本循环周期的时间和运动的速度,以及对资本增值的影响。

定义 资本周转、周转时间和周转次数

资本周转:周而复始、连续不断的资本循环过程。

周转时间:资本循环一次所需要的时间;等于生产时间与流通时间之和。

周转次数:在一定时间(通常为一年)内,资本循环的次数。

辨析 周转时间和周转次数

周转时间与周转次数成反比,与(计算的)时间长度成正比,即:

$$周转时间 = \frac{时间长度}{周转次数}$$

资本周转的快慢直接影响资本的效益,资本周转速度可以用周转时间的长短和周转次数的多少来表示。资本周转时间就是指资本一次周转(循环)所持续的时间,等于生产时间和流通时间之和。

资本周转次数是在一定时间内,通常是指一年内,资本价值循环的次数。以各部门资本

周转一次的时间除"年",就算出各部门资本一年内周转的次数。如用 U 代表"年", u 代表某部门资本周转一次所需要的时间,n 代表周转次数,那么,资本周转次数的公式为:

$$n=U/u$$

可见,周转速度与周转次数成正比,与周转一次的时间成反比。资本周转次数越多,周转一次的时间越短,周转速度就越快;反之,周转次数越少,周转一次的时间越长,周转速度就越慢。

二、固定资本和流动资本

资本周转速度受多种因素的影响,其中,生产资本的构成是主要因素。依据资本周转方式的不同,生产资本可划分为固定资本和流动资本。

固定资本是指投在厂房、机器设备和工具等劳动资料形式上的生产资本,这部分资本,在物质形式上全部参加生产过程,并且在较长时间内,在多次生产过程中发挥作用;其价值按照它们在生产过程中的消耗程度,一部分一部分地转移到新产品中去,直到它的实物形式报废,价值才全部转移掉。

流动资本是指投在原料、燃料、辅助材料等劳动对象上的和购买劳动力的生产资本。投在劳动对象如原料、燃料和辅助材料上的资本,经过一次生产过程,它们的物质形式全部被消费,其价值也一次全部转移到新产品中去,并在产品销售后,以货币形式全部被收回。用于购买劳动力的资本,它的价值虽然不转移到产品中去,但是,它由劳动者在生产过程中再生产出来,并一次全部加入到新产品的价值中,随着产品的销售而全部在货币形式上被收回,它的周转方式与流动资本的物质部分相同,因此,它属于流动资本。

定义　固定资本和流动资本
固定资本:投在厂房、机器设备和工具等劳动资料上的生产资本。
流动资本:投在原料、燃料、辅助材料等劳动对象上的和购买劳动力的生产资本。

固定资本的周转速度是与固定资本的磨损程度成正比例的,固定资本物质存在的时间越长,越耐用,磨损越慢,则资本价值固定在原使用形式上的时间也越长,周转的速度也越慢。

固定资本的磨损分为物质磨损和精神磨损两种。物质磨损(又称有形磨损)就是指固定资本物质要素受到损失。这种物质上的损失,主要是由固定资本在生产过程中因使用而引起的,另外,因自然力的作用而引起,如机床会生锈。精神磨损(又称无形磨损)就是指固定资本在价值上受到的损失。这种损失的发生是因为科学技术的进步,或是因为技术改造,生产同样机器的社会必要的劳动时间减少了,因而使原有机器设备的价值下跌,发生贬值;或是因为出现了效率更高的新机器,使得效率低的旧机器贬值。

固定资本发生磨损就需要进行价值补偿和物质替换。固定资本的各种物质组成部分,都有一定的平均寿命,在寿命终结时,需要在物质上进行替换,这就是固定资本的物质更新。由于固定资本的价值是根据它的平均使用寿命,按照它逐年的损耗程度转移到新产品中去,因而,固定资本的价值补偿过程,就是按照它平均损耗的程度把转移的价值从销售商品的收入中提取出来,以折旧基金的形式加以积累,逐步进行补偿,这就是折旧。按照固定资本的损耗程度,逐年以一定的比例提取的资本价值,就是固定资本的折旧费或折旧基金。折旧费等于固定资本的原始价值除以实际使用年限所提取的补偿金额。

固定资本的实际使用年限是指包含精神磨损在内的实际寿命,而不仅是它的自然寿命。每年提取折旧费占固定资本总价值的比率,就是折旧率。

三、预付资本总周转

预付资本总周转是指资本不同组成部分的平均周转,这是因为固定资本和流动资本的周转速度不同以及它们所占的比重不同,所以,计算预付资本总周转要计算它的不同部分的平均周转。预付资本总周转是以预付资本价值在一年内的周转次数来表示。它的计算公式是:

$$预付资本总周转速度 = \frac{一年内固定资本周转总值 + 一年内流动资本周转总值}{预付资本总值}$$

四、资本周转速度提高的意义和途径

提高资本周转速度对资本价值的增值有很大影响。

首先,提高资本周转速度能够节省预付资本的数量,资本周转速度越快,维持同样生产规模所需要的预付流动资本就越少。

其次,提高资本周转速度可缩短资本的回收期,这一方面可缩小因利息而形成的资本的未来值和现值的差额,另一方面又可避免或减轻因精神磨损而造成的固定资本的贬值损失。

最后,提高资本周转速度,有利于提高年剩余价值率和企业的盈利水平。提高预付可变资本周转速度,可以直接增加年剩余价值量和提高年剩余价值率。

年剩余价值量,是剩余价值量与周转次数的乘积,或者是剩余价值率、预付可变资本量及其周转次数的乘积。年剩余价值率是年剩余价值量和预付可变资本的比率。以 M 代表年剩余价值量,M' 代表年剩余价值率,则其计算公式为:

$$M = m \cdot n = m' \cdot v \cdot n$$
$$M' = M/v = m' \cdot v \cdot n/v = m' \cdot n$$

定义 年剩余价值和年剩余价值率

年剩余价值:剩余价值与周转次数的乘积;或者是剩余价值率、预付可变资本量及其周转次数的乘积。

年剩余价值率:年剩余价值量和预付可变资本的比率。

由此可见,在剩余价值率为一定时,可变资本的周转速度是与年剩余价值量及年剩余价值率成正比的。

辨析 剩余价值和年剩余价值

由于剩余价值等于剩余价值率乘以预付可变资本,即:

$$m = m'v$$

年剩余价值等于剩余价值率乘以预付可变资本再乘以可变资本的周转次数,即

$$M = m'vn$$

于是有:

$$M = m \cdot n$$

即年剩余价值等于剩余价值乘以可变资本的周转次数。当可变资本的周转次数大于1时，年剩余价值大于剩余价值；反之，如果可变资本的周转次数小于或等于1，则年剩余价值就小于或等于剩余价值。一般来说，由于可变资本的周转次数是大于1的，故年剩余价值通常总大于剩余价值。

在这里，年剩余价值率（M'）和剩余价值率（m'）是有区别的：第一，剩余价值率是资本周转一次时剩余价值和实际可变资本的比率，它表示资本主义企业的资本剥削雇佣劳动的程度。年剩余价值率是年剩余价值量和预付可变资本的比率，它表示一年内预付可变资本的增值程度。第二，年剩余价值率（M'）通常大于剩余价值率（m'），只有在预付可变资本年周转次数为一次时，预付可变资本的数量等于实际发挥作用的可变资本的数量，年剩余价值率（M'）才等于剩余价值率（m'）。

辨析　剩余价值率和年剩余价值率

由于剩余价值率等于剩余价值除以可变资本，即：

$$m'=\frac{m}{v}$$

年剩余价值率等于年剩余价值除以预付可变资本，即：

$$M'=\frac{M}{v}=\frac{m\cdot n}{v}$$

于是有：

$$M'=m'\cdot n$$

即年剩余价值率等于剩余价值率乘以可变资本的周转次数。当可变资本的周转次数大于1时，年剩余价值率大于剩余价值率；反之，如果可变资本的周转次数小于或等于1，则年剩余价值率就小于或等于剩余价值率。一般来说，由于可变资本的周转次数是大于1的，故年剩余价值率通常总大于剩余价值率。

五、资本的筹集和运用

企业为了生产和经营而筹集所需的资本，就是资本的筹集。企业筹集资本的途径主要有以下几个方面：

第一，通过企业的自有资本来筹集。这部分自有资本是来源于企业的生产经营而产生的资本及其积累，也就是说，通过企业生产的产品销售，取得利润，将其一部分转化为资本，进行资本积聚。

第二，通过信用资本来筹集。这部分资本或是从银行的贷款获得，或是从企业直接向社会发行债券而获得。随着现代信用制度的发展，信用资本占企业总资本的比重在不断提高。

第三，通过直接融资来筹集。这部分资本或是通过企业以发行股票的方式来获得，或是通过国家投资而获得。这可以通过上市的形式，向社会发行股票；还可以向本企业职工发行内部股。发行股票是一种成本比较低又比较迅速的集资方式，它有利于企业的长期利益。

第四，在经济对外开放的条件下，可以通过吸引国外资本来筹集。企业可通过与外搞合资经营或合作经营的形式来吸引外资，以筹集资本；企业可通过国际贷款、在国外发行债券等形式来吸引外资，以筹集资本；企业还可通过补偿贸易、出口信贷等形式来筹集外资。

企业从以上几个方面筹集的资本是要付出代价的，这个代价就是企业资本有偿使用的费用。企业使用的资本中来源于银行贷款或是其他方式借贷的,使用这部分资本是要支付利息的,利息就是借入资本的代价。企业使用的资本中来源于以入股的形式的社会集资的,使用这部分资本是要支付红利及股息的。另外,企业还要为社会集资支付一定的管理费用和集资工作中的其他费用,这些就是社会集资的代价。企业使用的资本中来源于国家投资的,使用这部分资本一般是要支付固定资本占用费和流动资本占用费,这些就是使用国家投资的代价。同样,企业使用的资本中来源于国外资本的,使用这部分资本也是要有代价的,它或是利息,或是股息、红利,或是利润的扣除。企业使用的资本中即使是来源于自有资本的,使用这部分资本,从机会成本的意义上说,也是要支付代价的。因为,企业如果不把这部分资本投入企业的经营活动,而是把它存放在银行或购买债券和股票,它就可以获得利息、股息和红利。由于投资于企业的经营活动而放弃的利息、股息和红利,就是企业投资的机会成本,也就是企业使用自有资本的代价。所以,企业所使用的资本无论是以哪种形式筹集来的,都是要支付代价的,这就要求企业用好资本,要求企业通过比较资本筹集的代价和资本运用的收入,做出筹资和用资的科学决策。

思考题

1. 某企业有机器设备9 000 000元,平均使用年限15年;厂房建筑物3 000 000元,平均使用年限15年;其他工具600 000元,平均使用年限6年。该企业生产周期为3个月。一个生产周期中,消耗原材料3 000 000元,燃料1 500 000元,辅助材料1 000 000元。该企业雇用工人200人,每人每月平均工资5 000元,一个生产周期支付一次。求该企业年预付资本的周转速度是多少?

2. 产业资本循环要经过哪些阶段?与这些阶段相适应的资本的职能形式有哪些?它们的职能是什么?产业资本循环要保持连续性的基本条件是什么?

3. 生产资本有哪两种划分?这些划分有什么意义?

4. 影响资本周转速度的因素有哪些?怎样加快资本的周转速度?加快资本的周转对资本价值增值有怎样的影响?

5. 企业筹集资本的途径有哪些?企业怎样做好投资决策?

6. 为什么说本章阐述的理论揭示了资本主义企业和社会主义企业的共同运行机制与规律?

第六章

社会总资本再生产和流通

学习目的与要求

通过本章的学习,了解社会资本运动的出发点是社会总产品,社会总产品的实现是社会总资本再生产的核心问题;理解简单再生产和扩大再生产条件下社会总资本实现的条件;掌握不同部门优先增长的原理;认识社会总资本的运动规律所体现的对产业结构和国民经济各种比例关系的一般要求。

第一节 社会总产品的实现

一、社会总资本

到目前为止,我们研究的主要是单个的资本,即各自独立发挥作用的资本。但是,单个资本并不是孤立存在的,而是相互联系、相互依存的。由相互依存、相互联系的所有单个资本所组成的总和就是社会资本,即社会总资本。

定义 社会总资本
社会总资本是整个社会中相互联系的所有个别资本的总和。全部个别资本及其相互之间的联系构成社会的总资本。

社会资本运动与个别资本运动之间必然有许多共同点。首先,从运动的内容看,两者都包含着生产剩余价值或资本增值的生产消费;其次,从运动的形式看,两者都依次采取货币资本、生产资本、商品资本三种职能形式,并各自完成着自己的循环;从运动的过程看,两者都要经过购买、生产、销售三个阶段,都是生产过程和流通过程的统一;从运动的目的看,两者都是为了价值增值。

社会资本运动比个别资本运动复杂得多,它包含着许多个别资本运动所没有的内容和特点。

首先,社会资本运动不仅包括生产消费,还包括个人消费;个别资本运动却只包括生产消费,不包括工人和投资者的个人消费。尽管在任何社会,每一个企业的工人和投资者都要进行个人消费,但这种个人消费是在单个资本运动以外进行的,而不构成单个资本运动的内容。单个资本运动只是以它们的存在和正常进行为条件。社会资本运动则与此不同,因为从社会资本的运动角度来看,资本家和工人的个人消费是社会总资本运动的一部分,因为资本家和工人购买一般消费品的过程,也就是生产这些商品的资本家出卖商品的过程。所以,在社会资本的运动中要包括工人和资本家的个人消费。

其次,社会资本运动不仅包括资本流通,还包括一般商品流通和剩余价值的流通,个别资本运动只包括资本流通,不包括一般商品流通和剩余价值流通。资本流通是为了价值而进行的流通,商品流通是为了使用价值而进行的流通。投资者和工人购买个人消费品,完全表现为一般的商品流通过程,在个别资本运动中是不包括的,它是在个别资本运动以外进行的。在社会资本运动中,其购买个人消费品的过程,则是生产消费品的投资者的商品资本向货币资本的转化过程,它是社会资本运动的一个重要组成部分。所以,社会总资本运动不仅包括资本流通,而且包括媒介个人消费的一般商品流通。还需要指出的是,社会总资本运动,不仅包括资本流通,而且包括剩余价值的流通。剩余价值的流通,一般来说可以分为两部分,一部分作为追加资本加入资本流通,另一部分作为收入用于个人消费,加入一般商品流通。

再次,社会资本运动不仅考察价值补偿,还考察实物补偿或替换,而个别资本运动只考察价值补偿,不考察实物补偿或替换。在研究个别资本运动时,我们通常假定企业能够在市场上购买到所需要的生产资料和劳动力,劳动力能够购买到所需要的消费资料,而且能够顺利出售所生产的商品,也就是对实物补偿不做研究。但是,在研究社会资本运动时,不仅要研究价值补偿,还要研究实物补偿。因为,社会资本已经包括了全部个别资本,它所需要的生产资料和消费资料,必须从它本身的产品中得到补偿。而且,社会总产品的实物补偿是社会资本再生产顺利进行的一个重要内容。

在社会资本再生产过程中,社会总产品的实现是关键环节。如果社会总产品得不到实现,那么社会资本的再生产过程就将受到破坏,社会资本运动就将会中断。社会总产品也可以看作社会总商品资本。在研究社会资本的运动时,应该以社会总商品资本作为研究的出发点,即通过分析社会总商品资本的运动来分析和揭示社会资本运动的本质和特点。

社会总产品(社会总商品资本)是社会各个物质生产部门在一年内所生产出来的全部物质资料的总和。它既是生产过程的结果,又是再生产过程的条件,也是整个社会存在和发展的物质基础。社会总产品中既包括了用于生产消费的生产资料,又包括了用于个人生活的消费资料。

定义　社会总产品

社会总产品亦可称为社会总商品资本。它是社会在一定时间内(通常为一年)生产的全部物质资料的总和,既包括用于生产消费的生产资料,又包括用于个人生活的消费资料。

商品资本循环公式是:

$$W'-G'\begin{bmatrix}G-W<\genfrac{}{}{0pt}{}{A}{P_m}\cdots P\cdots W'\\ g-w\end{bmatrix}$$

上述公式表明,社会资本的运动从总商品资本(W')开始。在总商品资本中,一部分商品价值(W)用于补偿投资者垫付的资本价值,另一部分商品价值(w)成为投资者占有的剩余价值。总商品资本在流通过程中实现以后,转化为总货币资本(G')。总货币资本有一部分(G)被投资者用于购买生产资料(P_m)和劳动力(A),变为总生产资本(P)。经过生产过程(P)以后,又生产出新的商品,总生产资本变为总商品资本(W'),从而完成了商品资本循环。另一部分货币资本(g)则被投资者用于购买消费品(w)进行个人消费。劳动者出卖劳动力得到劳动力价值(A)也用于购买消费品进行个人消费。在总商品资本循环中,如果在总商品资本(W')实现以后,投资者仅把资本价值补偿的部分(W)用于购买生产资料和劳动力投入生产过程,那么社会总资本只是把自己简单再生产出来,社会总资本的规模没有扩大。但是,如果在总商品资本实现以后,投资者不仅把资本价值补偿的部分(W),而且把剩余价值部分(w)用于购买生产资料和劳动力投入生产过程,那么,社会资本不但把自己再生产出来,而且社会总资本的规模也扩大了。因此,总商品资本的运动揭示了社会资本运动的本质和特点。

二、社会总资本运动的核心问题

从社会总产品出发考察社会总资本运动,其核心问题是社会总产品是如何实现的,以及它们又是如何补偿的。社会资本的再生产运动过程,也就是社会总产品不断实现以及它的各组成部分不断得到补偿的过程。社会总产品的补偿包括价值补偿和实物补偿两个相互联系的方面。所谓价值补偿,是指社会总产品各个组成部分的价值如何通过商品的出售以货币形式回流,用于补偿在生产中预付的不变资本和可变资本,并且还要取得剩余价值。所谓实物补偿,是指社会总产品各个组成部分转化为货币以后,如何再进一步转化为所需要的物质产品。其中,相当于不变资本价值的部分,如何重新取得所需要的生产资料;相当于可变资本价值的部分以及投资者用于个人消费的剩余价值部分,如何重新取得所需要的生活资料。当然,如果是扩大再生产而不仅是简单再生产,那么,投资者一方面会减少用于个人消费的剩余价值以及生活资料,另一方面又会增加用于追加的不变资本价值以及生产资料,还会增加用于追加雇佣工人的可变资本以及消费资料。因此,在扩大再生产过程中,不仅有价值和实物的补偿,而且还有价值和物质的追加,但这并不改变社会资本再生产问题的实质。

由于社会总产品的补偿或实现包括实物和价值两个方面,因此我们就必须从使用价值和价值这两个方面来分析社会总产品和社会生产。

首先,从社会总产品的构成上看,社会总产品的构成分为实物构成和价值构成两个方面。按照社会总产品的最终用途,把社会总产品从实物形式上或使用价值上分为生产资料和消费资料两大类。其中,生产资料用于补偿生产中已经消耗的生产资料以及用于扩大再生产的追加生产资料,消费资料则用于满足投资者和工人的个人生活需要。从价值方面来看,社会总产品包括了不变资本价值(c)、可变资本价值(v)和剩余价值(m)三个组成部分,即 $c+v+m$。其中,不变资本价值(c)是旧价值的转移,用于补偿生产中消耗的生产资料价值,可变资本价值(v)和剩余价值(m)或资本增值是工人活劳动所创造的新价值,前者用于补偿生产中已消耗的预付可变资本价值,后者用于投资者的个人消费以及扩大再生产的资本积累。

定义　社会总产品的构成

可以从实物和价值两个方面来看社会总产品的构成。从实物形式上看,社会总产品可分为生产资料和消费资料两大类。从价值方面来看,社会总产品可分为不变资本、可变资本和剩余价值三个部分。

其次,从社会生产上看,社会生产分为两大部类。由于社会总产品从实物构成上看,分为生产资料和消费资料两大类,与此相适应,社会生产分为两大部类,即生产生产资料的第一部类(用符号"Ⅰ"表示),生产消费资料的第二部类(用符号"Ⅱ"表示)。

定义　社会总产品的补偿(实现)

所谓社会总产品的补偿(或实现)问题,是指在社会总产品的生产过程中消耗掉的生产资料和消费资料如何从社会总产品中得到补偿。社会总产品的补偿包括价值补偿和实物补偿两个方面。价值补偿是指社会总产品各个组成部分的价值如何通过商品的出售而转化为货币,从而补偿预付的不变资本和可变资本,并取得剩余价值。实物补偿是指社会总产品各个组成部分转化为货币以后,如何再进一步转化为所需要的物质产品。

根据以上的划分,研究社会资本运动的再生产过程,就可以简化为对生产生产资料的部门和生产消费资料的部门的资本运动中的价值补偿和实物补偿过程的分析。关于社会总产品的实物构成和价值构成以及社会生产划分为两大部类的原理,是马克思研究社会资本再生产运动的两个基本原理,它是进一步分析社会资本再生产运动的理论前提。

第二节　社会总资本正常运行的条件

一、社会资本简单再生产的实现条件

社会资本的简单再生产是指社会资本在规模保持不变的条件下的不断重复的生产过程。规模变不变可以从投入和产出两个方面来考察。从投入上看,就是社会投入的资本量,也就是生产资料数量和劳动力的数量。从产出上看,就是社会产品的产量和产值。

为了便于揭示实现社会资本再生产运动的规律性,需要做出如下假定:(1)所考察的社会只存在投资者和工人这两个集团,从而不存在剩余价值在其他集团中的分配问题;(2)不变资本价值的周转时间是一年,因此,在一年的生产过程中,不变资本的价值被全部转移到新产品中去;(3)市场供求平衡,全部商品都按价值出卖,不考虑商品的价格与价值不一致的问题;(4)全部社会产品都在一国范围内得到补偿和实现,没有对外经济关系;(5)剩余价值率为100%。

为了分析社会资本简单再生产过程和实现条件,马克思从社会总产品的价值构成和社会生产两大部类的原理开始,并且为了说明上的便利,设计了一个具体的典型例证,制定了简单再生产的如下公式和模型:

$$\text{Ⅰ } 4\,000c + 1\,000v + 1\,000m = 6\,000$$
$$\text{Ⅱ } 2\,000c + 500v + 500m = 3\,000$$

在这个公式中,两大部类的产品价值总额,即社会年总产品价值为9 000(6 000+3 000)货币单位,第一部类产品价值为6 000,其中不变资本价值为4 000,可变资本价值为1 000,剩余价值为1 000,第一部类全部产品从实物上看都表现为生产资料;第二部类产品价值为3 000,其中不变资本价值为2 000,可变资本价值为500,剩余价值为500,第二部类全部产品从实物上看都表现为消费资料。

讨论 社会总产品价值与国民收入

根据马克思的社会总产品构成理论(社会总产品从实物上分为生产资料和消费资料两大部类,从价值上分为不变资本、可变资本和剩余价值三个部分),(年)社会总产品的价值总额(即社会总产品价值)等于第一部类和第二部类的不变资本、可变资本与剩余价值的总和,即:

$$社会总产品价值 = \mathrm{I}(c+v+m) + \mathrm{II}(c+v+m)$$

其中,不变资本即 $\mathrm{I}c+\mathrm{II}c$ 部分是从生产社会总产品所消耗的生产资料价值中转移过来的。在社会总产品价值中扣除掉所有的转移价值之后,剩下来的就是由这一年中的劳动所创造的新价值。这些新价值的总和叫作"国民收入"。① 换句话说,国民收入等于社会总产品价值减去第一部类和第二部类的不变资本,或者,等于第一部类和第二部类的可变资本和剩余价值,即:

$$国民收入 = 社会总产品价值 - (\mathrm{I}c + \mathrm{II}c)$$

或者

$$国民收入 = \mathrm{I}(v+m) + \mathrm{II}(v+m)$$

例如,在上面给出的关于简单再生产模型的例子中,国民收入等于3 000,即:

$$国民收入 = \mathrm{I}(1\,000v + 1\,000m) + \mathrm{II}(500v + 500m) = 3\,000$$

社会总产品的各个组成部分实现价值补偿和实物补偿的过程,也就是社会资本再生产的实现过程,这个过程主要包括以下三个方面的交换关系和交换过程。

第一,第一部类内部各部门和各企业之间的交换。第一部类中的产品4 000c,在实物上是由各种制造生产资料的生产资料所构成,在价值上则代表本部类已经消耗掉的不变资本价值。为了维持简单再生产的正常进行,生产中消耗了的4 000c必须用新生产出来的制造生产资料的生产资料来补偿和替换,而这4 000c在实物形态上就是新生产出来的制造生产资料的生产资料。因此,这部分产品在价值和实物上的实现和替换可以在第一部类内部实现。

第二,第二部类内部各部门、各企业之间的交换。第二部类的产品500v和500m,在实物上由各种消费资料所构成,在价值上代表本部类工人和投资者用于个人消费的可变资本价值和剩余价值。为了维持简单再生产的进行,工人和投资者在个人生活消费中所消耗掉的消费资料同样必须用消费资料来补偿,而第二部类中的500v+500m在实物形态上就是各种各样的消费资料。因此,这部分产品在价值和实物上的实现和补偿也可以在第二部类内部实现,即通过第二部类的工人和投资者购买本部类的各种生活资料而得到实现。

第三,两大部类之间的交换。第一部类中的产品1 000v和1 000m在价值上代表本部类的可变资本价值和剩余价值,用于第一部类的工人和投资者的个人消费,但这些产品在实物形态上却是制造消费资料的生产资料,它们不能直接进入个人消费过程,因而无法直接用它们来补偿第一部类已经消耗掉的消费资料,而必须和第二部类的消费资料进行交换。第二部类的产品2 000c在价值上代表第二部类已经消耗掉的不变资本价值,但它在实物形态上却是消费资料,也因而无法直接用来替换第二部类所需要的制造消费资料的生产资料,从而也无法在第二部类内部来实现和补偿,而必须和第一部类的生产资料进行交换。因此,两

---

① 注意,马克思的国民收入概念不同于现在西方通行的国民收入概念。关于这一点,请参看第十二章第一节中的说明。

大部类都有部分产品需要交换。在上述公式中,第一部类中价值 $1\,000v+1\,000m$ 的生产资料,与第二部类中价值 2 000 的消费资料正好价值相等,所以,通过它们之间的交换,第一部类把 2 000 的制造消费资料的生产资料卖给第二部类的投资者,同时,从第二类的投资者那里购买自己所需要的消费资料;在同一过程中,第二部类的投资者把价值 2 000 的消费资料卖给了第一部类的投资者和工人,并从第一部类投资者那里买进自己所需要的制造消费资料的生产资料。

在两个部类的交换中,不仅有两大部类的投资者之间的交换,而且还有第一部类工人和第二部类投资者之间的交换。而且事实上,全部交换正是从第一部类工人同第二部类投资者之间的交换开始的。具体来说,第一部类的工人先用投资者预付的相当于 $1\,000v$ 的货币工资与第二部类投资者的价值 $1\,000c$ 的消费资料相交换,通过这个交换,工人得到消费资料,第二部类的投资者得到货币,然后他再用这部分货币去购买第一部类的价值额相同的制造消费资料的生产资料,使第一部类 $1\,000v+1\,000m$ 中价值 1 000 的生产资料得到实现,第一部类的投资者进一步用这些货币去购买第二部类的消费资料,从而使第二部类剩下的价值 1 000 的消费资料得到实现,第二部类的投资者再用这部分货币去购买所需要的制造消费资料的生产资料,从而使第一部类 $1\,000v+1\,000m$ 中剩下的价值 1 000 的生产资料得到实现。通过上述交换过程,第一部类的投资者和工人都得到了消费资料,第二部类的投资者得到了生产消费资料所必需的生产资料。

上述三大交换过程可以用图 6—1 表示。

```
         ①
Ⅰ │ 4 000c │ + │ 1 000v+1 000m │ = 6 000
              ③
                       ②
Ⅱ │ 2 000c │ + │ 500v+500m │ = 3 000
```

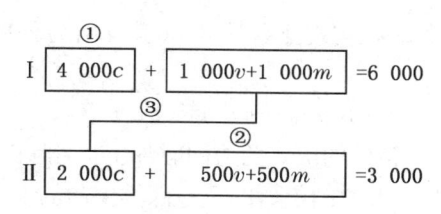

图 6—1 简单再生产交换过程示例

通过以上三个方面的交换关系和交换过程,社会总产品的各部分不仅在价值上得到了实现和补偿,而且在实物上也得到了替换,这样,简单再生产就可以继续进行了。

上述的分析说明,社会资本简单再生产的实现必须具备一定的基本条件,即两大部类的生产之间必须保持一定的比例关系。具体来说,就是第一部类的可变资本价值和剩余价值之和,必须等于第二部类的不变资本价值。用公式表示为:

$$Ⅰ(v+m)=Ⅱc$$

如果 $Ⅰ(v+m)<Ⅱc$,第二部类所生产的消费资料不能得到完全实现,出现了生产过剩,同时第二部类所消耗的不变资本在价值和实物上(生产资料)也不能得到充分的补偿和替换。同样,如果 $Ⅰ(v+m)>Ⅱc$,第一部类所生产的一部分生产资料就不能实现,出现了生产过剩,同时第一部类所消耗的生活资料也得不到充分补偿。在这两种情况下,再生产条件都遭到了破坏,从而使社会总产品的实现都遇到困难。

讨论　国民收入、最终产品和中间产品

我们知道,在马克思的再生产理论中,国民收入(一年当中新创造的价值部分)等于两大部类的可变资本和剩余价值，即：
$$国民收入 = \mathrm{I}(v+m) + \mathrm{II}(v+m)$$

然而，根据简单再生产的条件，第一部类的可变资本加剩余价值必须等于第二部类的不变资本，即：
$$\mathrm{I}(v+m) = \mathrm{II}c$$

于是有：
$$国民收入 = \mathrm{I}(v+m) + \mathrm{II}(v+m) = \mathrm{II}c + \mathrm{II}(v+m) = \mathrm{II}(c+v+m)$$

这里，最后一个等号后面的$\mathrm{II}(c+v+m)$是第二部类生产的全部消费资料的价值。这些消费资料的共同特点是：它们不再进入生产过程，而是直接进入消费过程。我们通常把那些直接进入消费过程的产品叫作"最终产品"，即①：
$$最终产品 = \mathrm{II}(c+v+m)$$

于是，国民收入与最终产品的价值总量恰好相等，即有：
$$国民收入 = 最终产品$$

根据我们的假定，整个社会的生产只分为两大部类：除了消费资料生产，就是生产资料生产。这些生产资料的共同特点是：它们还要再次进入生产过程，并在生产过程中被消耗掉。我们通常把那些需要再次进入生产过程并在生产过程中被消耗掉的产品叫作"中间产品"。于是，在我们的例子中有：
$$中间产品 = \mathrm{I}c + \mathrm{II}c = \mathrm{I}c + \mathrm{I}(v+m) = \mathrm{I}(c+v+m)$$

从$\mathrm{I}(v+m) = \mathrm{II}c$这个基本实现条件中可以引申出另外两个实现条件。一个条件用等式表示就是：
$$\mathrm{I}(c+v+m) = \mathrm{I}c + \mathrm{II}c$$

这个等式是在表示第一个条件的等式两边同时加上$\mathrm{I}c$得到的，它反映第一部类的生产与两大部类对生产资料需求之间的内在联系，即第一部类生产的生产资料的价值总和，必须等于两大部类所消耗的不变资本价值的总和，同时第一部类所生产的生产资料在使用价值上还必须与两大部类对于生产资料的需求相符合。如果满足不了这个条件，社会资本简单再生产就不可能顺利进行。这个公式表示了生产资料生产与生产资料需求之间的内在关系。

另一个条件用等式表示为：
$$\mathrm{II}(c+v+m) = \mathrm{I}(v+m) + \mathrm{II}(v+m)$$

这个等式是在表示第一个条件的等式两边同时加上$\mathrm{II}(v+m)$而得到的。它反映第二部类的生产与两大部类的工人和投资者对消费资料需求的内在联系，即第二部类生产的消费资料价值总和，必须等于两大部类的可变资本价值和剩余价值的总和，同时第二部类所生产的消费资料在使用价值上还必须与两大部类对于消费资料的需求相符合。如果满足不了这个条件，社会资本简单再生产同样不可能顺利进行。这个公式表示了消费资料生产与消费资料需求之间的内在关系。

定义　简单再生产的条件

基本条件：第一部类的可变资本加剩余价值等于第二部类的不变资本，即：

---

① 需要说明的是，最终产品还包括一些虽然进入了生产过程但却并未在生产过程中被消耗掉的生产资料。但是，由于我们这里假定所有的生产资料均在一次生产过程中被消耗完毕，故最终产品只包括消费资料。

$$\mathrm{I}(v+m)=\mathrm{II}c$$

派生条件(1)：第一部类生产的生产资料价值等于两大部类消耗的不变资本，即：
$$\mathrm{I}(c+v+m)=\mathrm{I}c+\mathrm{II}c$$

派生条件(2)：第二部类生产的消费资料价值等于两大部类的可变资本和剩余价值，即：
$$\mathrm{II}(c+v+m)=\mathrm{I}(v+m)+\mathrm{II}(v+m)$$

上述三个公式，体现了社会资本简单再生产过程中，两大部类之间以及两大部类内部都应遵循的基本比例关系。这些基本的比例关系从不同侧面反映了社会资本简单再生产的规律性，即社会生产与社会消费之间、社会生产两大部类之间、生产资料生产与生产消费之间、消费资料生产与生活消费之间、供给与需求之间，在使用价值和价值两方面都必须保持一定的比例关系，只有这样，社会生产和社会生活才能得以正常进行。这正是马克思再生产理论所揭示的基本内容。

二、社会总资本扩大再生产的实现条件

社会总资本的扩大再生产是指社会总资本在规模不断扩大的条件下的运动过程，即生产过程在规模不断扩大的状态下更新和重复。

扩大再生产有两种形式，一个是内涵的扩大再生产，一个是外延的扩大再生产。在这里考察的扩大再生产是以技术不变为特征的外延的扩大再生产。

扩大再生产所追加的生产资料都是由第一部类生产的，因此，第一部类的年产品除了满足两大部类简单再生产对生产资料的需要外，还必须有一个余额，用以满足两大部类扩大再生产对追加生产资料的需要。用公式表示就是：
$$\mathrm{I}(c+v+m)>\mathrm{I}c+\mathrm{II}c$$

简化后即为：
$$\mathrm{I}(v+m)>\mathrm{II}c$$

这个公式表明，第一部类向第二部类提供的生产资料，除了满足第二部类简单再生产对生产资料的需求外，还必须有一个剩余，以满足两大部类扩大再生产对追加生产资料的需要，这就是社会资本扩大再生产的第一个基本前提条件。

同样道理，第二部类的年产品，除了满足两大部类简单再生产过程中工人和投资者对消费资料的需要外，也必须有一个余额，用以满足两大部类扩大再生产对追加消费资料的需要。如果用 m/x 表示剩余价值中投资者用于个人消费的部分，用 $m-m/x$ 表示剩余价值中供积累用的部分。上述要求用公式表示为：
$$\mathrm{II}(c+v+m)>\mathrm{I}(v+m/x)+\mathrm{II}(v+m/x)$$

简化后即为：
$$\mathrm{II}(c+m-m/x)>\mathrm{I}(v+m/x)$$

这个公式表明，第二部类向第一部类提供的消费资料，除了满足第一部类简单再生产时工人和投资者的个人消费需要外，还必须有一个余额，用以满足两大部类扩大再生产追加工人对追加消费资料的需要，这就是社会资本扩大再生产的另一个基本前提条件。

根据这个要求，马克思设计和制定了适合于扩大再生产的如下公式：
$$\mathrm{I}\ 4\ 000c+1\ 000v+1\ 000m=6\ 000$$

$$\text{II } 500c+750v+750m=3\,000$$

在这个公式中，Ⅰ$(1\,000v+1\,000m)>$Ⅱ$1\,500c$，符合Ⅰ$(v+m)>$Ⅱc 这个扩大再生产的基本前提条件，具备了进行资本积累和扩大再生产的可能。

假定第一部类的投资者的积累率是50%，投资者把剩余价值1 000中的一半500用于积累，即$500(m-m/x)$，另一半500用于个人消费，即$500m/x$，同时假定积累的$500(m-m/x)$的资本按照原有的资本有机构成$(c:v=4:1)$进行追加，那么就有追加不变资本$400\Delta c$和追加可变资本$100\Delta v$。这样，第一部类的年产品价值按照扩大再生产的需要重新组合成如下几个部分：

$$\text{I }(4\,000c+400\Delta c)+(1\,000v+100\Delta v)+500m/x=6\,000$$

即

$$\text{I }4\,400c+1\,100v+500m/x=6\,000$$

其中，$4\,400c$代表用于维持和扩大第一部类再生产的生产资料价值，它的实物形态是制造生产资料的生产资料，因而这部分产品可以在第一部类内部通过各部门、各企业之间的交换得到实现和替换。$1\,100v$和$500m/x$在价值上代表第一部类工人和投资者用于个人消费的价值，而它们的实物形态都是制造消费资料的生产资料，因而这部分产品只有通过与第二部类的消费资料进行交换才能得到实现和替换，同时使第二部类消耗掉的生产资料得到替换和补偿。

由于第二部类需要在实物上替换的不变资本价值只有$1\,500c$，比第一部类需要与之交换的$1\,100v+500m/x$少100个单位，因此，第二部类投资者有必要从剩余价值$750m$中提取100，用作追加不变资本。为了分析问题的方便，假设第二部类追加资本的有机构成同原有资本的有机构成相同，即$c:v=2:1$，那么，还必须从剩余价值中提取50作为追加的可变资本。这样，第二部类的年产品按照扩大再生产的需要重新组合为：

$$\text{II }(1\,500c+100\Delta c)+(750v+50\Delta v)+600m/x=3\,000$$

即

$$\text{II }1\,600c+800v+600m/x=3\,000$$

其中，$800v$和$600m$代表第二部类工人和投资者个人消费的消费资料价值，它们的实物形态就是消费资料，因而这部分产品可在第二部类内部通过各部门、各企业之间的交换得到实现和替换。

$1\,600c$在价值上代表第二部类已经消耗的和追加的生产资料价值，但它在实物上是消费资料，因而这部分产品只有与第一部类的生产资料进行交换才能得到实现和替换。

社会总产品经过资本积累进行重新组合，就为社会资本扩大再生产的进行和实现创造了条件。综上所述可以看出，这一过程也包括三个方面的交换行为，可以用图6—2表示。

I $\boxed{4\,400c}$ + ① $\boxed{1\,100v+500m/x}$ =6 000

③ ②

II $\boxed{1\,600c}$ + $\boxed{800v+600m/x}$ =3 000

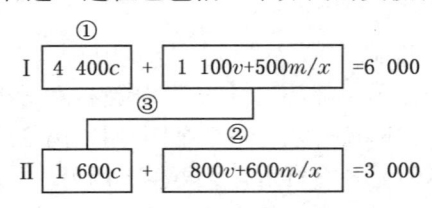

图6—2 扩大再生产交换过程示例

通过上述三方面的交换过程，社会总产品全部都得到实现和补偿，并为社会资本扩大再生产的继续进行创造了条件。在下个年度的扩大再生产过程中，如果剩余价值率仍为100%，那么，两大部类生产的年总产品的价值构成就是：

$$\text{I } 4\,400c+1\,100v+1\,100m=6\,600$$
$$\text{II } 1\,600c+800v+800m=3\,200$$

因此，社会总资本的投入由上一年的7 250单位扩大到7 900单位，社会年总产品的总价值由上一年的9 000单位扩大为9 800单位，实现了社会资本的扩大再生产。根据上述方法，以后各年社会资本扩大再生产的实现过程可以做类似的分析。

上述分析表明，社会资本扩大再生产的实现必须具备一定的基本条件，即两大部类之间必须保持一定的比例关系，具体来说就是第一部类原有的可变资本价值，加上追加的可变资本价值，再加上本部类投资者用于个人消费的剩余价值，这三者之和必须等于第二部类投资者原有的不变资本价值和追加的不变资本价值之和。用公式表示为：

$$\text{I}(v+\Delta v+m/x)=\text{II}(c+\Delta c)$$

这个公式表明，在社会资本扩大再生产条件下，社会生产两大部类之间存在着互为条件、相互依存的内在联系，即第一部类提供给第二部类的生产资料同第二部类对生产资料的需求之间、第二部类提供给第一部类的消费资料同第一部类对消费资料的需求之间必须保持一定的比例关系。否则，社会资本扩大再生产就不能顺利地实现。这种关系同样也必须从使用价值和价值两个方面来加以理解。

从社会总资本扩大再生产的基本实现条件中，同样可以引申出另外两个实现条件：一个条件是，第一部类全部产品的价值，必须等于两大部类原有的不变资本价值和追加的不变资本价值之和。用公式表示是：

$$\text{I}(c+v+m)=\text{I}(c+\Delta c)+\text{II}(c+\Delta c)$$

这个条件表明，在社会总资本扩大再生产情况下，第一部类所生产的全部生产资料和两大部类对生产资料的需要之间，必须保持平衡关系。

另一个条件是，第二部类全部产品的价值，必须等于两大部类原有的可变资本价值、追加的可变资本价值以及投资者用于个人消费的剩余价值之和。用公式表示是：

$$\text{II}(c+v+m)=\text{I}(v+\Delta v+m/x)+\text{II}(v+\Delta v+m/x)$$

这个条件表明，在社会总资本扩大再生产情况下，第二部类所生产的全部消费资料，同两大部类的工人和投资者对消费资料的需要之间，必须保持平衡关系。

辨析　扩大再生产的前提条件和实现条件

扩大再生产的前提条件有两个：(1)第一部类的可变资本和剩余价值大于第二部类的不变资本；(2)第二部类的原有不变资本加上新增不变资本大于第一部类的可变资本加上用于投资者的个人消费。

扩大再生产的实现条件有三个：(1)扩大再生产的基本实现条件是：第一部类的原有可变资本加新增可变资本再加用于投资者的个人消费等于第二部类的原有不变资本加新增不变资本。(2)扩大再生产的派生实现条件之一是：第一部类的全部产品价值等于两大部类的原有不变资本加新增不变资本。(3)扩大再生产的派生实现条件之二是：第二部类的全部产品价值等于两大部类原有可变资本加上新增可变资本再加上用于投资者的个人消费。

第三节 经济增长

一、经济增长与制约因素

经济增长主要是指产出的增加,即在一定时期内社会的产品、产值和劳务总量的增长。它通常用国民收入、社会总产值、国内生产总值或国民生产总值,以及它们的人均值在某个时期的增长率来表示。

经济增长与经济发展是有联系的,但又是不完全相同的两个范畴。经济发展要以经济增长为基础,此外还包括劳动生产率的提高、经济结构的优化、技术进步、生态平衡、文教卫生事业的发展和人民生活水平的提高等质的变化。

辨析 经济增长和经济发展

经济增长主要是指产出的增加,即在一定时期内社会的产品、产值和劳务总量的增长。经济发展则是以经济增长为基础,还包括劳动生产率的提高、经济结构的优化、技术进步、生态平衡、文教卫生事业的发展和人民生活水平的提高等质的变化。

影响和制约经济增长的因素有许多。首先,从供给的角度看,是生产要素的投入和要素生产率的增长。其次,从需求方面看,消费、投资和净出口的扩大是影响经济增长的因素。再次,制度或体制因素。产权制度、市场制度、分配制度等都是影响经济增长的制度因素。

为了促进经济不断的、平稳的发展,国家除了要对国民经济进行宏观调控外,还要积极寻找新的经济增长点:第一,从与发达国家经济史比较中看新的经济增长点。现代化先行者为后者提供了现代化演进方向和演进轨迹。我们正在向发达国家迈进,正在经历发达国家曾经历过的发展阶段,因此,曾经在发达国家中起过支柱作用的产业,可能也会在我国经济发展中起支柱作用。第二,从世界市场分工体系变化规律看新的经济增长点。新的经济增长点不仅要看它在国内经济结构演变中是否合理,也要看它在世界经济结构中起什么作用。在国际大流通中,还会面临新的分工,形成结构调整中的一种外力推动。第三,从现有部门中寻找经济增长点。就我国而言,传统产业不是淘汰的问题,而是升级的问题。产业升级中会出现新的经济增长点,也可能形成新的经济增长面。第四,从知识经济发展方向看新的经济增长点,如具有高技术含量的服务业、信息产业。

二、马克思的经济增长模型

马克思的经济增长模型,可以用一个简单代数公式来表示:

$$经济增长率 = \frac{\Delta v + \Delta m}{v + m} = \frac{m'S'}{c/v + 1}$$

这是因为:m/v 已假定不变,所以

$$\frac{\Delta v}{v} = \frac{\Delta m}{m}$$

依据"等比"原则:

$$\frac{\Delta v + \Delta m}{v + m} = \frac{\Delta v}{v} \tag{1}$$

积累应等于资本追加量：
$$vm'S' = \Delta c + \Delta v \tag{2}$$

对(2)式两端同除以 Δv：
$$\frac{v}{\Delta v}m'S' = \frac{\Delta c}{\Delta v} + 1$$

移项，并取用它的倒数：
$$\frac{\Delta v}{v} = \frac{m'S'}{(\Delta c + 1)/\Delta v} \tag{3}$$

c/v 已假定不变，所以：
$$\frac{\Delta c}{\Delta v} = \frac{c}{v} \tag{4}$$

将(4)式引入(3)式，并同(1)式联结起来，即得：
$$\frac{\Delta v + \Delta m}{v + m} = \frac{\Delta v}{v} = \frac{m'S'}{c/v + 1}$$

马克思的经济增长模型表明，经济增长取决于资本有机构成（c/v）、剩余价值率（m'）和积累率（S'）三个因素。通过这三个因素，就可以计算出相应的经济增长速度。

讨论　马克思经济增长模型的又一种推导

设社会总产品的价值构成为：
$$w = c + v + m$$

则在假定剩余积累率 g、剩余价值率 m' 和资本有机构成 θ 均保持不变的条件下，总产值的增长率为：
$$Gw = \frac{\Delta w}{w} = \frac{gm'}{1+\theta}$$

证明如下：

首先来看可变资本的增长率。由于剩余积累率为 g，故用于积累的剩余价值即新增资本为 gm；又由于资本的有机构成为 θ，故新增资本中用于可变的部分（用 Δv 表示）为：
$$\Delta v = \frac{1}{1+\theta} gm$$

于是，可变资本的增长率为：
$$Gv = \frac{\Delta v}{v} = \frac{1}{1+\theta} \cdot \frac{gm}{v} = \frac{gm'}{1+\theta}$$

其次来看不变资本的增长率。由资本有机构成的定义可知：
$$c = \theta v$$

因为 θ 是常数，故不变资本与可变资本同比例增长，即不变资本增长率为：
$$G_c = \frac{\Delta c}{c} = \frac{gm'}{1+\theta}$$

最后来看剩余价值的增长率。在剩余价值率不变的情况下，显然有：
$$\frac{m}{v} = m' = \frac{\Delta m}{\Delta v}$$

亦即：

$$\frac{\Delta m}{m} = \frac{\Delta v}{v} = \frac{gm'}{1+\theta}$$

这意味着,剩余价值的增长率也与可变资本相同。

由于在社会总产品的价值构成中,不变资本和剩余价值的增长率都与可变资本相同,故社会总产值的增长率亦与可变资本相同,即有:

$$G_w = \frac{\Delta w}{w} = \frac{gm'}{1+\theta}$$

马克思的增长模型是建立在社会再生产理论基础上的。马克思的经济增长模型,具有高度的理论概括性和科学性。它根据劳动价值论把资本分为不变资本和可变资本,如果其他条件不变,资本有机构成提高,那么,其结果只能对经济增长起抑制作用。另一方面,如果剩余价值率上升,它意味着资本的效果系数已有提高;如果积累率上升,表明有更多的投资用于扩大再生产。剩余价值率和积累率的提高都是促进经济增长的重要因素。

思考题

1. 什么是个别资本和社会资本?个别资本运动和社会资本运动的异同点有哪些?

2. 为什么说考察社会资本再生产要着重分析社会总产品的实现问题?马克思分析社会资本再生产运动的两个理论前提是什么?

3. 社会资本简单再生产的实现条件是什么?社会资本扩大再生产的前提条件和实现条件是什么?

4. 请找一些中外统计资料,说明在技术进步的扩大再生产条件下,为什么生产资料生产必然优先增长。

5. 投入—产出分析方法创始人里昂惕夫曾说,马克思的再生产理论是投入—产出分析方法的基础。你认为对吗?如何从投入与产出方面理解简单再生产和扩大再生产的条件?

6. 请说说本章介绍的几种经济增长模型的异同点。

第七章

社会总资本运行中的市场

学习目的与要求

通过本章的学习,熟练掌握市场、市场机制、市场经济的基本含义和特点,市场机制功能的强点与弱点;了解市场体系的结构、市场组织的种类、市场规则的种类及交易费用的内涵;认清资本主义国家经济危机与社会主义国家经济波动产生的原因以及在当代的新现象。

第一节 市场和市场机制

一、市场、市场机制与市场经济的概念

市场是社会生产力发展到一定历史阶段而产生的,其含义可以做宽窄不一的四种界定:市场是进行商品流通的机构和场所;市场是商品生产者之间全部交换关系的总和;市场是商品经济型社会再生产诸环节中处于媒介和中心地位的交换要素;市场是一种调节机制和运行方式。概括来说,市场就是指一切商品或劳务交换的场所和交换关系的总和。

定义 市场

市场是一切商品或劳务交换的场所和交换关系的总和。

市场机制是通过市场价格的波动、市场主体对各自利益的竞争、供求关系的变化调节经济运行的机制。其中,价格机制是中心,它是价值规律的具体表现形式和作用形式。价格的变动,必然引起供求的变动,同时引起竞争和风险;供求变化反过来又引起价格升降,从而引起竞争和风险。部门内竞争促使生产要素向劳动生产率高、经济效益好的企业流动,实现资源在微观领域的合理配置;部门之间的竞争,促使生产要素向短缺的生产部门转移,实现资源在宏观领域的合理配置。

市场经济是指以市场机制为基础,来配置社会资源和调节人们关系的一种经济运行方式和经济调节手段。市场经济实质是利用市场机制的作用进行资源配置和生产力布局;以

市场为中心环节构架经济流程；用价格信号调节社会生产的种类和数量，协调供求关系；通过优胜劣汰竞争机制，调节社会生产比例以促进社会经济持续发展。

辨析　市场机制和市场经济

市场机制是通过市场价格的波动、市场主体对各自利益的竞争、供求关系的变化调节经济运行的机制。市场经济是以市场机制为基础来配置社会资源和调节人们关系的一种经济运行方式和经济调节手段。

市场、市场机制和计划、计划机制，只是现代社会资源配置的一种主要方式和手段，它们本身并不是社会基本经济制度的本质特征。因此，市场经济既可以与私有制相联系并为其服务，同样也可以与公有制相联系并为其服务。

辨析　市场经济与所有制

市场机制是现代社会资源配置的一种主要方式和手段。市场经济既可以与私有制相联系并为其服务，也可以与公有制相联系并为其服务。

二、市场机制的功能强点

1. 微观经济均衡功能

作为消费者的单个家庭、单个企业，以及单个产品市场，他们的经济行为属于微观经济范畴。微观经济要求实现均衡的自动调节器，就是市场调节机制。

2. 资源短期配置功能

市场机制能根据消费者的偏好来分配产品，通过市场价格的上下波动和市场供求的变化，直接约束社会物化劳动和活劳动的流向和流速，从而有利于缓解使用相对稀缺的资源与满足无限多样化的需要这对矛盾，对社会经济资源的短期有效配置起着较好的引导功用。

3. 市场信号传递功能

与计划经济管理体制相比较，市场机制中的信号传递是迅速的、灵敏的。作为市场活动的主体——企业，以及作为调控市场的主体——政府经济主管部门，要了解和掌握市场行情及演进态势，做出扩张和收缩的决策，都离不开价格、利息率、汇率等市场信号传递这一功能。

4. 科学技术创新功能

只有在市场机制的良性刺激下，企业才有技术创新的内在动力和外在压力。这是因为，在比较市场交换的同种商品时，其个别劳动耗费要还原为社会平均劳动耗费，市场价格取决于市场价值，所以，凡是商品个别价值低于社会价值的、劳动生产率较高的企业，便可以获得较多的盈利。各个经济组织出于这一目的，必然内在地萌发出改革生产技术的意念，并力争在外部竞争中谋求优势地位。

5. 局部利益驱动功能

当人们为追求经济利益而组成一定的生产关系，从事某项经济活动时，利益就自然而然地成为社会再生产各个环节上人们一切活动的直接目的或最终目的。

三、市场机制的功能弱点

1. 市场调节目标偏差

在实现国民经济整体运行目标时,诸如提高人民生活水平、保持国民经济的稳定(包括通货稳定、就业稳定、国际收支稳定等)、促进经济适度增长、优化生态环境等,单受市场引导的企业极易在追求利润极大化过程中偏离这些目标,使国家宏观计划落空。

2. 市场调节程度有限

其一,在汽车、钢铁、电子、耐用消费品等一般产业部门,较充分竞争加上唯盈利经营目标,使市场机制的作用最为明显和有成效。这是"市场调节程度Ⅰ"。其二,在稀缺资源的产品生产和盈利率低、投资周期长的基础产业部门,即使加大市场价格与价值的背离度,刺激市场竞争,也无法在短期内使这些部门的产品和劳务迅速增长。这是"市场调节程度Ⅱ"。其三,在有外在因素倾向的部门,尤其是交通运输等基础设施和供水、邮电、环卫等公用事业,在实现盈利目标的同时,还要注重社会目标。这是"市场调节程度Ⅲ"。其四,在非营利性的教育、卫生、国防、基础研究等部门,其主要发展目标是提高全民族的科学文化素质和健康水平,以及国防等等,接受市场调节的可能性更微弱。这是"市场调节程度Ⅳ"。

3. 市场调节速度缓慢

市场信号传递是快速敏捷的,但市场调节天然存有事后调节的滞后性,在诱导产业结构演变及高级化进程中速度显得迟缓。这是因为:一方面,市场供求不平衡引起价格变动→企业调整经营决策→市场供求暂时平衡。这一连锁传导反应,客观上需要较长的时间。另一方面,市场信息并非完全透明。依据新兴的灰色系统方法对信息的分类,既有已知的"白色信息",也有半知的"灰色信息",还有未知的"黑色信息",加上市场体系和市场机制也不可能尽善尽美,生产经营者往往只能在市场能见度较低的条件下,根据现期价格和市场供求的状况,规划下期行动。这样,企业的经营决策不免带有相当程度的近视性或盲目性。一旦市场信息或信号失真,就会使"信号→反应→信号→反应……"的过程,变形为"错误的信号→错误的反应→更错误的信号→更错误的反应……",从而延误社会产业结构的合理调整。

4. 市场调节成本昂贵

调节成本是描述现代经济运行费用的一个重要概念。有调节就必定存在调节费用,这种费用的高低是判定经济体制和调节方式优劣的标准之一。由于市场调节的目标偏差、时间延滞、摩擦损失等因素的客观存在,使得在收集市场信息、均衡经济波动、医治静态和动态的负外部效应、防止过度垄断、缓解高失业和高通胀、消除畸形分配和非理性消费选择等一系列问题上,社会必然要投入较多的劳动(包括人力、物力、财力),这就直接或间接地增大了市场调节的成本。

四、社会主义市场经济

市场经济本身无社会属性,但它可以与不同的社会经济制度结合,这种结合就形成市场经济的制度特征。社会主义市场经济特征如下:

其一,以公有制为主体。西方国家的市场经济一般是以私有制为主体的,但是我们所要建立的市场经济是社会主义的市场经济,即以公有制为主体的市场经济模式。这就是说,要将公有产权与市场经济有机地融合在一起,实现一种以公有法人型联合劳动为基础的"市场社会主义"。这种市场经济制度鼓励个体、私营和外资等其他非公有制成分的适度发展,作为市场经济的重要组成部分。但公有资产在社会总资产和经营性资产中应占大多数或优势,国有经济要控制国家的经济命脉,并对国民经济发展起主导作用。

其二,以按劳分配为主体。以资本为主体的分配原则只有利于资本的所有者,不利于广大的劳动群众,因为大部分的劳动群众是不拥有私人资本的,他们拥有的只是劳动力。劳动者是生产力的创造者,如果劳动者不能分享他们自己所创造的财富,就不能调动劳动群众的积极性,也就肯定不利于生产力的发展。在我国的现阶段,资本还是一种稀有的资源,为了调动各方面的积极性,我们应当让各要素所有者都参与生产成果的分配,但是,必须要让劳动作为分配的主要因素,否则,就不是社会主义性质和类型的市场经济。

定义　社会主义市场经济

市场经济与社会主义制度的结合。它有两个基本特征:第一,以公有制为主体;第二,以按劳分配为主体。

第二节　市场体系和市场组织

一、市场体系的结构

一个健全的市场体系,必然具有以下基本特征:

第一,统一性。要使各种商品和生产要素都能够按照商品经济的内在联系,遵循价值规律等客观经济规律的要求,自由交换和顺畅流通,就必须冲破一切行政的条块分割,形成统一的市场。各类市场的共同基础决定了市场体系的统一性。

第二,完整性。市场体系是由各种市场相互联系、相互制约所组成的有机统一体。某一市场的发展可以为另一市场的发展提供条件;而某一市场运行不畅也往往会波及其他市场的发育。只有各种市场完整、配套,才能发挥其整体性的功能。

第三,竞争性。只有通过平等竞争,才能真正形成反映资源稀缺程度的价格信号。只有这样形成的价格,才能成为权衡成本和收益,以及协调各个经济主体利益的基本尺度,才能正确引导社会资源的合理配置。公平的竞争又调节着各类市场供求的变化,决定着各类市场主体在竞争中优胜劣汰。

第四,开放性。它要求打破地域之间、部门之间由于自然的、经济的和人为的因素所形成的一切障碍和壁垒,形成一个全方位开放的、四通八达、畅通无阻的大系统。一个完整的市场体系结构,是由市场的主体结构、客体结构、时间结构和空间结构复合而成的。

市场主体结构是市场体系的基础结构。所谓市场主体,就是监护交换客体进入市场,并使之发生市场关系的当事人。市场交易活动的当事人,在市场经济发展的不同阶段以及不同的交换活动中是不同的。但归结起来不外乎是三种人:企业、家庭(或个人)和政府。

所谓市场的客体结构,就是指加入交易活动的各个交易对象所形成的市场的总和。在市场经济条件下,市场交易所形成的市场范围十分广泛,主要包括:生活消费品、生产资料、资金、技术、劳务、信息、房地产和产权等各类市场。

所谓市场空间结构,就是市场主体支配交换客体的活动范围。随着市场经济的不断发展,商品交换的范围越来越大。根据其扩散和吸引作用的大小,这种市场空间结构可分为不同的范围和等级。一般来说,它表现为以下三个层次:一是以经济活动地域专业化分工为基础的区域市场;二是在各具特色互为供求关系的各个区域市场的基础上形成的国内统一市场;三是在各国统一市场基础上形成的国际市场。

所谓市场体系的时间结构,是指该体系中各种交易活动的时间形态及其构成,它以各类市场的空间并存性为前提。在市场经济条件下,市场交易形式虽然多种多样,但都包含一定的时间形态,如:

(1)"一手交钱,一手交货"的现货交易行为;
(2)"成交在前,交割在后"的期货交易行为;
(3)"商"、"务"分流的交易行为。

二、市场组织

1. 市场流通组织

市场流通组织是指具体经营各种商品的流通组织机构。市场流通组织按照市场流通的物质承担者来划分,应该包括商品流通组织、资金流通组织、劳动流通组织和技术流通组织以及与之相适应的管理体制和管理方法,其功能是加速商品流通及规范和保证市场交换过程的有序化。

2. 市场管理组织

市场管理组织包括市场管理的组织系统和市场管理的手段体系。市场管理组织就是市场自身的管理和组织体制。

市场管理组织主要由以下三类市场管理机构组成:(1)国家设置的专门从事市场活动管理的机构,其中包括政府的有关职能部门和机构,如财政、税收、统计、审计、银行、物价等有关部门;(2)市场流通的技术管理机构,其中包括计量、测试、质量监察、卫生保健、环境保护等有关部门;(3)社会性及群众性管理机构,如消费者协会、质量监督协会等民间组织。

从市场管理组织的构成来看,市场管理组织不仅包括市场管理机构,而且还包括市场管理手段体系。前者主要是使市场过程本身正常化,为市场调节机制的充分作用提供条件,后者是调节市场机制运行的方向,使市场机制运行符合宏观经济的发展目标,它也是一个多手段的体系:第一类为政策和法律手段;第二类为财政和银行手段,主要包括各种不同类型的财政和货币政策;第三类为行政手段,主要包括城乡市场具体业务管理、工商企业开业登记管理、商标管理和经济合同管理等。

3. 市场调节组织

市场调节组织,总体来说是指制定调节目标和具体实施调节目标的政府机构。经济调节机构主要由四种不同的机构组成:一是组织制定和实施经济发展战略、产业政策等的具体经济调节机构。其主要任务是确定国民经济活动的总规模和结构,协调中央银行、财政部及其他经济调节机构的调节活动。二是制定和实施货币政策、财政政策的中央银行、财政部等具体调节机构。三是各专业部,其主要任务是确定行业规划、实施行业管理、提供信息和技术服务。四是经济监督、信息和综合管理部门,包括审计、海关、商检、工商行政管理等部门。

第三节 市场规则与交易费用

一、市场规则

所谓市场规则,就是国家凭借政权力量而按照市场运行机制的客观要求所制定的市场活动主体都必须遵守的规章制度。市场规则实质上就是以法律、法规、契约、公约形式规定下来的市场运行的准则。这些规则成为各种市场主体的市场行为的规范。

市场规则主要有以下种类:

1. 市场进出规则

市场进出规则是指市场主体和市场客体(即商品)进入或退出市场的法律规范和行为准则。市场进出规则实际上是对某个市场主体或某种商品能否进入或退出某一市场进行评判。也就是说,哪些市场主体可以进入或退出市场,哪些商品可以进入或退出市场,都要在市场规则上反映出来,由市场进出规则确定。凡是不符合进入市场规则的市场主体和商品,或者是不符合退出市场规则的市场主体和商品,都不能任意进入或退出市场。

2. 市场竞争规则

市场竞争规则,实际上就是国家以法律形式维护各市场主体之间的平等交换、公平竞争的规则。市场竞争规则就是要把超经济的行政特权的干涉、垄断和市场分割与封锁,以及"拉关系"和"走后门"等非经济干扰,作为主要的反对目标,要求市场主体靠自己的劳动技能和经营才干,依据市场信息,靠提高效率和成本的节约来获取利润。

3. 市场交易规则

市场交易规则是市场主体进行市场活动所必须遵守的行为准则与规范。它主要包括:(1)禁止强买强卖,囤积居奇,哄抬物价;(2)公开交易,明码实价,禁止黑市交易;(3)等价交换,实行交易货币化;(4)市场交易规则化,包括交易场所、计量器具、批发和零售等,都要按照市场规则进行。

4. 市场仲裁规则

市场仲裁规则是指国家作为市场活动的仲裁者在规范各市场主体的市场交易活动时所依据的法律与法规的总和。市场仲裁规则有两重含义:一是各市场主体发生矛盾与纠纷时国家裁判这些矛盾所依据的法律与规则的总和,这其实就是上述市场进出规则、市场竞争规则、市场交易规则的有机结合;二是国家的仲裁机构如何建立、如何运行及如何协调市场主体矛盾的规则总和。

二、交易费用

市场主体之间开展交易是有成本的。美国早期制度学派的代表人物康芒斯曾对"交易"及其类型作了独创性的界定,认为交易不是实际交货意义上的物品交换,而是个人与个人之间对物质的东西的未来所有权的让与和取得,即交易是一种所有权的关系——人与人之间的关系,并把交易区分为"买卖的交易"、"管理的交易"和"限额的交易"三种。后来美国新制度经济学家科斯沿着这一思路进行了研究,把交易费用看作企业和市场的运作成本。

目前,一般认为交易费用包括事前发生的为达成一项合同而发生的成本,以及事后发生的监督、贯彻该项合同而发生的费用。与交易费用相对应的生产费用则是指为执行合同本身而产生的费用。

如果市场交易规则制定得好,并且得到有效的执行,就可以降低交易费用,提高市场运行的效率;如果制定得不好,就会增加市场的交易费用,会降低市场运行效率,降低市场经济的资源配置效率。

第四节　社会总资本运行中的矛盾和经济周期

一、社会总资本运行中的矛盾及其根源

社会总资本运行中存在着一系列矛盾,如社会生产与社会消费之间、社会生产两大部类之间、生产资料生产与生产消费之间、消费资料生产与生活消费之间、供给与需求之间等。这些经济矛盾处理不当,便会激化,并导致经济无序和无效率。

在资本主义制度下,个别企业生产的有组织性和整个社会生产的无组织(无政府)状态的矛盾,生产无限扩大的趋势和劳动人民有支付能力的需求相对缩小的矛盾,是诱发经济危机的直接原因,也是资本主义市场经济的基本矛盾,即经济不断社会化与生产资料的资本主义私有制之间的矛盾所决定的。而这一基本矛盾又是经济危机的深层原因或根源。

首先,资本主义企业内部的有组织性和整个社会经济无组织状态的矛盾会不断激化。随着资本主义科学技术的进步及其在管理上的应用,资本主义企业在内部表现出较高的计划性和组织性。但是,这些资本的所有者并不是按社会的需要来组织生产,而是根据自己的私利来组织生产。由于生产资料是私人所有,因而资本家只关心自己所属企业的生产、技术、组织效率和企业产品的市场占有率,以及利润的最大化。这样整个社会就不可能形成统一计划和管理,从而处于无序或半无政府状态中,这就形成了资本主义社会中单个企业生产的有组织性和整个社会生产无组织状态的矛盾,并进一步导致整个产业结构失衡以及虚拟经济与实体经济结构失衡。

其次,资本主义生产无限扩大的趋势和劳动人民有支付能力的需求相对缩小之间的矛盾会不断激化。在资本主义制度下,资本家为了获得更多的利润和在激烈的市场竞争中取胜,一方面,要求不断地扩大生产规模,另一方面又采用更多的方式来加强对劳动者的剥削,从而使得劳动者有支付能力的需求同资本主义的生产扩大相比呈现出相对缩小的趋势,这就不可避免地导致生产和消费之间出现严重的脱节和对立(2007年末美国爆发的次贷危机,便是美国金融资本家和住房开发商共同推行"零首付"和"次级贷款"等措施来消化不断生产的商品房,而收入较低和消费力不强的居民还贷断供的结果)。

二、资本主义再生产周期与经济危机

在资本主义社会,由于上述一系列经济矛盾的存在,使资本主义经济不断地出现周期性的波动,而大规模的固定资本更新是这种周期性波动的物质基础。在资本主义社会,经济周期包括危机、萧条、复苏和高涨四个阶段。

1. 危机阶段

危机既是上个周期的终点,又是下一个周期的起点。危机往往是在资本主义经济最繁

荣的时期爆发的。在危机阶段,整个经济处于衰退、瘫痪和混乱状态之中。

2. 萧条阶段

在这一阶段,社会生产不再继续下降,企业倒闭的现象暂时停止,失业人数不再增加,商品价格停止下跌。但是,社会购买力仍然很低,商品销售仍有困难,大量工人依然失业,社会生产处于停滞状态。

3. 复苏阶段

随着存货的减少,需求价格逐步回升,利润逐步增加,在危机中没有破产的资本家,为了在激烈的竞争中取胜,他们一方面加紧对工人的剥削,另一方面设法改进技术,进行固定资本的更新。由于商品需要新的机器设备,从而推动了生产资料部门的恢复和发展,并引起了对劳动力的需要的增加。这样一来就推动了整个社会生产恢复过来。当整个社会生产恢复过来或超过危机前的最高点,复苏阶段就过渡到了高涨阶段。

4. 高涨阶段

生产不断扩大,市场商品畅销,企业利润激增,信用投机活跃,整个资本主义经济又呈现一片繁荣昌盛景象。但是,在一派繁荣的背后,整个资本主义经济新的危机因素又逐渐积累起来。

在资本主义经济活动中,社会再生产的顺利进行主要会遇到以下两种矛盾:一种是经常存在的局部性比例失调,这是价值规律决定的供求关系自发作用的结果;另一种就是资本主义内在矛盾激化的集中爆发,即以周期性的生产过剩为主要特征的经济危机。

资本主义经济危机中的最基本现象是生产过剩。不过资本主义的生产过剩,不是绝对的,并不是说生产的社会财富已经超过了社会的实际需要,而是生产的社会产品超过了劳动群众的支付能力。所以,资本主义的经济危机的实质是生产相对过剩。

经济危机在历史上是在资本主义生产方式完全确立后才爆发的,但其可能性早在简单商品经济的条件下已经存在。在简单商品生产条件下,当货币出现并执行流通手段职能时,商品的交换不再是物物直接交换,而是出现以货币为媒介的商品流通,这就使商品交换分为买和卖这两个在时间和空间上独立的过程,这时有可能出现有的人卖而不买的现象,从而产生买卖脱节、商品卖不出去的可能性。所以货币作为流通手段的职能,已经孕育着经济危机在形式上的第一种可能性。

当货币执行支付手段职能时,商品买卖活动采用赊销赊购的方式,于是形成了一系列的复杂的债务连锁关系。在这种信用链关系中,一旦有一个债务人到期不能偿还债务,就会引起连锁反应,使一系列的支付关系遭到破坏。一些债务人为了取得货币偿还债务而急于销售商品,形成了大量的商品难以卖出去的局面。所以,货币作为支付手段的职能,就产生了经济危机在形式上的第二种可能性。

在简单商品经济条件下,这种经济危机的可能性,之所以未能转换为社会范围内经济危机的现实性,就在于资本主义生产方式确立以前,整个社会经济生活中占统治地位的是自给自足的自然经济,商品经济所占的比重很小。那时,即使发生商品买卖的脱节或者信用关系链条的破坏,也只涉及某些小商品生产者,影响的范围很小,不会引起整个社会经济生活秩序的混乱和经济危机的爆发。而在资本主义生产方式建立以后这种可能性就势必转化为现实性,而新自由主义推行的金融衍生品又进一步加大了这种现实性,使生产相对过剩的经济危机与各种金融危机交织在一起。

思考题

1. 请举几个实例,阐明市场机制所具有的功能强点与功能弱点。
2. "需要就是需求,生产就是供给。"这句话对吗?有哪些因素影响市场供给和需求的变化?
3. 市场规则有什么特点?市场规则有哪些类型?
4. 《新帕尔格雷夫经济学辞典》写道:"广义而言,交易成本是指那些在鲁宾逊·克鲁梭(一人世界的)经济中不能想象的一切成本,在一人世界里,没有产权,也没有交易,没有任何形式的组织。"这样定义交易费用,你认为妥当吗?
5. 资本主义经济危机的一个表现就是供求的严重背离,大量的社会财富被毁掉。你认为这样的经济现象还会重演吗?中国有没有可能出现?

第三编

生产的总过程

第八章

职能资本与平均利润

学习目的与要求

通过本章的学习,掌握职能资本、平均利润及两者之间的相互关系;了解在一般市场经济条件下,剩余价值转化为利润,利润转化为平均利润的过程;理解生产价格、平均利润规律和平均利润率变动趋势;揭示商业资本实现和分割剩余价值,获取商业利润的过程和社会性质。

第一节 成本价格和利润

一、成本价格

商品的成本价格是由转移到单位新产品中的生产资料价值和单位新产品中相当于支付劳动力价值的资本价值两部分构成的,也就是 $c+v$,通常用字母 k 来表示,即 $k=c+v$。

成本价格作为资本主义的生产耗费,即资本家的耗费,同生产商品的实际生产费用是不同的两个概念。生产商品的实际生产费用是按照全部的劳动耗费计量的,它包括物化劳动耗费 c 和活劳动的耗费 $v+m$。它同商品的价值是完全一致的,即等于 $c+v+m$。成本价格同生产商品的实际的生产费用的差额是剩余价值或利润。

辨析 成本价格与实际生产费用

成本价格衡量的是生产商品时投资者的耗费,即所耗费的预付资本 $c+v$;实际生产费用则包括全部的劳动耗费,它等于商品的价值 $c+v+m$。

商品的成本价格是现实经济生活中一个客观存在的经济范畴,它是商品经济社会商品销售价格的最低界限,也是企业生产经营活动盈亏的界限。一方面,成本价格的补偿是企业实现再生产的必要条件。因为只有商品生产中所耗费的这一部分资本价值得到全部补偿，再生产才能顺利地进行。另一方面，成本价格也是企业在市场竞争中成败的关键。因为成本价格越低，企业在市场竞争中的回旋余地就越大，从而在竞争中就越处于有利的地位。

虽然成本价格是商品经济社会的共有范畴，但在不同社会，由于其社会基本经济制度和社会生产目的不同，成本价格所反映的社会生产关系因而也不同。在资本主义社会，就实质上看，成本价格只是资本家为获取剩余价值或利润而耗费的资本，它是生产的必要条件，而工人的剩余劳动才是剩余价值的真正源泉。而从现象上看，成本价格好像是企业利润的真正源泉，它掩盖了资本主义的剥削关系。不变资本和可变资本在价值增值过程中的不同作用完全消失了，它们同样表现为资本的耗费。在社会主义公有制经济中，成本价格是企业为生产满足社会需要的产品而耗费的费用，它反映的是劳动者根本利益一致基础上的费用与效用的关系。

二、利润

利润是企业产品的销售收入扣除成本后的余额。

剩余价值的源泉本来都是可变资本，但当不变资本和可变资本被笼统地归结为成本价格这一范畴时，剩余价值就往往被看作商品价值在成本以上的增加额。当人们把剩余价值在观念上当作全部预付资本的产物或增加额时，剩余价值就转化为利润。

辨析　利润和剩余价值

利润和剩余价值都是工人剩余劳动创造的价值。所不同的是，利润表现为全部预付总资本的产物，从而掩盖了剩余价值的真正来源。利润是剩余价值的转化形式。

讨论　剩余价值到利润的转化

剩余价值转化为利润的过程可以用下面的公式变换来表示：

$$\begin{aligned} z &= c+(v+m) \\ &= (c+v)+m \\ &= k+m \\ &= k+p \end{aligned}$$

在第一个等式中，剩余价值 m 的来源是非常清楚的，即它来源于可变资本 v；在第二个等式中，这个来源开始模糊：因为可变资本现在被看作与不变资本 c 一样的东西；第三个等式则把可变资本与不变资本的区别彻底地掩盖在成本价格 k 的概念中；在最后一个等式中，剩余价值被看作来源于全部的预付资本，因而成了所谓的"利润"。

三、利润率

利润率是剩余价值或利润与全部预付总资本的比率，用公式表示：

$$p' = \frac{m}{c+v}$$

利润率表示预付总资本的增值程度，反映企业占用和消耗的全部资本的经济效果，体现着整个企业的生产经营总水平。

如以年利润率的公式为例，可以作如下分解：

$$P'=\frac{M}{C+V}=\frac{m'\cdot V\cdot n}{C+V}=m'\cdot\frac{V}{C+V}\cdot n$$

其中，P'代表年利润率，M代表一年中的总剩余价值，$C+V$代表预付总资本，m'代表剩余价值率，n代表资本的年周转次数。从分解的年利润率公式中可以看出，决定和影响利润率的因素主要有以下几个方面：

一是剩余价值率的高低。在预付资本量和资本有机构成不变的条件下，利润率与剩余价值率通常成正比例地变化。

二是资本有机构成的高低。在剩余价值率和劳动力价值不变的条件下，部门的利润率与部门的资本有机构成成反方向变化。需要指出的是：资本有机构成同利润率成反方向变化的这种关系是仅就整个生产部门而言的，而不是就个别企业而言的。就个别企业来说，它的资本有机构成高，说明它首先改进了技术，提高了劳动生产率，它可以获取超额剩余价值或超额利润，所以它的利润率不仅不低，反而较高。

三是资本的周转速度快慢。资本的年利润率与资本的周转速度成正比例变化。

四是不变资本的节省状况。在剩余价值率和剩余价值量不变的情况下，利润率的高低与不变资本的节省成正比例变化。

辨析　利润率和剩余价值率

利润率和剩余价值率是同一剩余价值量分别与总资本和可变资本对比得出的不同比率。剩余价值率是利润率的本质，利润率是剩余价值率的转化形式。

第二节　产业资本和平均利润

一、利润转化为平均利润

平均利润率的形成是以资本自由转移为特征的部门之间充分竞争的结果。部门之间的竞争，是指各个不同的生产部门的生产者，为了争夺有利的投资场所和较高的利润率而进行的竞争。这种竞争是以资本自由转移为特征的。各个部门由于资本有机构成和资本周转速度的不同，利润率水平不同。各个部门的生产者为了追求较高的利润率，展开了以资本自由转移为特征的部门之间的竞争，使资本在各部门之间的分配比例发生了变化，结果使利润率高的部门，资本数量增加，生产规模扩大；相反，利润率低的部门，资本数量减少，生产规模缩小。资本在各部门之间分配比例的变化，引起市场上商品供求关系的变化，使利润率高的部门商品供过于求，利润率低的部门商品供不应求。商品供求关系的变化又会引起市场上商品价格的相应变化。商品供过于求的部门，商品价格低于价值，商品供不应求的部门，商品价格高于价值，最后导致各部门利润率水平发生相应变化。资本在不同部门之间的转移一直持续到不同部门的利润率水平大体相等为止，平均利润率就形成了。

讨论　平均利润率的形成

设一开始时各个部门有不同的利润率。平均利润率的形成过程可以表示为：

高利润率部门→新资本进入→供给增加→价格下降→利润减少→利润率下降

低利润率部门→原资本退出→供给减少→价格上升→利润增加→利润率上升

由此可见,平均利润率的形成实质上也就是把社会总资本作为一个整体看待所得到的利润率。用公式表示为:

$$平均利润率 = \frac{社会剩余价值总额}{社会总资本} \times 100\%$$

在利润率平均化的条件下,各部门的投资者便可以根据平均利润率获得与其投资量大小相适应的利润,即平均利润。用公式表示为:

$$平均利润 = 预付资本 \times 平均利润率$$

定义　平均利润率和平均利润

平均利润率(又称一般利润率)等于社会总剩余价值除以社会总资本。

平均利润等于预付资本乘以平均利润率。

平均利润率的高低取决于两个因素。第一,各部门的利润率水平。各部门的利润率水平越高,平均利润率就越高。第二,社会总资本在各部门之间的分配比例。在社会总资本中,投在资本有机构成较低、利润率较高的部门资本的比重越大,平均利润率的水平就越高。

平均利润率形成后,各部门得到的利润与本部门工人所创造的剩余价值就不一定相等。其中,资本有机构成高的部门得到的利润通常大于本部门工人所创造的剩余价值;资本有机构成低的部门得到的利润通常小于本部门工人所创造的剩余价值;只有资本有机构成是中等的部门得到的利润才同本部门工人创造的剩余价值大体相等。虽然就各个部门来看,所得到的利润与本部门工人所创造的剩余价值不一定相等,但从整个社会来看,所有部门的利润总量和它们所创造的剩余价值总量是完全相等的。平均利润形成的结果就是等量资本获得等量利润。

辨析　平均利润与剩余价值

在平均利润率形成之后,每个部门所得到的平均利润与本部门工人所创造的剩余价值不再必然相等,但是从整个社会来看,所有部门的平均利润之和与它们所创造的剩余价值之和仍然是相等的。

二、价值转化为生产价格

随着利润转化为平均利润,商品价值也就转化为生产价格。生产价格是商品价值的转化形式,是由成本价格加平均利润构成的。平均利润形成后,由于各部门得到的平均利润和本部门工人所创造的剩余价值不一定相等,从而使得各部门的商品的生产价格和商品的价值也就不一定相等了。其具体表现是:资本有机构成高的部门其商品的生产价格高于其商品的价值,资本有机构成低的部门其商品的生产价格低于其商品的价值,只有资本有机构成相当于社会平均资本有机构成的部门,其商品的生产价格才正好与其商品价值大体相等。

讨论　价值转化为生产价格

令 z 和 $\bar{z}$ 分别代表产品的价值和生产价格。价值转化为生产价格的过程可表示为:

$$z = c + v + m = k + m = k + p = k + kp'$$
$$\rightarrow k + k\overline{p'} = k + \bar{p} = \bar{z}$$

整个过程分为两个阶段:箭头之前部分意味着产品价值转化为成本价格加利润(其中最

重要的是剩余价值转化为利润);箭头之后部分意味着成本价格加利润转化为生产价格(其中最重要的是利润转化为平均利润)。由箭头连接的两项表示利润率的平均化。

商品的生产价格形成后,商品就不再按照其价值出售了,而是按照其商品的生产价格出售了,而且商品的生产价格与价值又不一定相等。那么,这是否违背了价值规律了呢？这并不违背价值规律,而只是价值规律发生作用的形式发生了变化。这是因为：

第一,从个别生产部门看,资本家得到的平均利润与本部门工人创造的剩余价值并不一定相等,但从全社会来看,整个资本家阶级得到的平均利润总额和整个工人阶级所创造的剩余价值总额是相等的。一些部门所得到的平均利润多于本部门工人所创造的剩余价值的部分,正是另一些部门所得到的平均利润少于本部门工人所创造的剩余价值的部分。

第二,从个别生产部门来看,商品的生产价格同商品的价值并不一定相等,但从全社会来看,商品的生产价格总额也必然与其商品的价值总额是相等的。一些部门生产价格高于价值的部分,正是另一些部门生产价格低于价值的部分。

第三,生产价格是在价值基础上形成的,生产价格的变动归根结底是由价值变动引起的。在现实经济生活中,生产商品的社会必要劳动时间减少了,价值降低了,生产价格就会随之降低;反之,生产商品的社会必要劳动时间提高了,商品的价值提高了,商品的生产价格就会提高。

辨析 生产价格与价值

在平均利润率形成之后,商品的生产价格不再一定等于商品的价值,但是,从整个社会来看,商品的生产价格总额仍然等于商品的价值总额。

辨析 价格与生产价格、价值

在平均利润率形成以前,商品按价值出售,价格围绕价值波动;在平均利润率形成之后,商品按生产价格出售,价格围绕生产价格波动。

需要指出的是,生产价格形成以后,各部门之间的利润率趋于平均化了,但是,这并没有排除各个部门投资者和同一部门内部的各企业之间利润率存在一定的差别。由于同一部门内部的各个企业生产的主客观条件的不同,因而它们所生产的商品的个别生产价格也就不同,商品是按照部门平均生产条件决定的社会生产价格出售,会导致各企业利润率水平的不同。

讨论 超额利润

在讨论价值和剩余价值的第三章中,我们曾经指出,单个企业提高自己的劳动生产力可以获得所谓的超额剩余价值。在价值转化为生产价格之后,这个结论仍然成立。只是在这里,超额剩余价值变成了超额利润。

例如,设某个企业一开始时生产的产品数量为 q,从该产量上得到的生产价格总额为 $\bar{z}q$。如果由于劳动生产力的提高(假定其他因素均保持不变),它现在的产量增加到 $q+\Delta q$,则其生产价格总额将增加到 $\bar{z}(q+\Delta q)$。与原来相比,该企业的生产价格增加量为 $\bar{z}(q+\Delta q)-\bar{z}q=\bar{z}\Delta q$。这就是所谓的"超额利润(增加量)"。

生产价格理论,不仅在逻辑上是对劳动价值论的发展,而且从历史的发展过程来看也是同商品经济的发展过程相一致的。在历史上,简单商品生产中相互交换自己的劳动产品,交换的唯一尺度是耗费在各种商品生产上的社会必要劳动时间。那时,商品交换大体上是按照价值进行的。随着简单商品经济向发达的商品经济的转化,利润转化为平均利润,价值转化为生产价格,商品就因此而按其生产价格出售了。

在我国,市场体系不断完善和发展,信用制度得到了广泛的发展,各种市场壁垒不断消除,资本自由转移的条件逐步具备,各部门的利润率水平正在趋于平均。平均利润和生产价格规律正在逐步地、充分地发挥作用。

三、平均利润和生产价格规律的作用

第一,分配社会劳动,调节资源配置。各个部门的商品生产者在平均利润规律的作用下,选择投资方向和领域,从事生产经营活动,使其生产经营活动获取不低于平均利润的利润,最终使社会资源得到优化配置。

第二,促进企业改革生产技术,提高劳动生产率。由于当个别生产价格低于社会生产价格时,企业能获得超额利润,因此,为了追求超额利润,各个企业千方百计、争先恐后地改进技术,提高劳动生产率,以使自己生产的商品的个别劳动时间低于社会必要劳动时间,从而促进了整个社会劳动生产率的提高和发展。

第三,调节剩余价值在各部门投资者之间的分配。由于生产价格经常同价值发生背离,因而会出现有的部门的企业获得的平均利润多于本部门工人创造的剩余价值,有的部门的企业获得的平均利润少于本部门工人创造的剩余价值。这种多与少的变化,就是生产价格规律调节剩余价值在不同部门企业之间的重新分配的结果。

四、平均利润率变动趋势

从长期来看,平均利润率的变化规律是呈下降趋势的。平均利润率下降趋势规律产生的根本原因是社会平均资本有机构成的不断提高。随着社会平均资本有机构成的提高,一方面,造成可变资本在总资本中所占比重相对地减少,使同量资本推动的劳动力减少,剩余价值或利润量也随之减少,引起利润率水平不断下降;另一方面,引起固定资本在总资本中所占比重增大。固定资本的周转速度从整体上看是远远慢于流动资本的周转速度的,因此,固定资本比重的增大就会使全部预付资本的平均周转速度减慢。而资本周转速度的快慢又与利润率成正比例变化,也就是说,固定资本比重和数量越大,资本周转速度就越慢,平均利润率水平也就越低。

平均利润率的下降,并不意味着资本家占有的利润量绝对地减少。因为,利润的多少不仅取决于平均利润率的高低,还取决于预付资本总量中可变资本的多少。随着资本积累的发展,社会总资本增大,可变资本的总量也在增加,从而被剥削的劳动者数量绝对地增长,利润量必然不断增加。

平均利润率水平的下降也不意味着剩余价值率的降低。因为,剩余价值率是影响利润率的一个因素,但不是唯一因素,资本有机构成高低和资本周转速度快慢都对利润率产生影响。即使剩余价值率不变,甚至提高,资本有机构成提高和资本周转速度的减慢也可导致平均利润率水平的普遍下降。

但是,平均利润率并不是直线下降的。这是因为,还存在大量的阻碍平均利润率下降的因素。

一是剩余价值率的提高,可以增加剩余价值总量,从而阻碍利润率的下降。

二是生产资料价值的降低。劳动生产率的提高,固然会使同量的劳动力推动更多的生产资料,从而使不变资本数量增大,但是,劳动生产率的提高也使制造生产资料的社会必要劳动时间减少,引起生产资料价值的下降。这样,在不变资本的物质要素增加时,不变资本的价值不是按同一比例增加,而是比前者以更小的比例增加,甚至可以不变。这就会削弱资本有机构成提高的速度,延缓利润率的下降。同时,劳动生产率的提高还会降低原有不变资本的价值,同样也会阻碍利润率的下降。

三是相对过剩人口的存在。在有大量廉价劳动力可供使用的情况下,某些企业宁可采用手工劳动而不使用机器。这些部门的资本有机构成很低,工资水平也很低,剩余价值率则比较高,它们对平均利润率的降低起着阻碍作用。

四是对外贸易的发展。首先,输入廉价的生产资料和生活资料,可以降低不变资本价值和劳动力价值,提高利润率。其次,输出商品到经济落后的国家,可以按高于国内的价格出售。因为输入国的生产技术落后,劳动生产率低,生产同种商品的社会必要劳动时间多,商品的价值高,输出国的商品可以按高于本国的商品价格出售,取得高额利润。最后,对殖民地和发展中国家进行直接投资,利用当地廉价劳动力和原材料,就地生产就地销售商品,也可以获得较高的利润率。这一切都会阻碍或抵消本国平均利润率的下降。

第三节　商业资本和平均利润

一、商业资本的形成和作用

商业资本是在流通领域中独立发挥作用的资本,是专门从事商品买卖活动以获取商业利润的职能资本。它是从产业资本中分离出来的独立的资本形式。商业资本的运动形式是：$G-W-G'$。

定义　商业资本

又叫商人资本,是在流通领域中独立发挥作用、专门从事商品买卖活动以获取商业利润的职能资本。

产业资本的商品资本职能真正独立化为商业资本需要具备以下两个基本条件:一个是在产业投资者和商业投资者之间形成特殊的分工,商品销售成为商业投资者的独立业务;另一个是专门从事商品买卖的商人,必须有独立的投资。只有同时具备以上两个基本条件时,商品资本职能才最终从产业资本中分离出来,转化成独立的资本形式——商业资本,掌握和运用这部分资本的人就成了商业投资者。商业资本独立后执行的仍然是产业资本循环中的商品资本的职能,具体来说就是实现价值和剩余价值,使商品资本转化为货币资本,最终完成产业资本的循环。

商业资本的独立存在具有以下重要的作用:

一是有利于产业企业集中力量从事生产活动,增加利润总额。

二是有利于节省社会总资本用于流通过程的资本,增加用于生产过程的资本。

三是商业资本的活动,可以加速产业资本周转。一个商业企业,不仅可以为同一部门的几个产业企业推销商品,甚至可以为不同部门的许多产业企业推销商品。因此,商业资本的周转速度就不受个别产业资本周转速度的限制,它可以在产业资本的一次周转中,完成若干次周转。这样,从整个社会的范围来看,就可以加速各部门产业资本的周转。

四是商业资本的活动,可以加速商品流转,缩短流通时间。这是因为专门从事商品买卖活动的商业企业,熟悉市场行情和流通渠道,了解消费者的需求和各种复杂的销售条件。因此,由他们专门去推销商品,就能够加速商品的流转速度。

二、商业利润的质和量

商业利润是商业投资者从事商品经营活动而获取的利润。私有商业获取私人商业利润,公有商业获取公有商业利润。但是商业部门不同于产业部门,产业部门是物质生产部门,会创造出价值和剩余价值;而商业资本在流通领域中活动,除了生产过程在流通过程中继续的那部分商业活动,即商品的包装、保管、运输等活动属于生产性劳动,能够创造价值和剩余价值或资本增值外,单纯从事商品买卖的纯商业活动,是不会创造价值和剩余价值的。因为流通领域发生的只是价值形式的变化,并不能产生价值增值。流通领域不产生价值和价值增值,只有在生产领域中才能使价值增值,而商业资本在流通领域又取得了商业利润。那么,商业利润是从何而来的呢?

从现象上看,商业利润似乎产生于流通领域的贱买贵卖。其实,贱买贵卖只是一种表面现象,它只是表明商业企业取得商业利润的途径,即获得商业利润是通过商品的购买价格低于销售价格实现的,但这并不能说明商业利润的真正来源。商业利润的真正来源是由产业工人创造的剩余价值。资本主义条件下的商业利润是由产业资本家转让给商业资本家的由产业工人创造的剩余价值的一部分。由于商业资本家投资于商业,替产业资本家销售商品,实现价值和剩余价值,产业资本家就不能像自己经营商品销售时那样独自占有全部剩余价值,而必须把从产业工人那里剥削来的剩余价值的一部分以商业利润的形式转让给商业资本家。产业资本家是按照怎样的形式把从产业工人那里剥削来的剩余价值的一部分转让给商业资本家的呢?

产业资本家是按照低于生产价格的价格把商品卖给商业资本家的,然后,商业资本家再按照生产价格决定的价格把商品卖给消费者,这样商业资本家就获得了产业资本家转让给他的从产业工人那里剥削来的剩余价值的一部分。具体地说,商品的售价(零售价)大于买价(出厂价)之差,就是商业资本家所获得的商业利润。由此可见,商业利润不过是从产业资本家占有的剩余价值中的一部分转化而来的。

商业资本家获得商业利润,是依靠商业店员的劳动完成商品的推销活动而实现的。前面我们已经讲到了,商业店员的劳动除了生产过程在流通过程中继续的那部分,即与商品保管、包装、运输有关的劳动以外,是不创造价值和剩余价值的。虽然从总体上看,大部分商业劳动是不创造价值和剩余价值的,但它却是实现商品价值所必需的。同时,商业店员同产业工人一样,是劳动力的出卖者,他们的劳动也分为必要劳动和剩余劳动两部分,商业店员在必要劳动时间内实现的剩余价值,补偿商业资本家在购买商业店员这种劳动力商品时垫付的可变资本,商业店员在剩余劳动时间内实现的剩余价值作为商业利润归商业资本家占有。由此可见,商业资本家对商业店员剥削的实质,就是无偿地占有商业店员在剩余劳动时间内实现的那部分剩余价值,商业资本家正是通过剥削商业店员的无偿劳动来取得产业资本家转让给他的那部分由产业工人创造的剩余价值。

商业资本作为一种与产业资本并列存在的独立的职能资本形式,同样要受平均利润率规律的支配,参与利润的平均化,也就是说,商业利润率必须相当于平均利润率,否则商业部门中的资本就会转移到工业生产部门中去,通过资本在产业和商业两个部门之间的自由转移和竞争,使商业利润率和产业利润率趋于平均化,形成社会资本统一的平均利润率。商业资本参与利润平均化后,全社会的平均利润率=社会剩余价值总额/(产业资本总额+商业资本总额)。

三、商业流通费用及其补偿

商业流通费用是在流通领域内,为流通服务的费用。它包括生产性流通费用和纯粹流通费用两大类。

生产性流通费用是与生产过程在流通过程中的继续有关的流通费用,这种费用是由商品使用价值的运动引起的,如在商品的分类、包装、保管和运输中支出的费用。保管费用是以商品或以商品资本形式进行储备所耗费的费用,它不属于生产领域内耗费的费用,因而是流通费用。但是,保管费用在本质上不同于纯粹流通费用。为储备商品而追加的劳动虽然不创造使用价值,但它保存了商品,因此具有生产的性质。由于这个原因,保管费用在一定程度上要加入商品价值,使商品变贵。当然,保管费用是不是加入商品价值,要看商品储备是否正常。正常的储备是不断出售的条件,它只不过是流通的表面上的停滞,为此耗费的费用应加入商品价值;不正常的储备是流通的真正停滞,如危机时期,仓库的存货越来越多,商品储备量已超出了正常的数量,商品储备是商品卖不掉的结果,这样所耗费的费用不加入商品价值,而成为价值的损失。运输费用是指因使用价值变化场所而引起的费用。运输有两种,一种是企业内部的运输,另一种是企业外部的运输,运输费用一般是指后一种运输所耗费的费用。由于商品的使用价值是在商品的消费中才能实现,而商品的消费必须变更商品的位置,即由生产地到市场、再由市场到消费者的手中,在商品尚未到达消费者手中之前应看作生产过程的继续。所以,运输费用是因生产过程在流通领域的继续进行而支付的费用。商品的运输是商品在空间上的流通。运输业一方面是个独立产业部门,另一方面又表现为生产过程在流通过程的继续。运输业生产过程的结果,是商品场所的变更。投在运输业上的费用是生产性资本,它的不变部分(c)会转移或追加到所运输的产品中去,它的可变部分(v)会创造新的价值,追加到被运输的产品中去。

纯粹流通费用是由于商品的价值形态变化引起的非生产性流通费用,如广告费、簿记费、商业店员工资、通信费等。这部分流通费用是纯粹同商品买卖行为相联系的费用,它不参与价值和剩余价值或剩余产品的创造。

辨析 生产性流通费用和纯粹流通费用

生产性流通费用:与生产过程在流通过程中的继续有关的流通费用,由商品使用价值的运动所引起,如在商品的分类、包装、保管和运输中支出的费用;参与价值和剩余价值的创造。

纯粹流通费用:由商品的价值形态变化而引起的、只与商品买卖行为相联系的费用,如广告费、簿记费、商业店员工资、通信费等；不参与价值和剩余价值的创造。

生产性流通费用和纯粹流通费用的不同性质和特点，决定了两者的不同补偿方式。凡是从事商品的包装、保管、运输等的劳动，都与产业工人的劳动一样，属于生产性劳动。这种劳动，会把商品在劳动过程中所消耗的物质资料的价值转移到商品中去，同时又能创造出新的价值，加入到商品中去，使商品的价值增加。由于生产性流通费用增大商品价值并会增加剩余价值或资本增值，因此，随着商品的出售，商品价值和剩余价值或资本增值的实现，生产性流通费用会从商品价值中直接获得补偿。

另一方面，由于纯粹流通费用在流通中不能增加商品的价值和剩余价值，所以它的补偿方式不同于生产性流通费用。从形式上看，它是通过对商品售卖价格的加价办法获得补偿的，实际上这仅仅是它的补偿途径，而不是它补偿的真正来源。

纯粹流通费用从价值补偿来看，只能来源于剩余价值的扣除。因为，社会总产品的价值是由不变资本、可变资本和剩余价值三部分组成的。为了保证社会资本再生产的正常进行，不变资本价值必须用来补偿已消耗的生产资料价值，可变资本价值必须用来补偿劳动力价值，因而它们都不能成为补偿纯粹流通费用的来源，这样，就只能由剩余价值中的一部分作为纯粹流通费用补偿的来源了。这部分预付资本所得的利润，同样是来源于对剩余价值的瓜分。

辨析　生产性流通费用的补偿和纯粹流通费用的补偿

生产性流通费用的补偿：与产业资本的补偿相同。

纯粹流通费用的补偿：来源于对剩余价值的扣除。

思考题

1. 在公有制市场经济中，剩余价值是否也转化为利润？利润和剩余价值的关系如何？
2. 什么是利润率和平均利润？影响它们的因素分别有哪些？
3. 有人说，一个雇佣工人只受一个资本家的剥削。试用平均利润和生产价格学说来评析之。
4. 利润率平均化以后，商品价值转化为生产价格，这种转化过程如何体现了两者的内在统一性？生产价格形成后，价值规律的作用形式有何变化？
5. 企业降低成本和增加利润的途径有哪些？
6. 什么是商业资本？商业利润的来源和获得途径是什么？

第九章

生息资本和利息

学习目的与要求

通过本章的学习,掌握借贷资本和银行资本的运动是社会总资本运动的具体表现形式,了解借贷资本和银行资本所有者参与分割剩余价值或资本增值的具体过程;认识借贷资本的特点、职能以及借贷利息的来源和本质;了解不同经济制度下的金融体系、金融风险及其监管的重要性;搞清股份资本和股份公司的特点和作用及信用制度。

第一节 借贷资本与利息

一、借贷资本及其特点

借贷资本是从产业资本运动中分离出来的特殊资本形式。在资本主义社会,它是借贷资本家为取得利息而暂时贷给职能资本家(如产业资本家和商业资本家)使用的货币资本。在社会主义社会,产业资本中闲置的部分和居民储蓄可以通过金融中介贷给企业使用,这也可视作一般意义上的借贷资本。借贷资本所有者是债权人,贷款企业是债务人。

辨析 职能资本家和借贷资本家

职能资本家:经营企业、执行生产或实现剩余价值的职能的资本家,包括产业资本家和商业资本家。

借贷资本家:从事货币资本的借贷以获取利息为目的的资本家。

借贷资本的来源主要是产业资本循环中产生的闲置货币资本,它主要包括以下几个方面:第一,固定资本折旧费的积累。固定资本折旧费提取后,要等到固定资本更新时才使用,在此之前它是暂时闲置的。第二,暂时闲置的流动资本。由于商品出卖与原材料的购买并不同步,商品出卖所得货款会暂时闲置。此外,由于工资定期发放,因而可变资本回收形成的待发工资也会闲置。第三,用于积累而未马上投资的剩余价值。积累的资本要投入扩大再生产必须达到一定的数量,在此之前它只能闲置。第四,食利者阶层拥有的货币以及社会各阶层拥有的货币存款。

在存在闲置货币资本的同时,一部分企业又会产生临时补充货币资本的需要,如固定资本更新、购买原材料、支付工资或扩大再生产,需要追加积累资本但自有资本不足,要预付货款或扩大经营规模而暂时资金短缺等等。

从职能资本中游离出来的闲置货币资本转化为借贷资本,并逐渐出现了专门从事货币资本借贷活动的借贷投资者。借贷资本在职能资本运动的基础上产生,并为职能资本的周转服务,它是从属于职能资本的一种资本形式,但它一经形成,就成为一种独立的资本形式,并具有职能资本不同的许多特点。

第一,借贷资本是一种作为商品的资本,即资本商品。借贷资本所有者把货币资本贷给职能资本所有者使用,实际上就是把资本的使用价值,即生产利润的能力让渡给职能资本使用,就像让渡商品一样。但需注意的是,借贷资本不是普通的商品,它与普通商品有很大的区别:首先,转让的方式不同。普通商品是以买卖的形式转让,卖方让出了商品的所有权,买方按等价支付货币。资本商品则是以借贷的方式转让,借贷投资者在贷出货币时,没有同时收回它的等价物。他不仅让出了使用价值,也让渡了价值,但这是以一定期限内归还为条件的,因而借贷资本所有者并不放弃对资本的所有权,只是暂时让渡了资本的使用权,到期他不仅要收回资本,还要得到一定的利息。其次,消费的结果不同。普通商品一经消费,其使用价值和价值都随之消失;而资本商品的消费即是货币资本的使用,它的价值不仅会被保存,而且还会增值。最后,在普通商品的买卖中,买方支付的是商品的价格,而在资本商品的借贷中,买方支付的是利息。利息不是资本商品价值的货币表现即价格,而是使用借贷资本的报酬。

第二,借贷资本是一种所有权资本,即财产资本。借贷资本所有者手中的货币不是普通的货币,而是资本,但它在借贷所有者手中并没有发挥资本的职能,只是作为一种财产归他所有。他凭借对货币的所有权,定期从职能资本所有者那里获得利息收入。这种资本只有转入职能资本所有者之手,用之于生产经营时才发挥资本的职能,生产和实现剩余价值。于是,同一借贷资本获取了双重身份:对他的所有者来说是财产资本,他对它具有所有权;对它的使用者来说是职能资本,他对它具有使用权。

第三,借贷资本具有不同于职能资本的特殊运动形式,它是最富有拜物教性质的资本形式。在借贷资本的运动形式 $G-G'$ 中,从表面看,它既不经过生产过程,也没有流通过程,资本的社会关系一点也看不出来。这里看到的只是一定的价值量的数量关系,资本表现为单纯的物即货币,而利息直接表现为物的产物。这种特殊的运动形式造成了一种假象,似乎货币本身可以生出更多的货币。这一特点进一步掩盖了经济关系的实质,使资本拜物教达到了顶点。

二、利息与企业利润

借贷资本所有者将货币贷给职能资本家或企业使用,其目的是为了获得利息,职能资本家或企业使用借贷资本从事商品生产或流通,由于使用他人的资本,就必须把利润的一部分以利息形式交给货币资本的所有者。当然,职能资本家或企业也不可能把全部利润都交给借贷资本所有者。在一般情况下,平均利润要分为两个部分:利息和企业利润。借贷资本所有者让渡资本使用权而得到利息,同时职能资本或企业得到企业利润。

定义　利息和企业利润

利息:利息是职能资本家使用借贷资本而让渡给借贷资本家的一部分剩余价值。

企业利润:产业资本家和商业资本家的利润扣除利息以后的余额,是职能资本家得到的剩余价值。

利息作为资本商品的价格,实质上是货币作为生息资本增值的表现,而不是资本价值的货币表现。一方面,货币资本在这里有双重的价值,首先是货币本身的价值,然后又有与这个价值不同的价格(利息);另一方面,价格和价值本来与使用价值无关,但这里,资本价格(利息)又是资本的使用价值(平均利润)的一个部分。上述分析表明,从严格意义上说,把利息说成资本商品的价格是不科学的,因为这违背了劳动价值论的原理。

但是,在一般情况下,利息又总是表现为资本价格,并在实际经济生活中发挥很大的作用,这主要有以下几个原因:第一,利息是资本所有权在经济上的实现。在经济生活中必须承认和尊重资本所有权,法律上的所有关系必须在经济上实现,因此,利息是两权分离条件下资本所有权在经济上的实现,资本的有偿转让是由占有关系决定的,而在商品经济中,有偿转让又采取货币支付或价格的形式。第二,在货币市场上,利息或利率的决定与商品价格的决定有共同之处,它们都是由竞争和供求关系来调节的。商品价格虽然受供求影响,但它有内在的一般基础即商品价值,而利息率则没有。第三,利息作为资本商品的价格,与一般商品价格一样,反过来又具有调节借贷资本供求的作用。

借贷资本出现后,平均利润的这种分割本来只是职能资本或企业借用了别人的资本后才发生的现象,但是,在实际生活中,即使在职能资本家或企业完全使用自有资本的场合,也会把平均利润分割为利息和企业利润两部分。在他们看来,他既是资本的所有者,又是资本的使用者。作为资本的所有者,要取得利息;作为资本的使用者,要取得企业利润。量的分割转化为质的分割,而且固定化了。

三、利息率

利息率是指一定时期内(通常按年计算)利息量与借贷的货币资本量的比例,通常以百分数来表示。计算公式为:

$$利息率=\frac{利息量}{借贷资本量}\times 100\%$$

利息率的高低是有一定界限的。它的最高界限是平均利润率,因为利息是平均利润的一部分,在一般情况下,利息率低于平均利润率,不能等于更不能超过平均利润率,否则,借入资本的职能资本家或公有企业就得不到任何利润,他就不会借入资本。只有在一些特殊情况下,如在经济危机时期,货币资本奇缺,企业为了急于偿还债务,才被迫借用利息率等于或高于平均利润率的贷款。利息率的最低界限不能等于零,否则,借贷资本所有者无利可图,宁肯把货币储存起来而不必冒贷款的风险,借贷资本也就不存在了。

辨析　利息率和利润率

利息率:简称利率,是一定时期内(通常按年计算)利息量与借贷的货币资本量的比例。

利润率:剩余价值量与预付总资本的比率。

利息率的高低取决于以下几个因素：

第一，平均利润率的高低。在其他条件不变的情况下，平均利润率的变动会引起利息率在相同的方向上发生变动。

第二，借贷资本的供求状况和借贷双方的竞争。当平均利润率一定时，利息率就取决于平均利润分割为利息和企业利润的比例。这个比例首先决定于金融市场上借贷资本的供求状况。在供求双方的竞争中，如果借贷资本的供给大于需求，平均利润的分割就有利于职能资本家，利息率就会下降。如果借贷资本的需求大于供给，则利息率就会提高。如果借贷资本的供求平衡，利息率就由习惯和法律传统决定。

第二节　银行资本和银行利润

一、银行资本和银行职能

银行资本是指银行资本所有者经营银行所使用的全部资本。从银行资本的来源看，包括两个部分：银行企业的自有资本和通过吸收存款的借入资本。从其物质构成看，也分为两个部分：现金（黄金或银行券）和有价证券，有价证券主要包括商业票据（期票和汇票）、公债券、国库券、股票以及不动产抵押单等。这部分有价证券构成的资本都是虚拟的。

银行的职能主要有两个：一方面，通过吸收存款，把社会上分散的暂时闲置的货币资本和小额货币收集起来，形成巨大的借贷资本；另一方面，通过发放贷款的形式，把这些货币资本贷放给职能资本家使用。与此相适应，银行的业务也分为两部分：负债业务和资产业务。

银行的负债业务，主要是吸收存款或吸收资本的业务。在银行所能支配的货币资本中，银行资本的自有资本只占极少一部分，大部分来自吸收的存款。银行存款主要来源于三个方面：第一，是职能资本在生产和流通过程中暂时闲置的货币资本；第二，是市场经济制度下的食利者阶层的大量货币资本；第三，是工人、农民和手工业者等一般居民的小额余款和待消费的收入，这些小额货币原来不是资本，但是存入银行后就被当作借贷资本发挥作用。

银行的资产业务，主要是进行贷款和运用资本的业务。贷款和投资是银行运用资本的基本方式，其具体种类主要有：第一，期票贴现，指银行用现金购买未到期的商业票据。持有商业票据的资本家，在票据未到期前，如因资本周转急需现金，可以到银行通过贴补利息的办法把票据换成现金。期票贴现是一种特殊的信用，即短期放款，但要从票面金额中事先扣除自贴现日至到期日的贴现利息。贴现利息率一般相当于贷款利息率。第二，抵押贷款，指银行以不动产或动产作为抵押品的贷款。第三，信用贷款，指银行凭贷款人的信用，确信其有偿还能力，不需要任何抵押品担保而发放的活期或定期贷款。第四，承购政府公债和公司债券。第五，长期投资，通过购买股票向各种企业进行投资，以便控制企业和取得高额股息。

此外，银行还经营结算业务，即代替职能资本经营者存款、支款和进行非现金结算等。银行还代为客户汇兑现款，买卖贵金属、外币，保存贵重物品等。在现代发达的市场经济中，银行还通过"消费信用卡"、"旅游支票"等形式，为消费者购买日用消费品和旅游进行非现金结算。银行的中间业务是商业银行除了资产业务外，不动用自己的资金，不直接承担或不直接形成债权债务，为社会提供的各类服务，并从中获取经济利益，如运用银行信用、信息、经济和金融手段获利。中间业务主要包括两部分：一部分是代收代付、结售汇和结算等劳务型业务;另一部分是咨询、评估和理财等高知识含量、高附加值和高收益,且具有避险功能的业务。

讨论 银行及其作用

"银行"一词,来自意大利文,原意是"坐长板凳的人"。这说明最初的银行业务是非常简单的,坐在长板凳上即可进行。在我国,之所以把这种特殊的金融企业叫做银行,是因为在我国历史上,白银一直是主要的币材之一,银往往就代表了货币,而"行"则是对大商业机构的称谓。因此,历史上就把办理与货币有关的大金融机构称为银行。

银行的作用有三个方面:第一是信用中介,即作为借贷双方的中介人。银行一方面通过吸收存款的方式,将社会上暂时闲置的货币或作为将来消费之用的储蓄集中起来,另一方面通过借款方式把这些货币借给那些需要的人。第二是支付中介,例如,根据企业的委托办理货币的收付与转账结算等。第三是创造信用流通工具(银行券和存款货币)。

二、银行利润及其来源

银行资本所有者经营银行业务的目的与职能资本一样,是为了获得利润。按照平均利润率规律,银行也要求取得平均利润。银行利润首先来源于贷款利息的一部分。银行贷款利率一般高于存款利率,贷款利息和存款利息之间的差额,经扣除银行雇员的工资和其他经营管理费用之后,便是银行利润的主要来源。此外,银行利润还来自于承办各种中间业务的手续费、对企业投资所获得的股票红利,以及从事证券交易活动所获得的收益等。

银行利润的社会性质体现在利润的归属上,而最终又是由银行资本所有权决定的。在资本主义条件下,银行资本家通过各种方式获得的利润,归根到底,也是产业工人所创造的剩余价值的一部分。银行资本家作为中介人,与借贷资本家和职能资本家一样参与剩余价值的分割,共同剥削雇佣工人。当然,银行资本家还剥削银行雇员。银行雇员和商店雇员一样,他们的劳动纯粹为流通而支出,不创造剩余价值,但是,银行资本家正是依靠他们的劳动完成银行业务才获得银行利润,分占一部分剩余价值的。在公有制条件下,银行利润是产业部门劳动者创造的剩余劳动的一部分,通过贷款利息与存款利息的差额来实现的,体现公有制的银行、企业和劳动者个人之间的物质利益关系。

三、金融工具和金融风险

金融工具是指金融活动中与资金融通的具体形式相联系的载体,如股票和债券等。

讨论 金融和金融活动

所谓金融,就是资金的融通;而资金的融通,就是资金从一些拥有而暂时不消费和投资的人手里向一些想消费和投资又不拥有的人手里流动。因此,凡是与这种资金的流动有关的,都可以说是金融活动。其中包括:第一,资金融通的手段,即金融工具,如商业票据、银行票据、支票、信用卡、股票、债券等;第二,资金融通的场所,即金融市场,如货币市场、资本市场、外汇市场等;第三,资金融通的组织,即金融机构,如银行、保险公司、证券交易所等;第四,资金融通的监管,即金融监管,如对金融机构市场准入的管理、对金融企业业务经营活动的监督检查、对有问题的金融机构的处理以及化解金融风险的措施等;第五,资金融通的调控,即金融调控。

辨析　间接融资和直接融资
直接融资:资金供求双方直接进行资金的融通。
间接融资:资金供求双方通过银行等金融中介机构间接进行融资活动。

金融工具通常具有以下基本内容:
一是发行者,即金融工具的卖主。
二是投资者,即金融工具的买主。
三是期限。金融工具的期限有长短之分,一般货币市场的工具期限较短,资本市场的工具期限较长。
四是价格和收益。价格是金融工具的核心要素。金融工具的发行价格可以区分为票面价值和市场价格。票面价值是合同中规定的名义价值;而市场价格是金融工具在市场上的成交价格,相当于认购者实付、发行者实收的价格。收益率是金融工具的另一个核心要素,它表示该金融工具给其持有者带来的收入占其投资的比率。
五是流通性。绝大多数金融工具都可以在次级市场上自由流通,流通性是金融工具的重要质量指标,那些不可流通的金融工具在其市场上只能以较低的价格发行。

讨论　金融工具
前面说过,所谓资金的融通,就是资金从一些人的手里流向另外一些人的手里。为了实现这种流动,就需要借助于一定的手段。这种帮助资金流动的手段,称为金融工具。

金融工具可以分为两种情况来看。第一种可以看作特殊的金融工具,即货币。这是因为,金融或者资金的融通,说到底,实际上就是货币资金的融通。正是从这个意义上讲,我们可以把货币本身看作一种特殊的金融工具。

除了货币这种特殊的金融工具之外,金融工具还包括很多其他的东西。我们知道,在市场经济中,货币资金从一些人向另外一些人的流动,往往都是带有一定条件的,即往往都是所谓有偿的借贷。有偿的借贷主要包括两个方面:一个是"还本",即经过一定时期之后,借方要把本金还给贷方;一是"付息",即借方按照某个事先确定的条件向贷方支付一定数量的报酬。应当注意的是,这里所说的"还本付息"是广义的。在某些情况下,本也可能不需要还。比如,有的债券是无限期的,股票则一旦购买就不能再退回。一般来讲,如果是不还本的,利息通常较高。另一方面,这里的"息",也可能并不是事先确定的。例如,股票的红利就要取决于企业的实际经营情况,常常不能事先确定。但是,无论是"还本"也好,还是"付息"也好,都是"口说无凭"的。你的钱借出去了,人家答应什么时候还你,并且到时贴你多少利息,这些承诺都应当用书面的形式写下来。这样才"有据可查"。这种书面的凭证,就是我们通常所说的金融工具。

这种一般意义上的金融工具(即证明债权债务关系的书面证明)可以分为两个大类:一个是短期的金融工具,期限在一年以下,包括商业票据和银行票据;另一个是长期的金融工具,期限在一年以上。长期金融工具,主要就是债券和股票。其中,债券表示的是一种债权债务关系。其发行者是债务人,持有者是债权人。债券的持有者有权按约定的条件向发行人取得利息和到期收回本金(注意,也有例外,如有一种无限期的债券,没有到期的时候)。股票则是代表股份资本所有权的证书。与债券的不同之处在于,股票一经认购,持有者是不能要求还本退股的。

辨析　金融工具、金融资产和社会财富

　　金融工具是从交易的角度来讲的。在交易中,它们是对象,是手段,是工具。如果从金融工具的持有者的角度来看,这些金融工具就是他们的资产。需要注意的是,金融工具作为一种金融资产,对于单个人来说,是财富,但是,对于整个社会来说却不是财富。就全社会来说,财富只是实物资产的集合。尽管金融资产在经济中有相当大的作用,但其本身却并不是财富。

　　金融风险是指经济活动中由资金筹措和运用所产生的风险,即由不确定性引起的在资金筹措中形成损失的可能性。按照金融风险发生的领域,可分为银行风险、保险风险、信托风险、证券风险等;按照金融风险的载体,可分为资产风险、负债风险、外汇风险、结算风险、支付风险等;按照金融风险产生的原因,可分为经营风险、自然风险、政治经济环境风险等。

　　对金融领域的监管应做到以下三个方面:

　　第一,建立金融安全体系。金融安全体系是一国金融基础结构的重要组成部分,它包括最后贷款人制度及存款保险制度。最后贷款人一般为中央银行,它要保证银行支付系统的有效运作,避免挤兑波及众多银行并导致银行系统性危机,以及防止单个银行流动性危机引起不必要的破产。中央银行可以通过直接贷款、设立特别机构和专项基金间接提供财务援助、临时组织大银行集资、宣布由大银行兼并或接管中小银行以及由中央银行出面担保等一系列手段对有问题的银行实施抢救行动,帮助有问题银行应付挤兑和清偿。存款保险制度的主要目的是对小存款人提供一种资产安全,从而增强储户信心,保护支付系统不被破坏,以稳定整个金融体系;同时,还能保护较小的和新建立的银行可以与大银行进行竞争,以使整个银行系统更有竞争力。

　　第二,加强银行业的预防性措施。为保障银行业的稳健经营,金融当局还须制定有效的预防性措施。一方面要强调市场准入条件。对银行进行审查,发放许可的过程必须独立,发放许可与进行监管的部门应该一致,监管机构应确保银行将得到专业化管理,在资金上必须有活力。此外,要加强对银行资本充足度的监管。金融当局实施资本充足度管理的目的是为了保证银行的安全性。

　　第三,加强国际银行业的监管合作。随着银行业的国际化,金融风险在国家之间互相转移、扩散的趋势不断增强,加强金融监管的国际合作变得日益重要和迫切,全球统一监管成为大势所趋。

第三节　股份资本与股息

一、股份资本及其性质

　　从广义上说,凡是通过各种不同份额资本(股份资本)的集中组织法人企业(公司)而进行联合生产和经营,并按投入资本的份额参与管理和分配的形式,都可以称为股份制。从狭义上说,股份制就是通过发行股票,建立股份公司筹集资金,进行生产和经营的形式,即指不同所有者通过认购股票共同出资创建企业的一种财产组织形式和企业组织形式。

小辞典　各种各样的股份公司

股份无限公司：由两个以上的股东组建的对公司债务承担无限责任的公司。

股份有限公司：其股票公开发行，股票可以流通、转让，股东对公司债务的清偿责任以出资额为限，公司以其全部资产对公司债务承担有限责任。

股份两合公司：由有限责任股东与无限责任股东共同出资组建的公司。

有限责任公司：股东对公司债务的清偿责任以投资额为限，公司以全部资产对公司债务负有限责任，不公开发行股票，股票也不上市交易与流通，但股票可在股东内部转让，向外转让时须经股东大会许可。

股份制是商品经济和社会化大生产的产物。它是一种新型的企业制度和财产制度，其发展是对资本主义生产方式本身的扬弃，为由资本主义生产方式向社会主义生产方式过渡创造了前提条件。首先，股份公司通过发行股票进行集资，把单个资本家的资本集中起来，把社会上闲散的货币汇集起来，形成统一的社会资本进行生产，并按资本投入的比例进行管理和利润分配，这是联合生产和经营的组织形式，是法人资产的独立经营形式。其次，股份公司是把私人资本转化为社会资本的一种形式。股份公司内部的财产不再是各个相互分离的生产者的私有财产，而是联合起来的生产者的财产，即直接的社会财产，也就是形成了的企业法人财产，股份公司也成了社会企业。再次，股份公司的发展形成了巨大的垄断组织，这些组织使生产更加社会化，用现代化手段组织和管理生产。这些特点同样为社会主义社会准备了物质条件，是社会主义经济可以直接利用的形式。

在现代市场经济条件下，股份制是一种联合生产的组织形式和产权组织形式。它虽然"出身"于资本主义，但本身并不反映资本主义的本质特性。不同财产所有者都可以以股份制的形式组织起来，它是一个有效的企业组织形式和产权结合形式。根据股份资本的所有权性质，可以判断不同股份制企业的性质。

例　股份制企业的性质

完全以私人股份融合的股份公司是资本主义所有制；以公有股份组合的股份制企业属于公有经济；以劳动联合为主，并与资本联合相结合的股份合作制，属于合作所有制范畴；公有股份和非公有股份参半的股份制属于半公半私的混合所有制经济；股票全部由个人所有的上市公司或公众公司，是现代资本主义私有制的主要形式。

二、股票和股息

所谓股票，是向股份公司投资入股的凭证，也是取得一定权利的所有权证书。投资者购买和持有了股票，即成为股份公司的股东。股东凭借所持股票行使权利、享受法定利益并承担义务。股东的权利在公司法和公司章程中有明文规定。主要有：(1)自益权，即因出资而自身享受经济利益的权利，如获得股息、红利和公司解散时分配财产的权利等。(2)公益权，即因出资而享有对公司事务的管理权或表决权等。股东的主要义务是向公司缴纳股金。

股票具有以下特征：第一，股票是要式证券。它必须具备一定的形式，按法律规定的严格程序发行，必须经过有关主管机关的审核和批准，并受到国家的控制和监督，违反规定发行的股票无效。第二，股票是与公司共存的永久性证券。股票一经购买，持有者便不能要求退还股金，只能转让他人，股票转手不会减少公司资本，只会改变股东，所以，只要公司不倒闭,股票便是永久的。第三,股票是有价证券。它代表一种具有财产价值的权利,行使这种权利以持有股票为条件,它可以流通,有价格,通过买卖有偿转让。第四,股票是权利证券。股票代表股东的综合权利(包括自益权和公益权),也有称其为社员权证券。股票这一法律性质决定股东对其所出资的财产已失去直接的支配权。

股票有不同的分类。按股东享有权利和承担风险的大小划分,股票一般可分为优先股和普通股两种。优先股又称特别股,是对公司资产、利润享有优先权利的股份。它一般有以下两个方面的优先权:一是优先分配股利。优先股的股息,是预先规定、固定不变的,在企业盈利中要首先支付。二是优先分配公司剩余财产。当公司改组解散时,公司偿还债务后的财产,优先股有优先求偿权。优先股一般没有表决权,优先股承担的风险较小,对投资者的激励也较小,在现代发达国家中数量有限。普通股是享有股东普通(正常)权利的股份。这部分股份数量最多,是公司股份的基本组成部分。它的股息不固定,随公司盈利情况浮动,但须在扣除债务和优先股股息后形成。同样,公司改组解散时剩余财产的分配也要列在优先股之后。在公司增发股票时,按持股比例有优先认股权,认股权也可以转让。普通股股东有表决权,普通股是股份有限公司的基本股份形式,股东人数庞大,但通常为大股东所操纵。

股票持有者凭票定期从企业获得的收入,称为股息。股息又称为股利,是股份公司从净利润中分配给股东,作为对投资的一种报酬。股息的分配以投资额为依据,按浮动的或是按固定的股息率计算。股息之外再分给股东的收益为红利。股息的分配须由公司董事会决议,并提交股东大会审议通过,才能发放。股息分配的资金来源是公司的净收益。净收益是股息分配的基础和最高限额。在净收益中还要根据公司法和公司章程的不同规定,进行必要的扣除,如法定公积金或任意公积金(经股东大会决议提取)的提存,董事会决定为指定用途、意外损失准备的拨留等。绝不允许动用股本分股利,各国公司法对此都有极为严格的规定。违法分配股息的董事会要负连带责任和分别责任。至于某些建设周期长(如铁路、运河、港口、大型供电供水设施等)的公司,则可在未获得盈利前提出一部分资本用作股息分配,这种股息叫作建设利息,待正式投产后用利润填平补齐资本,但这种股息一般均有严格的法律限制。股息的分配形式很多,一般流行的主要有两种,即现金股息和股票股息。股票股息是用增发股票当作股息,通常采用增发普通股形式发给普通股股东。股息是企业利润的一部分,它的源泉也是工人创造的剩余价值。

股票价格是指股票在市场上交易时形成的价格。股票本身没有价值,只是一种纸质凭证,它之所以有价格,能在市场上买卖流通,是因为凭股票可以有定期的收入。所以,买卖股票实质上是在购买或转让领取股息的权利凭证。股票价格不等于股票的票面金额,而只是股票收入的资本化,也就是说,股票价格应等于这样一笔货币资本,它存入银行所能得到的利息,应与凭这张股票所能获得的股息相等。这样决定的股票价格,才是买卖双方都不吃亏而乐意接受的。股票价格的基础取决于两个因素:预期股息和银行利息率。在利息率不变的情况下,预期股息越高,股票价格越高;预期股息越低,股票价格越低。当预期股息不变时,利息率越高,股票价格越低;利息率越低,则股票价格越高。总之,股票价格与预期股息成正比,与利息率成反比。股票价格等于预期股息除以利息率,用公式表示为:

$$股票价格 = \frac{预期股息}{利息率}$$

股票是一种特殊的商品,买卖股票这种特殊商品的场所就是股票市场。股票市场由股票的发行市场和股票的交易市场构成。股票发行市场又称为股票的初级或一级市场。通过发行市场,工商企业公开发行新股票,股票一经公开发行,通过证券承销商进入认购者之手,发行市场的职能就结束了。发行市场一般没有固定的场所。股票的交易市场又称为次级市场或二级市场(还可称为流通市场)。它是投资者在发行市场上认购的股票,进行再次或重复多次转手买卖的市场。按交易的方式不同,还有第三市场(在交易市场挂牌上市,却在场外交易的股票交易市场)、第四市场(从事股票交易的单位在交易场所内取得固定席位直接从事股票交易形成的市场)和店头市场(即场外市场,不通过交易所而直接同客户进行买卖的市场)等。股票的买卖和股票交易市场是股份制的重要条件和特点。股票不能退还只能转让的特点,决定了股份制要以股票流通为依托。股票流通必须要有股票交易市场。通过交易市场,股票不断地大规模流通,既有力地促进上市公司改善经营管理,提高资产运营效率,又给股份经济和股票市场注入活力。合理的股市交易,还起着自发分配财产,从而合理配置资源的作用。

三、现代股份制的特点和作用

现代股份制是市场经济社会化生产高度发展的产物,也是企业产权制度的重大变革,这主要体现在股份公司中所有权与经营权的分离上。股份制使资本所有者分散化,即投资主体和产权主体多元化。所有者一元产权主体变为所有者、经营者多元产权主体,资本的所有权与经营权相分离。两权分离具体体现在公司制的以下两项重要特征中:

第一,公司的法人财产制度。现代股份制是法制最完备的一种经济。现代法人制度已在法律上确认公司具有独立主体资格的法人地位,这种法人地位的产权基础是公司法人拥有的法人财产。公司的法人财产,由股东投入的股本形成,而它一旦形成,便具有独立的生命。公司以其法人财产承担民事责任,进行经营与运作。股东不能以个人的身份直接支配公司财产,如果公司破产,也与股东的其他个人财产无关。

第二,公司的法人治理结构。法人治理结构是由股东会、董事会、经理人和监事会组成的相互独立、分权制衡的现代公司的运行机制和管理体系。公司就由这四个机构组成的法人治理结构来经营和管理。为了既能让经理人放手经营,又不致失去出资者(股东)对经理人的最终控制,公司法明确区分了股东大会和董事会之间的信任托管关系和董事会与高层经理人员之间的委托代理关系,并组成监事会行使监督职权,通过明确划分他们之间的责、权、利,形成各权力机构之间的制衡关系,这种关系是公司制度有效运行的保证。

当前,资本所有权与控制权分离的趋势进一步深化。在西方典型的大公司中,不仅生产过程的经营管理早已由职业经理阶层承担,而且行使资本所有权职能的董事阶层,也逐步与所有权分离,开始向职业身份演变。许多西方国家的公司法规定,公司董事可以是非股东,或者公司不以章程规定董事必须是股东,及允许建立独立董事制度。董事会的权力在不断扩大,而股东的权力则在不断弱化。经理人员权力的扩大,也使经营权侵犯所有权的可能性增大。

股份制在推进资本主义和社会主义市场经济发展中起了重要作用:

第一,股份制是加速资本集中、促进经济发展的有力杠杆。股份制借助于信用制度,以方便投资、分解风险和预期收益吸引等有效方法,可以用最快的速度筹集到巨额社会闲散资金;可以通过兼并等手段,以最高的效率加速资本集中,使资本规模、企业规模和生产规模空前扩展。它使许多单个资本无力独资经营的巨大现代化企业和基础性建设事业,在最短时间内兴办起来,也使现代化科技得以迅速推广,从而极大地推动社会化大生产的发展。

第二,股份制是重新配置资本、优化投资结构的有效手段。股份制在信用制度基础上产生,又反作用于信用制度,有力推动其发展,并成为信用的有力助手,在资本配置中起着重要作用。股份制的兴起,通过资本市场发行、转让股票,使股票在无限广阔的空间自由流通,从而极大地活跃了金融,成为重新配置资本、优化投资结构的有效手段。

第三,股份制是最发达的现代企业制度。它包括企业产权制度和管理制度的创新。经理人员的职业化和社会选择,人才市场竞争机制的强制,培植了一个精通业务、擅长管理、专业从事经营的经理阶层,从而大大提高了企业经营管理的水平,提高了资产运作效益。

第四,私有集资股份制的典型形式,即私有股份有限公司,还是资本主义生产方式向社会主义公有生产方式过渡的形式。股份制这种财产组织形式,为社会主义公有制企业的财产管理和运营,提供了有意义的实现模式。

第四节 信 用

一、信用的形式和本质

信用是在商品生产和商品流通的条件下,以商品赊销或货币借贷的形式体现的一种经济关系,是以偿还为条件的价值运动的特殊形式,是经济关系即商品货币关系的一种特殊运动形式。借贷资本可以采取多种形式,但主要是商品形式和货币形式,与此相适应,信用也分为商业信用和银行信用。

商业信用是指企业之间在商品交易中以延期收款方式提供的信用,它主要采取赊销商品的形式实现。由于商品买卖借助于信用,因而交易双方的关系,不再单纯是买卖关系,而同时也是借贷关系,不过这种借贷关系随商品买卖而产生,并为商品买卖服务。商业信用就是服务于买卖的借贷关系。赊购商品的价格,一般高于用现金购买的价格,其差额就是赊购者支付给赊销者的利息。

商业信用的工具是商业票据,它是借者和贷者之间的债务凭证。商业票据分为期票和汇票两种。期票是债务人签发的保证书,保证在一定时期内向债权人支付债款。汇票是由债权人发出的命令书,责令债务人在某个时间向第三者(即持票人)支付债款。汇票需要债务人签字认可后才能有效。商业票据是可以流通或转卖的债务凭证,持有期票的债权人,在期票到期之前,通过"背书"(在它的背面做出转让签字),即可用于购买其他商品或偿还其他债务。至期票到期时,则由新的持票人凭票向债务人要求付款。在资本主义商业信用甚为发达的情况下,资本家彼此欠债,他们之间的债权和债务关系互相交错,一般均用到期的期票结算债务,余额才用现金支付。因此,票据流通可以节省流通中的现金。

银行信用是银行或借贷资本所有者以贷款形式提供给职能资本经营者的信用。与商业信用相比,它有以下几个特点:第一,银行信用实质上主要是货币资本所有者通过银行和职能资本之间发生的信用关系,而不是在职能资本之间直接发生的信用关系。第二,借贷的对象是暂时闲置的货币资本,而不是处在流通过程中的商品资本,银行提供信用的过程同商品买卖过程分开了。第三,银行信用的运动,在再生产周期的各个阶段上,和产业资本运动的起伏不完全一致,有时甚至相反。例如,在危机阶段,生产下降,商品流通停滞,商业信用缩小,而对银行信用的需求却大为增加。

银行信用的这些特点,克服了商业信用的局限性。首先,银行信用的规模不再受个别职能资本数量和资本归流速度的限制,因为银行不但集中了许多企业和居民大量闲置货币资本,还把社会各阶层的小额货币也聚集起来,变成巨额借贷资本,这样一来,银行信用就可以提供期限较长、数量较大的贷款。其次,银行信用也不再受商品资本物质形态造成的商品流转方向的限制,它可以提供给任何一个企业。因银行贷出的是货币资本,随时可以转化为生产所需要的各种东西。因此,银行信用比商业信用灵活得多,规模也大得多,更能满足社会资本扩大再生产的需要。

除商业信用和银行信用外,信用形式还有国家信用或公共信用、消费信用、高利贷信用和国际信用,其中国家信用或国债制度,又是交易所投机和现代银行迅速兴盛起来的重要因素。

小辞典　商业信用和银行信用

商业信用:企业之间在商品交易中以延期收款方式提供的信用,主要采取赊销商品的形式实现。

银行信用:银行或借贷资本所有者以贷款形式提供给职能资本经营者的信用。

无论是商业信用还是银行信用,尽管它在资本主义社会发展成熟起来,但它本身不是资本主义的专利,不带有社会制度性质。不同社会制度都可采用适合社会化大生产要求的信用制度。撇开信用制度服务于资本主义经济的特殊性,作为社会化的生产的一般要求,社会主义市场经济也要积极采用商业信用、银行信用、公共信用、消费信用等信用形式,发挥信用制度的经济功能。

二、信用的作用

信用在市场经济发展中,起着巨大的作用:

第一,信用加速了利润率的平均化。信用的存在及其中介作用使得资本自由转移成为可能并易于进行,这就促进了利润率的平均化。

第二,信用节省了流通费用。首先,信用以商业票据、银行券、支票等代替了金属货币的流通,同时由信用形成的种种债务锁链通过相互转账、抵消和平衡差额的办法结清,也很少使用货币,这就节约了作为流通工具的具有价值的货币的自身,从而减少了用于维持货币流通的费用。其次,信用突破了贵金属生产规模对商品流通的限制,也突破了商品买者手中握有的现实货币的限制,大大加速了商品流通和资本周转,使流通费用节约。商业信用和银行信用,使商品买卖可以赊欠,或可以由银行贷款进行,于是大大加速了商品的实现,使库存商品积压减少,商品的保管费用和损耗费用降低,从而也节省了流通费用。

第三,信用加速了资本的积聚和集中。这主要体现在三个方面:其一,银行迅速有效地集中了暂时闲置的货币资本和社会各阶层的零星收入,使之变成巨额借贷资本,供职能资本经营者随时借用,这就使个别企业资本扩大的规模比依靠自身积累要大得多。其二,股份公司是资本集中的重要形式之一,银行信用制度大大加速了股份公司的发展,自然有力地促进了资本的集中。其三,信用制度还加速了大资本兼并中小资本的过程。所以,信用制度和竞争是资本集中的有力杠杆。

第四,信用是进行国民经济宏观调控的重要经济杠杆。资本主义国家对经济的干预和调节,早在 19 世纪后期就已萌芽。自从 20 世纪 30 年代资本主义世界大危机以后,国家对经济的宏观调控获得了很大的发展,信用成了资本主义国家进行宏观经济调节的重要手段,发挥着极为重要的作用。信用制度对于社会主义国家来说,更是调节国民经济不可缺少的工具。

第五,信用还促进了国际贸易的发展和世界市场的形成与扩大。在公共信用或国债制度发展的同时,国际信用制度也发展起来。国际信用制度不仅有力地促进了对外贸易向世界的每一个角落扩展,从而迅速开拓出巨大的世界市场,而且成为进行原始积累和殖民制度的有力手段。其后,资本主义大银行和国际信用更成为扩展对外贸易的强大促进力量。如今,信用工具也被社会主义国家广泛应用于国际贸易活动。

思考题

1. 当你有一笔数额较大的货币时,可做几种类型的用途?
2. 借贷资本是高利贷吗?借贷资本的本质和特征是什么?
3. 当代世界几种较典型的金融机构体系有何异同点?金融监管对金融风险的防范起什么作用?
4. 在股票市场上,股票价格与实际资本经营绩效很不相称,可否据此说虚拟资本与实际资本的运动背离否定了价值规律?股票作为虚拟资本能带来利益,其根源何在?
5. 有人说股份制姓"资",因为它出身于资本主义;也有人说股份制姓"公",因为许多人的资本集合在一起,私就变成公了。这两种观点孰是孰非?
6. 什么是商业信用和银行信用?信用在经济生活中的作用有哪些?

第十章

垄断资本和垄断利润

学习目的与要求

通过本章的学习,在理解垄断形成一般动因的基础上,认识自由竞争的资本主义向私人垄断的资本主义过渡的客观性,了解一般私人垄断的性质、特征及战后的新变化;认清垄断利润及其来源,以及在自由竞争基础上形成的垄断并不能消除竞争,垄断与竞争并存的格局是市场经济的一般规律。

第一节 一般垄断资本

一、垄断形成的基本动因

自由竞争引起生产和资本的集中,而生产和资本集中发展到一定阶段,就会自然而然地形成垄断,这是市场经济自行运行的一般规律和必然趋势。

定义 垄断

少数大企业联合起来,在瓜分市场、制定价格等方面达成正式的或非正式的协议。

第一,在一定条件下,资本的本质特征成为垄断的根源。资本的本质是追求利润,实现价值增值。资本的本质特征决定了每个资本运动的主体在市场竞争中力图排斥其他资本,保持自身在生产和销售上的有利地位,以获得更高的利润率和更多的利润。随着生产和资本较高程度的集中,在一个经济部门出现几个大企业分割市场并占据较大产量和销售份额。这时,一方面,大资本企图对市场实行控制,阻碍新企业和其他资本的进入,以图长期稳获高额利润;另一方面,新企业难以出现,新企业不仅面临越来越大的最低投资额,而且难以与原来大企业分割市场。大资本的独占性又会进一步促进和加速资本的集中,从而必然形成垄断。

第二,资本积累的内在矛盾迫使资本从高度集中走向垄断。较高程度的资本积累会加速利润率的下降。利润率的下降迫使大资本实行对生产和流通的控制,力图减缓利润率下降,由此走向垄断。

第三,规模经济效益促使少数大资本走向垄断。这是因为适度的扩大生产规模首先能够充分发挥机器生产设备的效用,从而降低成本使产量和收益增加;其次,可以实行专业化生产,有利于提高劳动生产率;再次,大规模生产能降低生产要素的购买价格和提高产品的销售价格等。科学技术和创新活动与规模经济存在一定的正相关关系。更高水平的新科技应用于生产必将要求企业扩大规模。因此,少数大资本在采用新技术保证垄断利润持久性的同时必须考虑适度扩大生产规模,获得规模经济效益。这就促使少数大资本签订商品生产和流通的协议,自然而然地结成垄断同盟,共同享有规模经济效益。

二、垄断组织的形式

垄断是通过各种组织形式来实现的。比较重要的垄断组织形式如下:

1. 卡特尔(Cartel)

这是生产同类商品的资本主义企业为瓜分销售市场建立的垄断同盟。参加者通过协议,规定商品的产量和各自占有的份额,并规定商品售价等。但它们在生产上、商业上和法律上仍保有自己的独立性。过去,德国曾广泛流行过这种组织形式,曾被称为卡特尔的国家。

2. 辛迪加(Syndicate)

这是生产同类商品的资本主义企业为统一销售商品和采购原料建立的垄断同盟,参加者在生产上和法律上仍保持自己的独立性,但已丧失商业上的独立性,由辛迪加的总办事机构统一销售商品,统一采购原料。辛迪加比卡特尔的联合程度更高也更稳定。这种组织形式,曾在法国广为流行。

3. 托拉斯(Trust)

这是由许多生产上有密切联系的企业合并组成的大垄断企业,是更为发达的垄断组织形式。参加托拉斯的企业在生产上、商业上和法律上都已丧失独立性,而由董事会统一支配全部生产、销售和财务等活动。原来的企业变成托拉斯的股东,按其股份获得股息和红利。美国最流行这种形式,被称为"托拉斯之国"。

4. 康采恩(Konzern)

这是以实力最雄厚的大垄断企业为核心而形成的多部门的垄断集团。参加者有工业企业、贸易公司、银行、运输公司和保险公司等。加入康采恩的企业在形式上还保持着独立性,但实际上已受居支配地位的资本家集团所控制。这些大资本家首先控制核心企业,再由核心企业通过购买股票和人事参与等办法控制其他企业。康采恩已突破生产部门的界限,垄断的广度和深度都加强了,是一种更为复杂的重要垄断组织形式。第一次世界大战后,康采恩在德、日和欧洲其他国家迅速发展。第二次世界大战后,日本和韩国大力发展的综合商社和财团,便具有相似的性质。综合商社是以贸易为主体,集贸易、金融、信息、综合组织与服务功能于一体的跨国公司组织形式,是集实业化、集团化、国际化于一身的贸易产业集团。日本有六大财团——三井、三菱、住友、三和、富士和第一劝银,通常是以横向联合的方式,由三个核心部分组成:主力银行、综合商社、大型制造企业。

小辞典　垄断组织形式
卡特尔：生产同类商品的企业为瓜分销售市场建立的垄断同盟。
辛迪加：生产同类商品的企业为统一销售商品和采购原料建立的垄断同盟。
托拉斯：由许多生产上有密切联系的企业合并组成的大垄断企业。
康采恩：以实力最雄厚的大垄断企业为核心而形成的多部门的垄断集团。

三、垄断资本主义的经济基础及战后垄断的新发展

私人垄断是在一般资本主义的基础上成长起来的，是一般资本主义基本特征的发展和直接继续。垄断成为资本主义经济中稳固的、普遍的、占统治地位的基本现象时，资本主义进入了发展的新阶段，即自由竞争资本主义转变为垄断资本主义。垄断成为资本主义新阶段的经济基础。

私人垄断决定着资本主义新阶段的其他各种经济特征。垄断资本主义的其他经济特征则是垄断在不同经济领域的各方面的表现和发展：(1)生产集中引起垄断，垄断组织势力不断增强。(2)工业资本集中和垄断促进银行资本的集中和垄断，并且工业垄断资本与银行垄断资本融合起来形成金融寡头。(3)垄断资本极力向外扩张，争夺殖民地和世界霸权。因此，资本输出的经济基础是垄断。(4)金融资本统治和大量资本输出，必然引起各国垄断同盟从经济上分割世界。(5)在国际垄断同盟从经济上瓜分世界的同时，也在重新瓜分世界领土，以保证金融寡头通过对外扩张获取稳定的高额垄断利润。垄断是资本主义新阶段的根本经济特征，是资本主义新阶段的最深厚的经济基础。

第二次世界大战后，垄断资本的新发展具体表现在以下三个方面：第一，垄断企业规模日益扩大，巨型垄断公司不断涌现。第二，混合联合大公司成为现代垄断企业的核心。第三，20世纪90年代以来，跨国兼并成为垄断企业增强垄断实力的重要途径，金融垄断资本占有更加突出的地位。

四、金融资本及其战后金融统治形式的发展

垄断是金融资本形成的基础。工业资本的集中和垄断促进银行资本的集中和垄断。银行资本的集中和垄断又会加剧工业垄断资本的扩张和竞争。这是因为：一方面，工业生产资本的高度集中，为大银行提供了充足的存款来源，增加了它的经济实力，为银行业的集中提供了物质条件。另一方面，大企业或大公司为了扩大再生产或吞并中小企业，需要筹集大量货币资本，只有依赖于大银行的支持；而银行也只有通过集中扩大自身实力，才能满足大企业的这种需要。银行业的集中和垄断是银行资本自由竞争的结果。大银行既能吸收大企业巨额的闲置资本，又能凭借资本雄厚、信息反馈迅速等特点为大企业提供信贷。大银行迅速增强实力，并兼并中小银行。银行集中达到一定高度，自然而然地便形成了垄断。由少数大银行组成的银行垄断同盟集中了巨额银行资本和存款，在整个银行业资本中占有较高比重，成为整个国民经济的神经中枢。

银行垄断的形成使银行的作用发生变化。在自由竞争时期，银行的主要作用是充当支付的中介人。银行和企业之间仅是一种不固定的、松散的信贷关系。在银行形成垄断同盟后，大银行向企业提供巨额贷款，不能简单地坐收利息。为保障贷款的安全和盈利，大银行

必须通过各种途径直接对企业加以监督和控制。例如，监督企业往来账目，操纵企业"财路"；支配生产资料的使用，提高资本使用效率；运用信用手段影响企业经营的规模和方向；参与新产品的开发和研究。这样，银行对工商企业就从一般的信贷关系变成了万能垄断者。

银行垄断的新作用促使工业垄断资本与银行垄断资本的关系日益密切。工业垄断资本与银行垄断资本进行双向渗透和融合。垄断资本的融合是通过两条途径达到的：一是彼此之间通过购买对方股票和创办新企业等方法进行资本相互参与。例如，当时美国摩根银行创办美国钢铁公司，即银行垄断资本向工业渗透；洛克菲勒家族在垄断了石油业之后，又控制了美国花旗银行，即工业垄断资本向银行业渗透。二是组织上人事结合。互派人员兼任要职，互相制约，互相影响。这样，由银行垄断资本与工业垄断资本融合生长而形成的一种新型资本，称为金融资本。金融资本适应了生产高度集中和高度社会化的客观要求。在垄断资本主义阶段，巨大的金融资本成为全部社会经济活动的神经中枢和统治力量。

定义　金融资本

由银行垄断资本与工业垄断资本融合生长而形成的一种新型资本。

金融寡头主要通过资本参与实现经济上的统治。资本参与是财团对企业所有权的控制。资本参与，即所谓"参与制"，是指垄断资本家通过收买和持有一定数量股票，以达到占有"股票控制额"来实现对其他企业的控制。企业股票小额化和分散化使股票控制额下降，从而有利于金融寡头以最少的资本支配更多的社会资本。金融寡头通过"股票控制额"层层控制其他巨额资本。金融寡头首先掌握的大垄断企业作为"母亲公司"，然后通过"母亲公司"去购买"女儿公司"的股票，达到股票控制额比例，使"女儿公司"处于从属地位。以此类推，形成金字塔式的资本统治体系。居于"金字塔"顶端的是极少数金融寡头，直接和间接控制着比自身资本大几倍、几十倍的社会资本。

金融寡头在经济上的统治必然走向政治上的统治。金融寡头对资本主义国家的政治统治，主要是采用"个人联合"的方式来控制国家机器，操纵政府政策的制定。所谓"个人联合"，即一方面金融寡头或亲自出马，或委派代理人任政府机关重要官职，直接掌握政权；另一方面聘用离职的政府官员、军事将领任金融寡头公司的高级职务；另外，还利用各种组织形式，提出各种政策的多种方案和建议来影响政府决策。金融寡头还收买一部分政客从事院外活动，影响政府各种立法。此外，它们把新闻、出版、广播、通信、文艺、教育等都控制起来，作为推行其政治目标和经济政策的工具。

五、资本输出

资本输出是资本家、资本家集团或国家为了获得高额利息或利润，对国外进行的贷款或投资。

垄断资本主义时期，大规模资本输出的必要性在于：一是大量过剩资本寻找有高额利润的投资场所；二是为商品输出开路；三是为控制国外原料产地和其他重要资源；四是争夺霸权地位的需要。

垄断资本对外输出不仅存在客观必要性，而且存在现实可能性。在资本主义进入垄断阶段以来，资本主义已形成世界体系，许多落后国家都卷入了世界市场和国际联系之中。这些国家已初步具备了输入资本、发展经济所必要的自由劳动者、销售市场、交通运输、邮电通信等初步条件。

资本输出有两种基本形式:借贷资本输出和生产资本的输出。借贷资本输出,是资本主义国家的政府或企业、银行为了获得高额利息而把货币资本贷给另一个国家的政府或企业。借贷资本输出的利息率大大高于本国国内的利息率。生产资本输出,是资本主义国家的政府或企业、银行对某个外国进行直接投资。所谓直接投资,就是在国外独资开办工厂、矿山等企业,或与外国资本联合创办企业,或低价收买外国原有企业。生产资本输出的目的是为了利用输入国的原料、劳动力,生产商品,就地销售,以取得高额垄断利润。

小辞典　资本输出

资本输出是资本家、资本家集团或国家为了获得高额利息或利润,对国外进行的贷款或投资。资本输出有两种基本形式,即借贷资本输出和生产资本的输出。前者是资本主义国家的政府或企业、银行为了获得高额利息而把货币资本贷给另一个国家的政府或企业;后者是资本主义国家的政府或企业、银行对外国进行直接投资。

在西方国家,资本输出主体有私人资本输出和国家资本输出。私人资本输出,包括资本家集团的资本输出是私人垄断资本占有更多国际市场份额,增强国际竞争实力的重要途径。国家资本输出则是资本主义国家通过对外扩张,从国际范围内获得更高垄断利润,维护本国垄断资产阶级整体利益。

资本输出对输出国和输入国都具有双重作用,特别是当代资本输出的全球化和双向输出的特点,使资本输出对各国的双重作用更为突出。

输出国通过大量的资本输出获得诸多的经济利益:占有廉价的生产资料和劳动力,控制输入国的产品销售市场,转移本国的落后产业,获取巨额的海外利润,等等。同时,资本输出对输出国具有一定的负面影响,如资本大量向海外转移导致产业空心化和投资不足等。

对资本输入国来说,有选择的资本输入可以带来先进的技术、产业项目和管理经验,提高劳动生产率,有利于缓解发展中国家的资本短缺,等等。但资本输入国同时必须尽可能地削弱资本输入所产生的负面影响,如污染和破坏性开发,对附属于资本输出的商品输出以高于国际市场的价格牟取暴利,可能控制输入国某些部门,等等。

六、国际垄断同盟在经济上分割世界

资本输出的发展,使各国垄断资本在世界范围为争夺投资场所、产品销售市场和原料来源的竞争日益尖锐起来。国际垄断同盟的形成,就是这种斗争日益加剧的必然结果。当帝国主义各国已形成实力强大的垄断组织,并已在世界范围基本控制某类产品的生产和销售,而它们相互之间又势均力敌、难分上下时,为免遭惨重损失,谋求暂时的妥协,结成同盟、瓜分世界就有了必要和可能。这时,各国垄断组织便越出国界结成国际垄断同盟。所谓国际垄断同盟,即指资本主义各国最大的垄断组织,通过订立协定而结成的国际性垄断经济联盟。其目的和本质在于瓜分世界市场,争夺世界霸权和地区霸权。

国际垄断同盟最早产生于19世纪六七十年代。在60年代以前,国际卡特尔是国际垄断同盟的主要形式。20世纪60年代后,国际垄断组织的发展出现两个重要特点:一是国际康采恩式的跨国公司获得了迅速发展,并且取代国际卡特尔成为当代私人国际垄断组织的主要形式;二是由国家出面组成的国际垄断同盟。

定义　国际垄断同盟

指资本主义各国最大的垄断组织,通过订立协定而结成的国际性垄断经济联盟。

七、殖民地垄断与战后新殖民主义

金融资本的统治,使各国列强不仅通过国际垄断同盟从经济上瓜分世界,而且实行殖民地垄断,从领土上瓜分世界。资本主义进入垄断阶段后,殖民地起着特殊重要的作用:首先是重要的原料产地;其次,殖民地是最理想的投资场所;再次,殖民地是最有利的销售市场;最后,殖民地还有重要的政治上和军事上的作用。因此,殖民地成了帝国主义生存的重要条件。经过各帝国主义强国的激烈争夺,终于在19世纪末20世纪初,把世界领土瓜分完毕,形成了少数列强对世界领土的垄断,即殖民地垄断。帝国主义国家控制和掠夺占世界居民绝大多数的殖民地、附属国,这就形成帝国主义的殖民体系。帝国主义国家对殖民地垄断的地位不是一成不变的。由于经济政治发展不平衡规律的作用和其他一些原因,资本主义各国实力不断发生变化,于是引起重新瓜分世界领土的斗争,斗争不断加剧,最终导致帝国主义战争。两次世界大战都是帝国主义国家为重新瓜分世界领土、争夺世界霸权而引起的。

第二次世界大战后,帝国主义旧殖民体系趋于瓦解。然而,取得了政治独立的原殖民地、附属国并没有完全摆脱帝国主义的控制。战后垄断资本对外掠夺和剥削的本性不变,只是以新殖民主义代替了旧殖民主义。所谓新殖民主义,即表面上承认殖民地、附属国在政治上的独立,实际上通过各种手段,从经济上、政治上以至军事上间接控制这些国家。国际垄断资本的新殖民主义对经济落后的发展中国家的经济掠夺主要表现如下:其一,在新殖民主义形式下,西方发达国家垄断资本通过知识产权、商品资本、借贷资本和生产资本的输出对发展中国家加强掠夺。商品资本大量输出一方面使发展中国家承受严重的不等价交换;另一方面也使发展中国家成为发达国家的重要市场而遭受经济利益的巨大损失。其二,国际垄断资本的经济掠夺导致南北贫富差距进一步扩大。其三,国际垄断资本通过各种途径阻碍和影响发展中国家的经济可持续发展,南北差距进一步扩大。在新殖民主义条件下,发达国家以各种借口从发展中国家占有更多的垄断利润。此外,发达国家的垄断资本往往牺牲发展中国家的环境资源以牟取高额利润。

辨析　殖民主义

殖民主义是资本主义强国压迫、奴役和剥削落后国家,把它变为自己的殖民地、半殖民地的政策。第二次世界大战前,主要是采取直接干预(如军事入侵等)的旧殖民主义。第二次世界大战后,主要是采取间接控制(如资本输出等)的新殖民主义。

第二节　垄断利润

一、垄断价格

垄断价格是垄断组织凭借垄断地位保证垄断企业获得垄断利润的商品价格。

垄断价格包括垄断高价和垄断低价。垄断高价是指垄断组织在销售商品时规定的大大超过商品价值和生产价格的垄断价格。垄断低价则是指垄断企业利用有利的垄断地位压低其所购买的投入品价格。

定义　垄断价格、垄断高价和垄断低价

垄断价格：垄断组织凭借垄断地位保证垄断企业获得垄断利润的商品价格。包括垄断高价和垄断低价。

垄断高价：垄断组织在销售其商品时凭借垄断地位规定的大大超过商品价值和生产价格的垄断价格。

垄断低价：垄断组织在购买其投入时凭借垄断地位规定的大大低于商品价值和生产价格的垄断价格。

垄断价格主要通过以下方式形成：

1. 价格领头制

这种做法通常由行业中某一垄断企业率先确定一个价格，其他垄断企业追随其后。率先定价的领头企业，大致有这样三种类型：一是行业中居支配地位的企业；二是行业中公认有较强判断力的企业；三是行业中成本最低的企业为领头企业。

2. 目标利润定价法

垄断企业首先确定一个标准产量，算出单位产品的全部成本（包括可变成本和固定成本），再加上一个预定的利润幅度而定出产品的"基准"价格。这种定价方法要求产品价格的确定和成本相联系，并使产品的利润幅度能达到一个预先确定的投资利润率目标。

小辞典　垄断定价

卡特尔定价：垄断企业以签订协议形式规定价格、分配产量和销售领域。

价格领头制：某一垄断企业率先确定一个价格，其他企业则追随其后。

目标利润定价法：亦称成本加成定价法。垄断企业在平均成本的基础上加上一个预定的利润幅度而定出产品的"基准"价格。

垄断价格的制定并不是任意的，而要受到客观经济条件的制约。首先，垄断企业制定的目标价格作为一种市场价格，归根结底还要受到客观的价值基础的支配和调节。

其次，垄断价格的制定并不能超越资本主义市场条件的限制，会受到市场需求、供给和成本三因素的制约。

二、垄断利润的来源

从性质上看，垄断利润是垄断资本凭借垄断地位而占有的稳定的高额利润。从数量上看，垄断利润是超过平均利润以上的超额利润。但在实际经济运动中，垄断企业的超额利润和一般利润是融为一体的。同时，与自由竞争资本主义企业暂时的超额利润不同，垄断利润较长期和稳定。因此，广义的垄断利润范畴包括超额利润和平均利润，狭义的垄断利润范畴仅是超过平均利润以上的那个超额利润。

定义　垄断利润

垄断利润是垄断资本凭借垄断地位占有的高额利润。广义的垄断利润包括平均利润和超额利润，狭义的垄断利润仅指超过平均利润以上的超额利润。

垄断利润的来源仍然主要是工人在生产过程中创造的剩余价值，以及其他劳动者所创造的价值。具体地说，垄断组织通过出售商品的垄断高价，使购买者(消费者)支付高于商品价值(或生产价格)的高价；通过购进商品的垄断低价，使售卖者(生产者)接受低于商品价值(或生产价格)的低价。这样，垄断组织就不仅实现和占有了本企业工人创造的剩余价值(包括超额剩余价值)，而且侵占了时而作为购买者，时而作为售卖者的非垄断企业部分的利润，即非垄断企业工人创造的剩余价值的一部分，以及其他劳动者创造的一部分价值。在国际垄断形成后，垄断组织通过国际垄断价值(同样包括垄断高价和垄断低价)攫取的垄断利润，还包括来源于国外工人阶级创造的剩余价值和其他劳动者创造的一部分价值。垄断股票市场、发行和买卖股票、操纵行市，也是获取垄断利润的一个重要途径。

三、垄断条件下利润率平均化规律作用形式的变化

垄断资本及其垄断统治只是使利润率平均化规律的表现形式发生了变化。在自由竞争资本主义阶段，利润率平均化是在全社会范围内通过资本在部门之间竞争表现出来。而在垄断条件下，利润率平均化规律则分别在垄断部门和非垄断部门两个层次范围内发生作用，并形成两种不同水平的平均利润率。

垄断部门之间之所以存在利润率平均化趋势，其客观原因在于：一是科技迅速发展和产业结构变动客观要求垄断资本在垄断部门之间相互渗透，以获得长期稳定的垄断利润。面对新科技发展和新科技在不同产业部门之间加速传递和扩散应用，垄断资本在已经控制、操纵的经济部门要不断进行技术改造，提高产品质量，调整产品结构，以维持和稳固其垄断地位。同时，垄断资本还面临产业结构变动的挑战。垄断资本必须依据世界产业变动潮流和本国产业调整的方向和重点，不断改变资本流向，通过资本在不同垄断部门的转移，以保持垄断资本在主要支柱产业和相关经济部门的垄断控制权。垄断资本只有在不同垄断部门转移，流动才能维持其长期稳定的垄断利润。二是现代垄断企业跨国联合经营方式和多元化经营战略推动垄断资本在垄断部门之间互相流动、混合经营，从而促使垄断部门之间利润率呈现平均化趋势。大公司的多元化产品混合经营使垄断企业具有较强的资本积累能力和从外部获取金融资金的能力，并根据竞争战略通过混合兼并手段向有利可图的部门进行资本渗透和扩大控制权。另一方面，多元化经营战略有利于依仗原有垄断部门的技术优势向关联产业进行渗透。这就会使所转移的部门降低成本，因而垄断资本在部门之间转移既能增强资本扩张能力，有利于加强垄断统治，又能降低成本，从而提高垄断部门的平均利润率。总之，垄断资本在垄断部门之间相互竞争、相互渗透，其结果使各垄断部门的利润率趋于平均化。

第三节　一般垄断条件下的竞争

一、自由竞争与垄断竞争

自由竞争是指在这样一种市场结构中的主体行为：(1)资本集中度较低的市场结构。构成市场主体的是数量众多、分散而独立的企业。每一个买、卖主体只能是市场价格的接受者，而无法影响和决定价格。(2)较低的资本市场进入壁垒。生产要素基本上在不同产业之间自由流动。短期内，生产要素在不同产业间流动，企业规模和数目不变；长期内，生产要素

在不同产业间流动,企业规模和数目则发生变动。(3)同类产品是同质的,无差异性的。(4)信息较为完备。市场价格灵敏地调节市场供求,不会有需求者以高于市场价格进行购买,也不会有供给者以低于市场价格进行销售。

垄断竞争是指不同于独家垄断或自由竞争的一种市场结构:(1)资本集中度相对较高,垄断企业已在一定程度上控制了产品的生产和销售,因而垄断资本在该经济部门的资本总额中占有较大比例。同时,在一个存在垄断的经济部门,其他非垄断企业为了与垄断企业相对抗和发展,也必须加速资本积累,扩张资本规模。因此,与自由竞争市场相比,垄断竞争市场具有较高的资本集中度。(2)产品有差异。在垄断竞争市场,垄断企业只有通过产品差异才能获得超额的利润。其产品差异可以表现为商品的商标、款式及购物环境、服务特色等差异。(3)存在一定的资本进入壁垒,但并非如垄断市场不能自由进入。在垄断竞争市场,短时期内,资本不能如同自由竞争阶段那样可以自由进入和退出,但在长时期内,因科技创新和资本进入有一定自由度,垄断企业的超额利润会被消除。

二、垄断资本主义下的竞争特点

资本主义在自由竞争的基础上产生了垄断,但垄断的形成并不会消除竞争。垄断与竞争并存是垄断资本主义经济活动的基本格局。这是因为:

第一,垄断并没有消除竞争的动因和基础。市场竞争是市场主体实现经济利益的方式和途径。垄断形成后,市场结构发生了变化。垄断虽会在某个经济部门暂时地减弱竞争,但长期内,垄断企业追求高额垄断利润的动因必然驱动其进行更为激烈的垄断竞争。在自由竞争基础上产生的垄断并不改变市场经济运行方式,并不消除竞争的基础和动因,垄断必然与竞争并存。

第二,不存在"绝对的垄断"。首先,不可能形成某一家垄断组织独霸天下的局面。在现实生活中,剧烈的兼并虽然使极少数垄断组织达到空前巨大的规模,但至今还没有任何一个垄断组织足以把其他垄断组织全部吞并。而且,由于技术的和经济的原因,各垄断企业的发展总是不平衡的,垄断组织的实力对比经常发生变化,以致很难保证某一个垄断组织稳定的绝对优势。其次,社会经济生活错综复杂,社会需要又极其多样而且多变,垄断不可能囊括一切,全部直接包办。最后,中小企业还必然大量存在。这不仅因为中小企业有生存和发展的广泛空间,有适应恶劣环境的灵活性和顽强性,而且因为利用广大中小企业符合垄断资本的利益,是巩固垄断统治的需要。

第三,科学技术的重大变革和创新是激发垄断竞争的重要因素。首先,现代科技的层出不穷能突破人为垄断的某种限制。其次,科学技术的不断创新又会缩短科技转化为生产力的周期。新一轮的科技革命都是在积累前人知识和技术的基础上展开的。现代科技必然更迅速地将新科技应用于生产领域并转化为生产力。科学技术转化为生产力的周期趋于缩短会加速产业结构的调整和优化。这就导致某些技术和相关产品生产都不可能持久地垄断。垄断企业在技术、产品和产业领域等方面都充满着激烈的竞争。

最后,必须指出的是,私人在国内外的垄断、资本主义国家垄断以及相互间的垄断同盟,属于资本主义私有制范围内经济关系和产权制度的调整,对生产力既有促进的一面,又有阻碍的一面。各种垄断导致的诸多弊端和经济社会矛盾,使人们有理由严厉批判之。在社会主义市场经济格局中,应注意反对西方各种垄断组织在我国的不良行为,防止我国私人垄断企业的出现,但社会主义国家的某些垄断尤其是国有企业的生产经营高度集中的非独家垄断不应反对。这是因为,在经济全球化条件下,积极发展我国全民所有制性质的托拉斯、康采恩、综合商社、财团一类的国有企业集团或跨国公司,对参与国内外中高端竞争是非常必要的。现阶段,国内外的反垄断法均反对价格同盟、捆绑销售等不良垄断行为,但不反对生产经营高度集中的非独家垄断。那种反对我国国有企业的生产经营高度集中,以为现代市场经济还是19世纪中小企业自由竞争的时代的观点,是极其错误的。

思考题

1. 资本由自由竞争走向高度集中,资本集中发展到一定阶段,又自然而然地形成垄断。请你阐述垄断资本形成的客观必然性。

2. 列宁指出,在垄断阶段,"恰好不是工业资本而是金融资本"在国民经济体系中占统治地位。举当今的实例,说明金融资本是怎样形成的,是如何实现经济上和政治上的统治地位的。

3. 有人认为,西方国家有众多的中小企业,因而当代发达资本主义经济的基本特征不是垄断。对此,请做评论,并阐述垄断与其他基本特征的相互关系和作用。

4. 找几个(比如美国微软)公司垄断的事例,阐述当代垄断的特点和垄断利润的来源。

5. 在不同的市场结构中,经济主体的市场行为也不同。与自由竞争不同,垄断条件下的资本竞争具有哪些特点?

6. 有舆论经常批评我国国有企业的生产经营集中度太高。请对照发达国家,做出辩证分析。

第十一章

土地所有权和地租

学习目的与要求

通过对土地所有权和地租的考察分析,认识现代市场经济条件下土地所有权和地租的发展规律,尤其应着重了解不同土地制度的形成与特点,把握地租产生的条件、原因及其基本形式;掌握土地价格的实质和发展趋势;了解作为生产要素的土地及地租的作用。

第一节 土地所有权

一、土地制度和土地所有权

土地制度是指人们在占有、支配和使用土地的过程中所结成的各种经济关系的总和,是一个国家或社会人地关系及其人与人关系的法定结合形式。土地所有权是指土地所有者在法律规定的范围内,对土地享有占有、使用、处分和收益的权利。土地所有权是土地所有制在法律上的表现,它在经济上的实现形式就是地租。根据土地所有权的不同,土地制度可以区分为两种基本形式:土地私有制和土地公有制。土地私有制包括小土地私有制、封建土地私有制和资本主义土地私有制。土地公有制由社会主义国家所有制和集体所有制所组成。

辨析 土地所有制和土地所有权

土地所有制:人们在占有、支配和使用土地的过程中所结成的各种经济关系的总和。

土地所有权:土地所有者在法律规定的范围内,对土地享有占有、使用、处分和收益的权利。

二、资本主义土地所有制

资本主义土地所有制是以资本主义私有制为基础或主导成分的。资本主义土地所有制是由封建土地所有制和个体农民土地所有制转化而来的。

从资本主义土地所有制形成的历史过程来看,除了英国为典型的资本原始积累的道路外,其他国家可以归结为两种类型:

(1)革命的道路或美国式道路。其特点是通过资产阶级革命摧毁封建地主经济,经过小农经济迅速分化,使资本主义大土地所有制逐渐替代农民的小土地所有制。这时,封建地主蜕变为资本主义土地所有者,小农沦为工农业的雇佣劳动者,掌握土地经营权的农业资本家采用雇佣劳动方式,经营资本主义农场。

(2)改良的道路或普鲁士式的道路。其特点是封建地主通过改革,在允许农奴向地主缴纳大量赎金的条件下,赎免封建农奴义务,并把原来所使用的土地交给地主,从而使农奴转变成为自由劳动者;而地主阶级则按照资本主义生产方式改造地主经济,组织资本主义农场,从事生产经营活动。

资本主义土地所有制与封建主义土地所有制相比较,具有两个显著的特点:

第一,土地的所有权与经营权是完全分离的。在资本主义社会,大土地所有者掌握和集中了大量的土地,但他们自己并不直接从事农业生产经营,而是把土地出租给农业资本家经营,土地所有者依靠对土地的所有权收取地租。

第二,土地所有权同劳动者人身依附于土地的关系相分离。农业工人在法律上具有人身自由,他们可以自由地向农业资本家出卖自己的劳动力。农业的资本主义经营采用雇佣劳动制度。因此,不具有封建剥削所带有的超经济强制的性质。

三、中国社会主义土地所有制

我国社会主义土地公有制的建立,在农村通过以没收地主土地、废除封建土地所有制为内容的土地改革,然后采取了农业合作化的道路,使私有的土地转为集体所有,建立了农村土地的社会主义集体所有制。在城市,经过接收国民党政府的国有土地,没收官僚资本的地产,以及利用"地价税"这个经济杠杆收回了外国资本的地产,又经过公私合营将民族资本的地产变为国有,实现了城市土地的社会主义国家所有制。

在计划经济体制下,我国的社会主义土地公有制表现为:一是以高度集中管理、无偿分配使用为特征的城市土地国有制;二是以集中劳动、统一经营为特征的农村土地集体所有制。与此相联系的是我国传统的城市土地国有制具有以下三个明显的特点:

一是产权主体单一,法律上仅仅确定土地所有权,所有权所包含的各种权能高度统一于一体,其他土地权利均不能独立。具体表现为土地管理权限高度集中,土地由国家统一调配、计划安排使用,任何单位和个人使用土地须经严格程序,层层上报审批,然后由国家行政机关调拨、使用。

二是无偿、无限期、无流动地使用土地。由于土地使用权在法律上不能独立,不构成土地财产权对象,因而也限制了土地使用权的流动。即禁止土地使用权通过市场转让,不允许土地使用者以买卖、出租、抵押、赠予、交换等方式将土地转给其他单位或个人使用。如果土地使用者不再需要使用该块土地,必须将土地无偿交给国家有关部门,由国家重新安排使用。国家机关、部队、学校、国有企业等单位使用土地,不必支付任何费用,同时国家也未规定使用土地的期限。

三是国家对城市土地所有权的名存实亡和实际存在的土地部门(单位)所有制。由于无偿使用土地,致使宪法规定的国家对城市土地的所有权无法在经济利益上得到体现,在行政管理上或经济管理上难以实现,并造成用地部门或单位在土地使用上不按土地管理部门的要求,擅自独立支配和处置其占用使用的土地。

这种土地产权制度有利有弊,其弊端是明显的:土地所有者与使用者之间缺乏利益的约束机制,不仅使国家丧失了应有的土地收入,而且造成土地产权交易行为扭曲,如非法转让、买卖、私下交易土地,多征少用、早征迟用、征而不用、闲置浪费、乱占滥用等现象屡禁不绝;缺乏用地竞争机制,缺乏来自市场的信息和合理的配置经济尺度,不利于城市规划,阻碍了城市土地的优化配置;不利于正确评价企业的生产效益,造成土地使用者的利益分配不均;国家投入的城市建设资金只支不收,无法形成城市建设资金的投入产出良性循环机制。其结果是计划调拨与实际需求相脱节,城市土地浪费、利用率低下。

我国农村土地基本实行"三级所有、队为基础"的集体所有制。这种土地制度使土地的经营规模过大,生产管理过于集中,与农村以手工操作和半机械化为主较低的社会生产力长期不协调,其主要缺陷在于:一是土地产权制度不明确、不规范。这表现在土地所有权的占有、使用、收益和处分诸权利中,最有实质意义的处分权集体不能行使。集体土地所有权代表无权通过出租、抵押、转让等形式实现其所有权,而是由国家掌握。并且,集体土地的所有权主体不明确,组织形式混乱。二是土地流转制度缺乏规范化。除了国家征用土地外,集体所有权形态的土地产权不能流动,集体土地的使用权也不可以由集体自主转让或出租。

这种农村土地所有权的集体所有制,使农民缺乏经营管理的自主权,从而不能调动农民的生产积极性,使农业用地难以实现优化配置,赢得较高的土地产出经济效益。虽然这种土地所有制不是最佳的组织制度安排,但它在人均低下的产出情况下,使得农村经济生活具有一定的内在稳定功能,以农业低劳动生产率为代价,赢得了工业劳动生产力较快的提高,并为我国工业化进程提供了最初的资金支持。

改革后的城市国有土地使用制度的特点是,在不改变城市土地国家所有制的前提下,使土地使用权作为一项独立的财产权从所有权中分离出来,可以用于出售、互换、赠与、出租和抵押,对土地使用权实行商品化经营。这种新的城市土地使用制度,对于宏观调控土地供应、保护耕地,加强城市建设、旧区改造,优化土地配置,提高土地利用效率,以及推动城市经济的发展和社会主义市场经济的建立,具有重要的作用。

农村现行的土地制度,主要以土地的农民集体所有,由集体经济组织的成员承包经营为特征。这种土地承包制,是指通过农户与集体经济组织签订合同,承包使用土地的责权利相结合的一种土地经营和耕作方式。它实现了土地等基本生产资料社会主义公有制和农户自筹资金经营相结合。

农户对所承包的集体耕地,只有使用权,没有所有权。农地使用权应包括:

(1)排他性占有权,农户在规定的租期内其使用土地的权利不受侵犯。
(2)开发权,在租期内有权优化土地配置,提高土地产出价值,并获得应有的利益。
(3)买卖权,农民可依法出售土地使用权,获得一定收入。
(4)租赁权、抵押权,农户可以使用权出租或作抵押获得贷款。
(5)继承权,土地使用权可以依法继承。承包农户对土地的使用权延长30年不变,从而有利于农户利用自筹资金在土地上追加投资,进行长期经营。

农民集体经济凭借土地等基本生产资料的所有权,要求承包农户缴纳集体提留和租金,并把土地承包的租金与土地的数量、质量挂钩,将土地承包租金主要用于土地建设。土地承包制在现阶段,表现为以家庭联产承包为基础、统分结合的双层经营体制,即集体统一经营和承包农户分散经营相结合,这是我国农村集体经济的一项基本制度。近年来,国家允许农民承包土地经营权的流转和抵押以及发展私人家庭农场等,以便实现一定程度的土地集约化经营。

关于包括土地制度在内的我国社会主义农业的改革和发展目标,邓小平多次强调"两个飞跃论"。他早在1990年就曾做过高屋建瓴的描述:"中国社会主义农业的改革与发展,从长远的观点看,要有两个飞跃。第一个飞跃,是废除人民公社,实行家庭联产承包为主的责任制,这是一个很大的前进,要长期坚持不变。第二个飞跃,是适应科学种田和生产社会化的需要,发展适度规模经营,发展集体经济。这是又一个很大的前进,当然这是很长的过程"。这是根本解决我国"三农"问题的一个战略思路,必须予以高度重视,逐步落实。

简而言之,我国实行的是社会主义土地公有制。按照我国现行法律规定,城市市区的土地属于国家所有。农村和城市郊区的土地,除由法律规定属于国家所有的以外,属于农民集体所有;宅基地和自留地、自留山,属于农民集体所有。并且,国有土地由拥有所有权的国家通过其代理人(即授权土地管理部门),主要采取有期限、有偿、有流动的使用方式,将土地使用权直接出让给土地开发经营单位或建设用地单位;农村集体土地用于建设,改变现有的合法用途,需要通过征地的形式变为国有土地后才能进行出让。

四、不同土地所有权形态下地租的区别

地租是土地租种者为租用土地而向土地所有者支付的经济代价,是土地所有权在经济上的实现。土地所有权的前提是存在土地所有权的垄断,未经土地所有者的同意,任何人都无法使用它。由于土地是有限的,需要土地从事经营的人不得不从土地所有者那里获得土地使用权。但土地所有者转让土地使用权必须以获得一定的经济利益为代价,即土地的所有权必须在经济上得到实现。因此,地租的本质,就是土地所有者凭借土地所有权而获得的一种收入。只要存在土地所有权的垄断,就必然会有地租存在。但是,地租的存在又必须以土地所有权与土地使用权相分离为前提。如果自己既是土地所有者又是经营者,地租就不会从经营者收入的一部分中分离出来,取得独立的、纯粹的形态。

定义　地租

地租是土地租种者为租用土地而向土地所有者支付的经济代价,是土地所有权在经济上的实现。

地租是与土地所有制以及土地所有权密切相联系的。由于地租的存在是以土地所有权的存在为条件,因此,不同的土地所有权存在着不同性质的地租。在不同的社会形态中,因土地所有制的性质不同,地租的性质、内容以及所体现的社会生产关系也就不同,所以,地租是一个历史范畴。

地租具体采取怎样的形式,是由一定的生产方式所决定的。在自然经济条件下,农民家庭经济是以农业与家庭工业的结合为特征,其生产和再生产并不依赖于市场和市场以外的那部分社会生产。所以,必然以工农合一的家庭剩余劳动产品缴纳地租,即表现为封建的实物地租形式。而在资本主义生产方式下,随着市场经济的发展,自给自足的封建生产方式逐渐解体,这时,地租普遍采取了货币的形式,即货币地租。

在不同的土地所有制下,地租有不同的表现形式。从历史来看,先后产生了封建地租、资本主义地租与社会主义地租。

封建地租是以封建土地私有制为前提,并在不同程度上有超经济的强制关系,即与农民对地主的人身依附关系相联系。封建地租是地主对农奴或农民进行直接剥削的形式,无论是劳役地租、实物地租,还是货币地租,在数量上一般包括农民的全部剩余劳动或剩余产品,有时甚至包括农民相当大的一部分必要劳动或必要产品。因此,封建地租所反映的是封建地主阶级同农民之间剥削与被剥削的关系。

资本主义地租是以资本主义土地私有制为前提的,它建立在剥削有人身自由的雇佣工人基础之上。劳动者摆脱了对地主的人身依附关系,无论是土地所有者和农业、工商业资本家之间,还是农业、工商业资本家和雇佣工人之间,都只是纯粹经济上的契约关系。在资本主义条件下,农业资本家向土地所有者租赁土地,雇用农业工人耕种,向土地所有者缴纳地租。所以资本主义地租,是农业资本家由于租用土地而交给土地所有者的超过平均利润的那部分剩余价值,体现着土地所有者、农业资本家、农业工人三者之间的经济关系。

虽然在资本主义社会,地租不仅存在于农业,而且在土地上的其他经营,如建筑地段、矿山等也有地租问题,但在地租的决定上,农业地租是基础,具有一般性,因此,必须把地租和租金进行严格区别。真正意义上的地租是指单纯为使用土地本身而支付的货币金额,以超额利润为限。而租金是指租佃资本家在一定期限内向土地所有者缴纳的全部货币金额,除包括真正意义上的地租外,还包括土地资本折旧与利息,甚至可能包括一部分利润和工资的扣除(这里讲的租金与我国土地承包租金的含义不同)。同时还应区别土地和土地资本。土地资本是指投入土地,固定在土地上与土地合并的资本。这种资本在短期内即可收回,如施肥、化学性质的改良等等;有的长期才能收回,如修水渠、建造经营建筑物业等等。投入土地的这部分资本,不仅要按期收回,还要取得利息,显然,真正的地租和土地资本的利息也是有差别的。

定义　土地资本

投入土地、固定在土地上与土地合并的资本。

辨析　地租与租金

真正意义上的地租是指单纯为使用土地本身而支付的货币金额,以超额利润为限。而租金是指租佃资本家在一定期限内向土地所有者缴纳的全部货币金额,除包括真正意义上的地租外,还包括土地资本折旧与利息,甚至可能包括一部分利润和工资的扣除。

在社会主义初级阶段,土地虽属于国家即全民或集体公有,但仍旧需要交给企业和个人使用,土地的所有权与使用权也是分离的。由于在现代市场经济条件下,国家、国有企业和劳动者个人三者在土地的所有、经营和使用上,既有共同利益,又存在着各自利益,因而无论是企业还是个人使用土地,都必须缴纳地租,否则,土地公有权就不能从经济上得到实现。取消地租,或使用土地而不缴纳地租,就意味着否认土地公有权的存在。其结果会造成土地资源难以优化配置,或因土地优越位置带来的巨额超额利润,就转化为占有优等土地的企业或个人的收益。这既不利于调动企业和个人经营的积极性和进行市场竞争,也不能促进土地资源的可持续利用。

建立在土地公有制基础上的社会主义地租,是社会主义联合劳动者经济利益的实现,体现了国家、集体与土地经营者和使用者之间的经济关系。地租上缴国家,作为国家财政收入,最终用于社会主义建设和提高人民的生活水平与环境质量。

第二节 级差地租和绝对地租

一、级差地租

土地具有不同的自然生产力,即级差生产力。造成土地级差生产力的原因:一是不同地块在丰度上具有差异性;二是不同地块的地理位置即区位有差异性;三是同一地块上连续投资产生的劳动生产率有差异性。由此,租用不同等级的土地所需要缴纳的地租也就不同,从而地租具有级差性。这种与土地生产条件差别相联系的地租,就称为级差地租。

定义　级差地租
由于不同的土地具有不同的自然生产力,故耕种较优等的土地可以获得超额利润,当这部分超额利润归土地所有者时,就形成了所谓的级差地租。

由于土地有限尤其是好地更有限,为满足人口增长和社会发展对土地产品的不断需求,必须把级差生产力低下的劣等地投入生产。而投入劣等地的资本也要求获得平均利润,这就导致土地产品的社会生产价格由劣等地的个别生产价格决定。这样,优等地、中等地的个别生产价格低于劣等地个别生产价格部分,形成超额利润。同时,土地不仅数量有限、质量有优劣,而且具有不能位移、不可再生和替代弹性小的特点,因此,谁占有并租用经营较优土地,谁就获得这种土地的经营垄断权。正是由于对土地经营权垄断,使经营较优土地能够长期保持生产上的优势,稳定地收回超额利润。但是,这部分超额利润是在较优的不同土地上取得的,土地所有者因此要求土地租地经营者支付不同等级的地租,否则,租地经营者就不能取得土地使用权。

综上可见,(1)土地生产条件的差别是级差地租产生的物质条件。(2)土地的有限性和以此为前提的土地经营的垄断,是级差地租产生的社会经济原因。(3)级差地租是由经营较优土地获得的、转归土地所有者占有的一部分超额利润,由个别生产价格低于社会生产价格部分的差额构成。(4)在市场经济和土地所有权存在的条件下,优等地、中等地上的超额利润,最后通过土地所有者与租地经营者之间的竞争,转化为土地所有者占有的级差地租。

级差地租按其形成条件的不同,可以分为两种基本形式,即级差地租Ⅰ和级差地租Ⅱ。

级差地租Ⅰ是因土地丰度不同和位置不同,用等量资本投在不同的等量土地上所产生的超额利润转化而成的级差地租。它是投入不同地块的各个资本具有不同劳动生产率的结果。

级差地租Ⅱ是在同一地块上连续投资而改变了土地的经济丰度或相对位置,造成不同的生产率产生超额利润转化而成的地租。

辨析　级差地租Ⅰ和级差地租Ⅱ
级差地租Ⅰ:因土地丰度不同和位置不同,用等量资本投在不同的等量土地上所产生的超额利润转化而成的级差地租。

级差地租Ⅱ:在同一地块上连续投资而改变了土地的经济丰度或相对位置,造成不同的生产率所产生的超额利润转化而成的地租。

讨论　级差地租Ⅱ向级差地租Ⅰ的转化

农业资本家租种土地所有者的土地是有一定的时间期限的。原有的租约到期之后,需要制定新的契约。在制定新的契约时,土地所有者会通过提高地租的办法把在上一个契约期限之内由于劳动生产力变化而产生的级差地租Ⅱ的一部分甚至全部占为己有。这一企图到底能够在多大程度上得到实现,取决于它与农业资本家之间的竞争。如果在新的契约中,原来的级差地租Ⅱ的一部分或者全部转到了土地所有者手中,这就意味着,与旧的契约相比,在新的契约中,级差地租Ⅰ提高了,或者换个说法,一部分或者全部的级差地租Ⅱ转化成了级差地租Ⅰ。由此可见,随着租地契约不断地重新制定,一部分的超额利润将不断地从原来的级差地租Ⅱ转变成为级差地租Ⅰ,即从农业资本家手里不断地转到土地所有者手里。

级差地租Ⅰ与级差地租Ⅱ有着不同的特点:首先,级差地租Ⅰ是等量资本投在不同土地上产生不同生产率的结果,与粗放经营相联系;级差地租Ⅱ是等量资本追加投资在同一地块上产生不同生产率的结果,与集约经营相联系。

其次,级差地租Ⅰ主要以土地自然丰度,即以劳动的自然生产力为自然基础。而级差地租Ⅱ则是以土地的经济丰度,即以追加劳动的技术生产力和劳动的自然生产力相结合为自然基础。

再次,级差地租Ⅰ在缔结租约时,已为土地所有者占有;而形成级差地租Ⅱ的超额利润,在租期内则为土地经营者所得,在租期满后重新缔约时,才转入土地所有者手中。

级差地租Ⅰ与级差地租Ⅱ又有着内在的联系:首先,从社会生产发展的历史看,一般是由粗放型经营发展到集约型经营的。因此,级差地租Ⅱ是在级差地租Ⅰ的基础上产生后发展起来的,级差地租Ⅰ是级差地租Ⅱ的基础和前提。

其次,级差地租Ⅱ的量的变化必须以级差地租Ⅰ为基础。因为,同一块土地上追加投资的劳动生产率,与劣等地的劳动生产率相比较,要以不同等级的不同地块的存在为前提。

最后,从级差地租的实质看,构成级差地租Ⅰ和级差地租Ⅱ的实体,都是超额利润,都是以劣等地的个别生产价格所决定的社会生产价格为基础确定的,并且都是剩余价值的转化形式。

二、绝对地租

由于土地所有权的存在,不管租用优等地、中等地还是劣等地,都必须缴纳地租,否则土地所有权在经济上将无法实现。这种只要使用所有者土地就必须支付的地租,称为绝对地租。

定义　绝对地租

只要使用所有者的土地就必须支付的地租。它或者来自农产品价值超过生产价格的部分,或者来自对平均利润和工资的扣除,或者来自农产品价格超过其价值和生产价格的余额。

绝对地租产生的原因在于土地所有权的垄断。在农业经济中,绝对地租的实体是农产品价值超过生产价格部分的超额利润,就其来源有两种不同的情况:

一种情况是,在农业中的资本有机构成低于社会平均资本有机构成的条件下,绝对地租来源于土地产品价值高于其生产价格的差额。

由于农业资本有机构成低于工业,在这种情况下,等量资本在农业中可以吸收更多的劳动力,在剩余价值率相等的条件下,能够创造出更多的剩余价值,因而农产品的价值高于其生产价格。如果农产品高于其生产价格出售,租地经营者不仅可以获得平均利润,而且可以取得价值高于生产价格的差额,作为绝对地租的来源,就有条件缴纳地租。可见,绝对地租的实质是农业工人所创造的剩余价值的一部分。

但是,农业资本有机构成低于社会平均资本有机构成只是产生绝对地租的条件,而不是产生绝对地租的原因。因为,在农业中由于土地的有限并被土地所有者垄断,这就限制了资本向农业的自由转移,从而导致农业部门生产的剩余价值不参与平均利润率的形成,使农产品能够按照高于其生产价格的价值出售。这样,由于农业资本有机构成低而多获得的剩余价值所形成的超额利润,就留在农业部门,构成绝对地租的实体。所以,绝对地租产生的原因是土地所有权的垄断。

另一种情况是,在农业资本有机构成接近或超过社会平均资本有机构成的条件下,农业资本就不能推动更多的劳动,农产品的价值也就不会高于它的生产价格。由于存在土地所有权的垄断,租地经营者必须缴纳绝对地租才能获得土地使用权。在这种情况下,绝对地租只能来自平均利润、工资的部分扣除,或者来自市场价格超过其价值和生产价格的余额,即产品的垄断价格。

讨论　农业剩余价值的分割

劣等土地上的农业劳动所创造的剩余价值分为两个部分,即被农业资本家占有的平均利润和被土地所有者占有的绝对地租。一般土地上的农业劳动所创造的剩余价值除了包括平均利润和绝对地租之外,还要包括一个级差地租。后者又由级差地租Ⅰ和级差地租Ⅱ共同构成。因此,一般土地上的农业劳动所创造的剩余价值可以分为:

$$M = \bar{p} + R_a + R_d$$
$$= \bar{p} + R_a + R_{d1} + R_{d2}$$

这里,R_d、R_{d1}和R_{d2}分别表示级差地租、级差地租Ⅰ和级差地租Ⅱ。

由上式可以看到,农业中的剩余价值最终被一分为四:平均利润$\bar{p}$为农业资本家占有;绝对地租R_a为土地所有者占有;级差地租则在土地所有者和农业资本家之间进行分配:其中的级差地租Ⅰ(即R_{d1})归土地所有者,级差地租Ⅱ(即R_{d2})在一段时间内归农业资本家,然后,随着租地契约的重新制定,逐渐地转变为级差地租Ⅰ,从而转到土地所有者的手中。

第三节　垄断地租与其他类型地租

一、垄断地租和垄断价格

垄断地租是地租的一种特殊形式,是由垄断价格带来的超额利润所形成的地租。

由于某些地块具有特别优越的自然条件,能够生产出某种特别名贵而又稀少的产品,而且这种土地的数量极为有限。因此,这种土地的经营者不仅可以按照高于生产价格,而且可以按高于产品价值的垄断价格销售他的产品。这在城市中的那些特别繁华的地段,特别有利的深水码头以及著名的旅游景点也存在类似的现象。可见,这种垄断价格与一般的市场价格不同,既不以生产价格为基础,也不以价值为基础,而是由购买者的欲望和支付能力所决定。这种垄断价格所构成的垄断超额利润,即为垄断地租的实体。由于土地所有权的存在,决定了这种垄断超额利润最终会转化为垄断地租被土地所有者占有。

定义　垄断地租
由垄断价格带来的超额利润所形成的地租。

二、建筑地段地租

建筑地段的地租是指住宅或工商等部门经营者为建住宅、工厂、商店、银行、仓库或其他建筑物租用土地,而向土地所有者支付的地租。

建筑地段的地租也可分为级差地租和绝对地租两种基本形式,同时,还存在垄断地租。这种地租与农业地租相比较,具有明显的特点:

(1)决定级差地租量是土地的区位,即土地距离市场的远近。究其原因,就在于城市土地地理位置好坏,直接关系到它所能带来的集聚效益的大小。

(2)不同行业形成不同地租的来源渠道。由于不同行业对土地利用不同,经营的内容和范围不同,从而形成不同的地租。如加工工业的地租是在工业产品的剩余产品价值中的扣除,由该行业工人新创造的剩余价值的一部分转化而来的。商业地租是从商业利润中扣除,因为商业不生产产品,只是在流通中实现商品形态的变化,因此,商业企业从事经营活动所使用土地支付的地租,最终来源于产业部门所创造的剩余价值的一部分。服务业地租如属于物质生产部门的从剩余产品价值中分割,属于非物质生产部门的则从其利润中扣除。住宅的地租则主要由消费者从个人收入中支付,实质上是工资收入的一部分。

(3)地租与房租相结合并包含在房租中。不论是买卖房屋还是租赁房屋,房价和房租都包含地价和地租;而城市建筑地段的地价,又总是摊在出售房屋的单位面积价格中。在市场交易中,房产和地产的价值总是结合在一起计算的。因而,地价与房价、地租与房租具有不可分割的特点。

(4)垄断地租占有显著优势。随着城市化和现代化的发展,城市人口将不断增长,要求工商业、金融业及其服务业等的发展,这将导致对城市建筑土地的需求日益增加,城市土地尤其是地理位置优越、交通方便、公共设施齐全的建筑地段地租不断提高。在这些地段上的建筑物就取得垄断价格的形态,表现为高房价或高房租。这种高房价和高房租中就包含高额垄断地租。

三、矿山地租

矿山地租是租用矿山从事采掘业的经营者向矿山所有者交付的地租。矿山地租同其他类型的地租有着共同的规律性,并遵循地租的一般规律,其包括级差地租、绝对地租和垄断地租三种地租形态。

1. 矿山级差地租

由于各个矿山的物质蕴藏量、矿层深度、矿石品位以及距离市场的远近不同,导致各矿山企业优劣有别的劳动对象,形成不同的空间成本或区位成本。因而在优劣有别的矿山资源上等量投资或追加投资,会产生极不相同的生产率,从而使各矿山所生产的同类产品具有不同的个别生产价格。所以,在优良矿山开采的经营者,就可以获得矿产品的个别生产价格低于社会生产价格的差额,即超额利润。由于存在矿山所有者的垄断,这种超额利润以级差地租的形式,转归矿山所有者占有。

2. 矿山绝对地租

由于采掘矿藏一般不需要购买原料,资本的有机构成通常低于社会平均资本有机构成,因而,矿产品的价值就高于它的生产价格。同时,在矿山所有权垄断下,阻碍了资本自由转入和利润的平均化,使得矿产品可以按照其价值出售。这部分超额利润只能留在采矿部门,转化为绝对地租。

3. 矿山垄断地租

对那些蕴藏珍贵稀有矿物的矿山经营垄断,开采的这些矿藏品,可以垄断价格出售获取垄断的超额利润。这些垄断超额利润,就构成了向矿山所有者提供的垄断地租。

第四节　土地价格与地租的变化和作用

一、土地价格的决定及其趋势

在现代市场经济条件下,土地可以作为商品进行买卖。但土地和自然力一样,不是劳动的产物,不是商品,没有价值,从而也没有反映价值的价格。由于土地所有权的存在,土地所有者能够凭借土地所有权定期地获得地租收入,土地也就成了买卖的对象,就有了价格。土地所有者出卖或出租土地,实际上是将获取地租收入的权利出卖或出租。所以,土地价格并不是土地自身的价格,而是土地在使用中所能提供的长期地租价格,是资本化的地租。

定义　土地价格

买卖土地的价格。实际上是土地所提供的地租的购买价格,是资本化的地租。

土地价格是资本化的地租,即土地价格可以看作按利息率计算的地租价格。一个投资者将一笔资金购买土地所带来的地租,应相当于将这笔资金存入银行所得到的利息。因此,土地价格＝地租/利息率。正是从这个关系上说,土地价格是按利息率计算的地租价格,是地租的资本化。

土地价格是地租资本化的年限。由于地租是土地所有权和经营权分离的结果,对土地所有者而言,地租体现了所有权;而对土地经营者,支付地租是为了获得土地的经营权,所以这种土地价格并不是产权的转让,只是较长期的出租,就如长期的贷款一样。可见,土地价格是一定年限的年地租的乘积,是这个地租资本化的年限。

我国社会主义初级阶段的土地价格,表现为一种土地的使用权价格,实质是一种长期出租的地租价格,是一种土地经营权的价格。

理论上土地价格取决于地租和利息率两个因素,地价与地租成正比,与利息率成反比。但土地的市场价格则还要受到地产市场供求规律的调节,并且还会受到土地的资源价格即租金等的影响。

地租有时是指纯粹为使用未开发土地(生地)而支付的租费,包括绝对地租、级差地租和垄断地租。但通常所讲的地租是与已开发土地（熟地）联系在一起的，即是租金。租金是在地租的基础上，加入开发土地投资的补偿费用，包括投入土地的固定资产折旧费和利息。例如，投在基础设施、仓库、房屋、码头、水利工程等建筑物的资金折旧费和利息。如果在租约期内，承租人可以将它们并入地租，通过地产二级市场把土地转租给第三者。如果租约期满，承租者应将这些固定资产包括房屋，连同土地完整地无偿交给土地所有者，土地所有者将有关费用并入级差地租Ⅱ，形成新的地价，再出让其土地使用权。

由此可见，土地价格的内涵包括两部分：一是真正的地租；二是土地资本的折旧和利息等形成的租金。土地价格就是上述两部分之和的资本化。

土地价格与一般商品的价格决定不同，不是以价值为基础、由社会必要劳动量所决定，而主要由地租或其他收益决定。具体主要是由以下因素决定：

(1) 绝对地租、级差地租、垄断地租的量。

(2) 土地的价值补偿和利息，即指投在土地上所耗费的劳动，包括现在投入的劳动耗费和过去投入劳动耗费的总和。

(3) 土地上固定资产的折旧和利息。

(4) 土地使用权出让的期限。

(5) 银行利息率水平。作为计算土地价格所依据的利息率，应该低于其他较长期投资的利息率。

(6) 对土地的需求状况。

(7) 国家的经济政策及其土地的利用规划。

(8) 土地投资者的理性预期。

阅读材料　瀑布的价格

很明显，瀑布的价格，也就是土地所有者把瀑布卖给第三者或卖给工厂主本人时所得的价格，虽然会加到工厂主的个别成本价格上，但不会直接加到商品的生产价格上，因为在这里，地租产生于用蒸汽机生产的同种商品的生产价格，这种价格与瀑布没有关系。其次，瀑布的这个价格完全是不合理的，在它背后隐藏着一种现实的经济关系。瀑布与土地一样，与一切自然力一样，没有价值，因为它本身没有任何物化劳动，因而也没有价格，价格通常不外是用货币来表现的价值。在没有价值的地方，也就没有什么东西可以用货币来表现。这种价格不外是资本化的地租。土地所有权使地主有可能把个别利润和平均利润之间的差额占为己有。这样获得的逐年更新的利润能够资本化，并表现为自然力本身的价格。如果瀑布提供的超额利润是每年10镑，平均利息为5%，那么这10镑每年就代表200镑资本的利息；瀑布使它的所有者每年能够从工厂主那里占有的10镑的这种资本化，也就表现为瀑布本身的资本价值。瀑布本身没有价值，而它的价格是200镑，是10镑超额利润和二十年的乘积，尽管在其他条件不变的情况下，同一个瀑布使它的所有者能够在一个不定的时期内，比如说三十年内、一百年内或 x 年内每年获得10镑。而另一方面，如果有一种新的不用水力的生产方法，使那些用蒸汽机生产的商品的成本价格由100镑减低到90镑，那么，超额利润从而地租从而瀑布的价格就会消失。

资料来源：马克思：《资本论》第3卷，人民出版社1975年版，第729～730页。

二、现代农业与土地关系的演进

在现代,由于生物技术和信息技术的突破性进展,以及在农业领域的成功应用,使农业生产从主要依赖土地和劳动获得较多的产出,转向以人才、技术、信息和管理及其他生产要素为主推动农业的增长,致使一些发达国家的农业发生了重大变化,具有新的特点:

1. 农业生产的工业化和现代化

机械化和在电气化基础上的半自动化、自动化,已基本普及农业生产和服务的各个环节,生物技术、信息技术和管理技术等现代科技成果,已经在农业生产和服务领域大量应用,成为提高农业劳动生产率的最重要的因素。

2. 农业生产的专业化和社会化

农业生产的专业化程度越来越高,出现了地区农业生产的专业性分工、农场经营的专业性分工和农业生产服务的专业性分工。农业产业已经细化为有机农业、基因农业、精细农业、园艺农业、工厂农业和订单农业。农业生产的专业化的发展,促进了农业生产的社会化,农业的纵向联系和横向联系日益加强,农业的产前、产中、产后和生产服务部门得到了迅速的发展。

3. 农业生产的企业化

在农业生产现代化、专业化和社会化的条件下,产生了以农业为主体的农工商一体化的综合经营性公司,使农业生产采取了市场化经营和企业化经营,从而构成农产品生产、加工、运输和销售的跨行业的完整农业社会化体系。

三、地租的双重作用

在现代市场经济条件下,地租作为一种经济杠杆,与价值、价格、利润和税收,共同成为调节经济的重要手段。

地租的存在,使得租地经营者必须尽量节约和合理使用土地,以减少地租的支付,来提高租期内归租地经营者的超额利润。这在客观上,一方面能够制约土地资源的浪费,促使租地经营者提高经营管理水平,采用先进技术,提高土地利用的经济效益;另一方面,社会的生产价格才能有效地调节资本在不同级差的土地,以及各部门和产业间合理流动,这将有利于资本在不同等级土地上的合理分布,实现可持续利用。

地租使土地所有者的经济利益得到实现,在不同所有制之间,地租关系的确立为土地所有者增加了一笔财富的来源。在同一所有制内部,缴纳地租可以公平土地占用者因占用土地的不等而导致的利益不均,使企业和个人具有均等的土地使用条件,这将有利于平等竞争。政府可以利用地租作为对经济进行宏观调控的重要手段,来调节土地所有者与土地使用者之间的经济利益关系,调节资本的投资方向,促使土地利用的社会效益、经济效益和生态效益的统一。

地租和地价的存在及其不断上涨,会使农产品价格相应提高,从而使工业品的成本和劳动力的价值增加,并且会使租地经营者使用土地的成本增加,消费者购买农产品和支付房租的负担增加。同时,土地所有者借助于土地所有权,从土地经营者那里分割一部分剩余价值,致使租地经营者减慢了资本积累的速度,降低对改良、建设土地的兴趣,而又使经营者在租期内肆意掠夺地力,最终将破坏土地自然生产力和生态环境。

由于地租的存在，土地可以买卖，就不可避免地产生土地投机。尤其是城市地租包含在房租中，高额地租往往为高额房租所掩盖。因此，在经营房地产时，往往会出现城市土地投机，使土地及土地上的资源得不到充分、合理地开发和利用。

讨论　地租的双重作用

积极作用：能优化土地资源配置，提高土地利用率和自然生产力，调节经济和社会的发展。

消极作用：使得农产品等生产资料价格提高，并能产生土地投机等。

思考题

1. 有人说，《白毛女》中杨白劳与黄世仁的关系是债务人与债权人的关系。请用政治经济学的观点分析之。
2. 试述级差地租、绝对地租形成的条件和原因。
3. 举例说明级差地租Ⅱ的特点。
4. 什么是绝对地租？城市经济中绝对地租有什么特点？
5. 垄断地租、矿山地租、建筑地段地租有什么特点？
6. 为什么土地价格有上升的趋势？试述土地价格的实质、量的决定及其发展趋势。
7. 中国农村的土地家庭联产承包制有何利弊？邓小平为何多次强调中国社会主义农业的改革与发展要有"两个飞跃"？

第十二章

国民收入分配与消费

学习目的与要求

通过本章的学习,掌握不同社会制度下国民收入的来源、指标体系和核算方法,国民收入的初次分配和再分配,居民收入的构成与储蓄的作用;了解按资分配的本质,按劳分配与按生产要素分配相结合的分配机制,正确理解经济公平与效率的关系;认清不同社会制度下消费功能、结构与水平;从社会经济的角度把握阶级和阶层及其发展趋势。

第一节 国民收入

一、国民收入及其相关概念

马克思主义经济学对国民收入的界定源于马克思对社会总产值的阐释,即社会的所有物质产品生产部门的劳动者在一定时期内生产的物质产品的总和为社会总产品。社会总产品从价值上分为三个部分:$C+V+M$。国民收入是指社会总产品中扣除用来补偿已经消耗的生产资料之后的余额而形成的收入。其实物形态表现为超过补偿需要的那一部分生产资料和全部消费资料,而价值形态则表现为劳动者为自己劳动创造的必要产品价值(V)和为社会的劳动创造的剩余产品价值(M)。用公式表示为:

$$国民收入=(C+V+M)-C$$
$$=V+M$$

需要说明的是,国民收入这一概念在马克思主义经济学和西方经济学中有着不同的定义。在西方的国民收入核算体系中,国民收入是指一国在一定时期内生产的全部最终产品的价值总量,包括国民生产总值、国民生产净值和狭义的国民收入。

二、决定国民收入量的因素

如前所述,国民收入特别是人均国民收入水平是衡量一个国家一定时期生产力发展水平的重要尺度。国民收入量反映了一个国家社会生产投入和产出的宏观效益,同时也决定着一个国家扩大再生产规模和人民生活水平提高的程度。因此,国民收入的规模及增长速度是一国国民经济发展速度的决定因素和重要指标。

从劳动的过程来看,国民收入是生产资料和劳动力共同作用的结果。从价值形成过程来看,国民收入只是生产劳动创造的价值,生产资料转移的价值并不能形成国民收入。但是,离开了生产资料的作用,生产劳动也无法创造新的价值。所以,从劳动过程和价值形成过程相统一的观点来看,生产资料和劳动力都是决定国民收入量的重要因素。生产资料和劳动力的投入量及作用的效率都是决定国民收入的重要因素。

三、国民收入的核算方法和核算体系

国民收入的核算,一般采取最终产品法、增加值法和收入法。

最终产品法就是通过核算在一定时期内整个社会购买的最终产品来计量国民收入。在现实生活中,产品和劳务的最后使用有四种可能:有些最终产品用于个人消费,我们称为总消费(C);还有一些被企业用于投资(I);有些最终产品为政府所购买,我们称为政府购买(G);最后有一些产品用于出口,即我们要计算的净出口($X-M$)。因此,用最终产品法核算国民收入,就是核算一个国家在一定时期内消费、投资、政府购买和出口的最终产品价值。于是有:

$$国民收入 = C+I+G-M+X$$
$$= C+I+G+(X-M)$$

增加值法是通过把经济各部门所生产的增加值加总,从而得到国民收入。因为大多数产品都是分阶段进行生产的,每个阶段增加的价值,就是最终产品增加的价值总和。

讨论 增加值法和最终产品法

设某国在某年共生产了小麦、面粉和面包三种产品。其中,小麦的价值为1个单位、面粉的价值为2个单位、面包的价值为3个单位。在这一年中,小麦被用于生产面粉并在生产面粉的过程中被消耗掉,面粉被用于生产面包并在生产面包的过程中被消耗掉,最后,面包被用于个人消费。试分别用增加值法和最终产品法计算该国在该年中生产的国民收入。

增加值法:根据增加值法,我们需要计算和加总在每种产品的生产过程中新增加的价值。现在,该国在小麦的生产上新增加的价值为1个单位;在面粉的生产上新增加的价值也是1个单位——面粉的总价值为2个单位,但其中有1个单位是从小麦中转移过来的,应当剔除掉;在面包的生产上新增加的价值还是1个单位——面包的总价值为3个单位,但其中有2个单位是从面粉中转移过来的,应当剔除掉。这样,按照增加值法,该国的国民收入应为:1+1+1=3。

最终产品法:根据最终产品法,我们需要计算和加总全部最终产品的价值总量。现在,该国生产的小麦和面粉都是"中间产品"——它们均在生产其他产品的过程中被消耗掉,只有面包是"最终产品"。由于面包的价值为3,故该国的国民收入等于3。

结论:从以上讨论可以看到,无论是按照增加值法还是按照最终产品法,计算国民收入所得到的结果都是一样的。

收入法是用要素收入即企业生产成本核算国民收入。最终产品的价值除了生产要素收

入构成的成本外,还有间接税、折旧、未分配利润等内容,因此用收入法核算的国民收入包括以下内容:

(1)工资、利息和租金等生产要素的报酬。

(2)非公司企业主的收入,如医生、律师、农民等的收入。他们使用自己的资金,自我雇用,他们的收入也是国民生产总值的一部分。

(3)企业的税前利润,包括企业应交的所得税、应分配的红利及未分配利润等。

(4)企业的转移支付及间接税。

(5)固定资产折旧。后面两个虽然不是要素收入,但也计入了企业的总成本中,也应计入国民收入。

四、国民收入的分配

国民收入生产出来以后,在消费之前要经过一系列的分配过程。国民收入的分配包括初次分配和再分配。初次分配是指在创造国民收入的企业内部进行分配,即在与再生产直接相关的各个部门之间进行分配。再分配是指在初次分配之后在全社会范围内进行的再分配过程。经过初次分配所得的收入,马克思主义称为"原始收入",经过再分配而获得的收入称为"派生收入"。

国民收入在初次分配的基础上还要进行再分配。这是因为在任何一个国家中,除了物质生产部门外,还有非物质生产部门,如国家机关、军队和文化科学、教育卫生和金融、旅游等服务行业等。这些部门虽然不创造国民收入,但却是社会生产和生活必不可少的组成部分。这些部门的工作人员也要通过国民收入的分配获得一部分收入,这就是国民收入的再分配。

五、居民收入与储蓄

居民收入指的是一定时期内(通常是一年)居民从各种不同来源得到的收入总和,包括以货币计算的收入和以实物计量的收入。个人获得收入的具体途径由以下几个部分组成:

(1)劳动收入,包括工资、奖金、津贴等生产劳动和服务收入。

(2)个人资产收入,包括利息、利润、股票、红利、租金等。

(3)福利性收入,如生活补助金、社会保障等。

(4)经营收入,即因从事个体或私营经济活动获得的收入。

(5)其他收入,如保险公司的赔款、馈赠、遗产继承等收入。

个人的可支配收入即是从居民的收入总量中减去个人纳税(个人所得税、财产税)后的余额。从居民的可支配收入中再减去消费,就得到居民储蓄,包括手持现金和在商业银行以及其他金融信用机构的存款,还有在金融市场上购买的有价证券等。

一般来说,储蓄的动机有以下几种:一是保险动机。即指为了应付突然发生的意外事件而进行的储蓄。二是个人负担动机。即为供养子女和赡养老人,为支付婚丧嫁娶等大笔费用以及为维持退休后生活而进行的储蓄。三是提高生活水平的动机。包括为购买住宅和家电等耐用消费品而进行的储蓄。四是盈利动机。也就是为了获得一定的工资收入以外的额外收入。

居民储蓄受很多因素的影响,概括地说主要有三大类:一是经济因素,即一个国家的整体经济状况,包括国民收入水平、利率水平、价格水平还有社会总产品的供求状况等;二是心理因素,即影响人们储蓄行为的各种心理活动,包括消费者的偏好、对未来的预期等;三是社会因素,即除了经济因素和心理因素外的其他因素,包括居民的年龄、职业、家庭人口负担、储蓄机构的设置情况以及社会的安定状况等。

第二节　按劳分配与按资分配

一、市场型按劳分配

生产资料公有制为实行按劳分配提供了可能。按劳分配是指在生产资料公有制的条件下,社会对劳动者创造的社会总产品进行了各项必要的扣除之后,剩下的部分作为个人消费品按劳动者向社会提供的劳动数量和质量进行分配。生产资料公有制排除了任何人依靠生产资料所有权不劳而获地获得社会产品的可能,为实现劳动者之间的劳动平等、报酬平等奠定了基础。在公有制条件下,每个社会成员除了向社会提供劳动之外,不能提供其他任何东西。因此只有劳动才能成为衡量人们对社会贡献大小的尺度,也是计量劳动者个人在社会产品的个人消费部分所占份额的尺度。

定义　按劳分配

在生产资料公有制的条件下,社会在对总产品进行各项必要的扣除之后,把剩下的部分作为个人消费品按劳动者向社会提供的劳动数量和质量进行分配。

社会主义的生产力状况为按劳分配提供了物质条件。按劳分配在生产力极低的原始社会则失去实现的可能。在社会产品极度匮乏的情况下,出于种族的延续、发展的需要,产品必须根据分工、性别、年龄等因素进行分配。同样,在社会产品极大丰富的情况下,按劳分配也失去了存在的必要性。在社会主义条件下,生产力的发展创造了较丰富的物质财富,但还不具备按需分配的物质条件,只能实行按劳分配的制度。

社会分工的存在以及劳动作为人类的谋生手段,也是实行按劳分配的重要原因。由于社会分工的存在,人们的劳动只能长期甚至终生固定在某种职业上,没有获得全面的发展,从而在劳动中还存在着脑力劳动与体力劳动、熟练劳动与非熟练劳动、简单劳动与复杂劳动的差别。这些不同的劳动者在相同时间内向社会提供的劳动数量和质量又有很大差别。这种劳动上的差别,要求在个人收入分配时得到体现。同时,如果劳动还没有成为生活的第一需要,而只是一种谋生手段的话,就必然要求给予劳动者劳动报酬,报酬量要同其所提供的劳动数量、质量相联系,多劳多得,少劳少得。

按劳分配在不同的生产力水平下的实现方式是不同的。如果生产力高度发达,全部生产资料都归全社会所有,不存在商品货币关系,人们的劳动是直接劳动。按劳分配的方式则有如下特点:社会对劳动者实行统一的、直接的个人消费品分配,等量劳动领取等量报酬的原则具有社会统一性;社会依据社会平均劳动,确定劳动者在社会总产品中所得份额;按劳分配是实物形式,不存在货币形态;按劳分配是社会唯一的消费品分配方式。

如果社会还处在商品经济时期,不存在单一的社会所有制形态,除公有制外,还存在其他的所有制形式;社会还不是一个统一的生产单位,企业还是独立的生产者等经济条件下,按劳分配则只能采取市场型的按劳分配方式。其特点在于：第一，按劳分配不是全社会统一的、唯一的分配原则，其作用还被局限于公有制经济内部。在社会中还广泛存在其他分配原则。第二，按劳分配的主体不是社会，而是企业。企业作为独立的商品生产者和经营者，自负盈亏的经济实体，拥有独立的分配权。企业根据自身的情况，对本企业的职工进行劳动考核。第三，企业作为消费品分配的主体，把本企业劳动者联合劳动的产品通过交换所实现的社会必要劳动量（价值量），在企业内部劳动者之间实行按劳分配。由于劳动者提供的个人劳动并非直接就是社会劳动的一部分，还要经过商品交换才能转化成社会劳动。如果商品卖不掉，就不能转化为社会劳动。同时，企业的个别劳动时间与社会必要劳动时间是有差别的。这样，劳动者的收入就不能只依照其在个别企业中的劳动量，而是要根据该企业在市场中所实现的劳动量来计算。在不同企业，从事同样的劳动，付出同等数量的劳动，也会由于企业之间的效益差别取得不同的劳动报酬。这就是市场型的按劳分配。第四，市场型的按劳分配要借助货币来进行，而不能直接用劳动时间、用社会凭证或劳动券来实现。企业发给劳动者的是货币，劳动者需要的生活资料要用货币到市场上去购买，劳动者用货币购买生活资料的过程，还要受市场供给和价格的影响。

二、按资分配与按生产要素分配

按资分配是市场经济条件下一种重要的分配方式。按资分配，即依据所有权和投入经济活动资本数量，按一定比例参与社会产品的分配。按资分配有以下几种形式：一种是资本所有者把货币存入银行，购买债券或购买少量股票等，从而取得存款利息、债券利息或股息、红利收入。这种收入表现资本所有者要求在占用资本的经营者那里，按其提供的资本量的作用参与收入的分配，得到经济利益的补偿。这种补偿体现出商品经济等价交换的原则。资本的所有者并没有参与生产经营活动，他所取得的收入一般只是以银行利息率为中心上下波动的利息性收入。另一种按资分配，是职能资本所有者依法获得一定收入的分配方式。在资本主义制度下，表现为资本所有者无偿占有雇佣工人创造的全部剩余价值。在经过利润率平均化以后，由不同行业的剥削阶级分割剩余价值，按资分配的结果表现为利润、利息和地租。这种分配方式体现了资本主义的剥削本质。在我国现阶段，还存在私营经济和外资经济。私营经济中企业主凭借资本所有权从雇佣工人身上获得的剩余价值，客观上具有剥削性。

按生产要素分配是按生产要素产权分配的简称（以下使用简称），具体是指社会根据各种生产要素在商品和劳务生产服务过程中的投入比例和贡献大小及产权关系给予的报酬，即劳动力、土地、资本、技术、信息、管理等要素凭借产权共同参与收益分配。在社会主义市场经济条件下，按生产要素分配有其客观依据：其一，生产要素参与分配是与我国当前的多种所有制的形式相适应的。我国随着社会主义市场经济体制改革的深入，非公有经济逐渐增加，非公有经济的所有制性质决定了只能实行按生产要素分配。其二，生产要素参与分配是由生产要素所有权引起的。只要生产要素掌握在不同的所有者手中，不管是资本主义还是社会主义，都要承认要素所有者参与分配的合理性。否则，这些生产要素就会闲置。其三，生产要素参与分配是与市场经济相适应的分配方式。只要以市场作为配置资源的手段，要素就会以利润最大化为导向进行自由流动，在市场导向下要素才能实现最优配置，同时要素所有者也获得了参与社会净产品分配的资格。其四，生产要素是社会产品生产中不可缺少的因素。社会生产要素在没有完全公有化的条件下,有必要以要素的贡献分配利益,以激励要素所有者积极投入生产要素,发挥生产要素在生产中的作用。

在社会主义市场经济条件下,尤其是社会主义初级阶段,社会生产力水平不高,社会发展水平不高,还不具备单一的按劳分配条件,为了调动各类生产要素所有者的积极性,有效配置社会资源,必须在按劳分配为主体的同时,积极发展多种分配方式,按劳分配与按生产要素分配相结合。在处理按劳分配和按要素分配的关系上,要坚持按劳分配在整个国民收入分配中占主体,按劳分配的范围和数量都占主体,由此保证社会主义分配制度的性质,保证社会主义的方向。在非公有制经济中积极实行按生产要素分配的方式,拓宽要素分配的范围和种类。即使在公有制经济中,也应适当采用按要素分配的方式,如职工持股分红、经营者风险收入、技术和信息收入等,以调动生产者和经营者的积极性。

三、经济公平与经济效率的关系

经济学意义上的公平,是指有关经济活动的制度、权利、机会和结果等方面的平等和合理。它不等于单纯的收入均等。经济学意义上的效率,是指经济资源的最优配置。

公平与效率是人类经济生活中的一对基本矛盾,是经济学论争的主题。其缘由在于,社会经济资源的配置效率是人类经济活动追求的目标,而经济主体在社会生产中的起点、机会、过程和结果的公平,也是人类经济活动追求的目标,这两大目标之间的内在关联和制度安排,就成为各派经济学解答不尽的两难选择。

从内在机理的角度看,公平与效率的互相依存和促进表现在以下四方面:第一,机会、规则平等可告诫人们,依靠偏离规则、钻空子、玩弄权术等无利可图,辛勤劳动、善于经营、积极投入是取得财富的基本途径,其结果是促进竞争、提高效率。第二,收入分配公正,人们获得劳动成果的差距体现要素投入的差距,加上税收的必要调节,财富的占有就不可能过于悬殊。这样,社会成员由分配不公所引发的心理失衡基本消失,一种协调、"人和"的社会氛围将成为经济持续发展的社会环境。第三,收入分配和财富占有的社会公正,意味着各类财产能得以有效保护,尤其是公共财产不至于被权力侵吞,因而有利于该类财产正常投入营运。第四,收入分配的社会公正包含着维持社会成员基本生存需要的规定,这是文明社会的基本标志。一个国家、一个民族,乃至一个地区,若一部分人十分富裕,而另一部分人极度贫困、不得温饱,社会稳定、社会秩序势必受到挑战。一旦失去稳定的社会环境,人们追求经济发展的目标、蓝图均成为泡影。因此,强调共富共享为主要内容的社会公平意味着社会稳定、社会秩序,追求公平意味着创造一个经济发展的基本条件。

从具体的实践过程看,公平与效率的矛盾处处可见。站在微观的角度,可以通过牺牲公平而获得效率(即使是一时的效率)。例如,大量裁员会将一部分人推向社会,失去基本生活条件,对企业而言无疑有利于效率的提高。压低工资也许是对职工获得劳动报酬权力的侵犯,但投资者积累的资本若用于企业发展同样会带来企业效益。假定政府着眼于维护公平出面干预,对企业做出严格的规定,在企业看来就意味着牺牲效率。若企业出于趋利本能,千方百计地逃避政府的限制,一旦成功,表明在企业间失去了平等竞争的条件。

第三节 居民消费

一、居民消费及其性质

消费可划分为生产消费和生活消费。前者是指生产经营者消耗生产要素,生产出一定产品的活动;后者是指劳动者或居民个人消耗物质产品或接受服务,以满足生理和精神需要的活动。这里分析的消费特指居民个人的生活消费。劳动者和各生产要素所有者获得的收入终将用于个人消费。

在资本主义制度下,工人的生活消费性质与资本雇佣劳动相联系,工人及其家庭的消费实际是为剩余价值的生产而再生产劳动力。资本主义的再生产,一方面再生产出物质财富;另一方面再生产出资本主义的生产关系。这个资本主义生产关系就是指拥有越来越大规模资本的资本家和越来越庞大的雇佣工人队伍。在资本家看来,要获取更多剩余价值,就需要有源源不断的雇佣工人。因而工人个人的消费实际是为剩余价值的生产恢复劳动力,同时工人家庭成员的生活消费也是为剩余价值的生产而再生产出新的劳动力。

在我国,如果居民个人消费与社会主义公有制相联系,则体现了社会主义的性质。其一,社会主义消费与社会主义生产目的是相联系的。在社会主义条件下,劳动者成为生产资料的主人,劳动成果归劳动者所有,这就决定了社会主义最终生产目的是满足全体劳动者不断增长的物质文化生活需要,从而消除了生产和消费之间的对抗关系,使生产目的与消费实现了真正的统一。其二,社会主义消费以实现共同富裕和共享为目标。社会主义公有制的建立,消灭了少数人凭借生产资料所有权占有劳动者剩余劳动的剥削制度,为实现共同富裕提供了可能。公有制使劳动者人人平等,每个社会成员的消费与劳动成果相对应,防止了两极分化。当前,我们实行一部分人和一部分地区先富起来的政策,但要注意采用国家调控措施,避免贫富悬殊,逐步实现共同富裕和共享。其三,社会主义消费是在生产不断增长的基础上不断增长的消费。社会主义发展生产力是为了提高人民生活水平,因此,居民的消费水平是随着生产的不断发展而提高的。当然,居民消费水平的提高应不影响积累的增加,原则上不能超过国民收入和劳动生产率的增长速度。

二、消费水平

所谓消费水平,从宏观角度考察是指社会全体消费者的物质文化需要得到满足的程度,或者说是社会提供给众多消费者用于生活消费的产品和服务的数量和质量。从微观上考察,就是消费者及其家庭生活需要的满足程度,或者讲是消费者及其家庭得到或可支配的消费品和服务的数量和质量以及金融资产的状况。我们对消费水平的考察着重于宏观方面,即社会平均达到的物质和精神文明需要的满足程度。

对消费水平的考察,既要从现象上考察消费者主体对消费品客体的关系——主体拥有和支配的消费品及服务的数量和质量,又要注重更深层次的探求,即除了考察物质生活的内容与满足程度外,还要考察精神生活的内容与满足程度;并从消费内容与消费效益统一的角度考察消费者物质和精神消费的最终结果——自身身体素质状况和全面发展的情况。

衡量或评价消费水平的指标,可以划分为基本评价指标和其他评价指标。消费水平的基本评价指标分为三类：人均价值消费量、人均实物消费量和人均服务消费量。其数量的多寡通常反映着一国消费水平的基本状况。

1. 人均价值消费量

在这一指标下通常有两项具体指标，即"人均国民生产总值"和"人均消费额"。它们分别是国民生产总值和总消费与同期的人均总量的对比。其计算公式是：

$$人均国民生产总值 = \frac{国民生产总值}{人口总量}$$

$$人均消费额 = \frac{总消费或消费总额}{人口总量}$$

价值消费量指标具有三个特点：一是综合性。可比较不同消费品构成所形成的"消费水平一般"。在价格水平一定的情况下，人均价值消费量的增加通常表明消费水平的提高。二是受价格变动因素的影响。因而在进行价值消费量动态比较分析时，对此应注意加以剔除。三是通过与不同国家的外汇比价的换算，人均价值消费量指标可与国外直接进行比较以判断消费水平的差异。

2. 人均实物消费量

人们的消费需要往往是靠物质产品来满足的，因而消费水平可用人均拥有和消费的物质产品量来表现。例如，人均年粮食、肉禽蛋奶、水产品消费量、人均纺织品消费量、耐用消费品拥有量等。在一般情况下，人均实物消费量的增加，表明社会可提供给人们消费的物品的丰富，即人均消费水平的提高。

3. 人均服务消费量

服务就是为他人提供的具有某种使用价值的劳动。人均服务消费量是实物消费量指标以外反映社会消费水平的又一重要基本指标。在一般情况下，服务消费量与实物消费量按同一方向但不一定按同一比例增长。从实际经济生活看，消费服务的范围越来越广，项目、内容越来越多（如休闲产业、文化娱乐产业等），并且与实物消费相比可能增长更快。此外，服务消费量的增减还与一个国家一定时期的道德标准和消费习俗有关。

影响消费水平的主要因素有很多，概括起来有以下几个方面：

一是社会的劳动生产率及其增长速度。在任何社会，其劳动生产率的高低总是决定着消费水平的状况。只有通过发展生产，在提高社会劳动生产率的基础上才能从根本上提高人们的消费水平。

二是国民生产总值的总规模及其在总消费、总投资、净出口之间的支出分配。国民生产总值是按市场价格计算的一国所有常住单位在报告期内原始收入初次分配的结果。显然，国民生产总值规模越大，在支出分配比例不变的条件下，总消费就会越大。例如，人口一定，则人均消费水平就会提高。

三是总消费内部的比例直接影响消费水平及其实现。总消费分为两个方面，即居民消费和社会消费。居民消费是关系消费者消费水平的直接因素，而社会消费是消费者进行消费活动不可缺少的条件。但社会消费并不能使任何一位消费者都能直接得到或进行此项消费（如道路、停车场、天然气工程等），因此它对消费者的消费水平是间接的影响因素。

四是消费品价格水平及其内部比价。消费品价格水平与消费水平呈逆向变动。表现为：在货币收入为一定时，消费品价格水平越高，实际消费水平就越低；反之，则越高。各类消费品价格对比关系,也影响人们的实际消费水平,特别是对收入水平不同的消费者会有不同的影响。

三、消费结构

消费结构是指各类消费支出在总消费支出中所占的比重。从不同的角度,对消费结构有不同的划分。根据考察范围的不同,消费结构可以分为微观消费结构和宏观消费结构。根据消费主体身份的不同,可以分别研究不同职业、民族、地区、不同阶级或阶层的消费结构。从消费档次上划分,一个社会的基本消费结构类型一般有低档消费结构、中档消费结构和高档消费结构。

消费结构不是固定不变的,它随着经济的发展变化而变化。消费结构反映人们消费行为的不同选择和偏好,是反映一定社会特定时期内人们消费状况的重要标志。消费结构的变动在总体上遵循着由生存需要到发展需要,再到享受需要这样的顺序。在生产力水平很低的时候,用于消费的物质资料很少,只能维持人类的简单生存。随着生产力水平的提高,物质产品丰富了,人们的需要不仅是要保证生存,还要提高生活水平质量。这样,消费支出中享受型的消费就增加了。物质生产进一步发展,居民的消费随之转向更高的层次。这是消费结构变动的一般规律。以上是从宏观的角度对消费结构的整体变化进行的分析。从微观的角度来看,对消费结构影响最为直接的经济因素是居民的收入水平:一定的收入水平决定一定的消费结构。居民的收入越少,消费中用于购买生活必需品的开支比重就越大,因为人们的消费首先要满足生存需要。德国经济学家恩格尔在1857年对萨克森地方各个阶层的收入和消费支出情况做了调查,并得出了被后人称为恩格尔定律的结论。其核心内容是:食物支出在家庭收入中所占的比例越大,表示这个家庭的收入越低;相反,则越富。

产业结构的变动对消费结构也有很大影响。生产决定消费,生产结构决定消费结构。生产资料与消费资料生产之间的比例、农轻重之间的比例、工农部门内部的比例都在很大程度上制约着消费结构。

价格变动对消费结构的影响也很大。作为国民收入再分配的手段,价格水平的高低直接关系到居民的实际收入和支付能力。特别是可以相互替代的商品之间相对价格的变动,会改变消费者的消费选择、实际收入和支付能力。当某一产品的价格上涨以后,人们往往减少对其他消费的数量,而增加其替代品的消费数量,从而改变消费结构。价格对低收入居民的消费结构影响最大,因为生活必需品在这类消费支出中的比重比较大,而价格上涨的主要是食品。另外,不同地域、文化传统也影响着居民的消费结构。

影响消费结构的除了经济因素还有一些非经济因素:人口总量及其构成,这是影响消费结构的基本参数之一。一定时期内社会的消费资料数量在既定的条件下,人口数量越大,人均消费资料越少。人均消费资料的数量的多少本身就是消费结构的内在因素。我国人口基数大是现时期消费结构层次偏低的主要缘故。其次,人口的职业结构、年龄结构、地区结构等都会不同程度地影响消费结构。当前,要特别强调绿色消费及其在消费结构中的地位。

四、消费方式

所谓消费方式,就是人们采取什么样的方法、途径和形式去消费消费资料,以满足各种物质和精神的需要。换句话讲,消费方式就是消费者个体或群体与消费资料的结合方式。

而这种结合方式的选择,是在一定的社会形态和消费关系下进行的。

决定和影响消费方式的因素很多,可分为三大类:第一类是自然地理因素。包括地理环境、气候及资源条件等。第二类是经济因素。包括生产水平及生产方式、分配方式、交换方式等。第三类是社会因素。包括民族传统的生活方式、风俗习惯、伦理道德、消费观念、科技及教育发达程度等。

思考题

1. 如何正确认识国民收入及其相关的主要指标?国民收入核算的三种方法及其不同意义是什么?

2. 有人说股票和股市是国民收入初次分配,有人说属于再分配。请问:它们有没有国民收入的初次分配和再分配问题?怎样理解社会主义经济中的国民收入的初次分配和再分配?

3. 社会生产与分配的关系如何?如何理解市场型按劳分配?如何理解社会主义初级阶段的分配制度?

4. 如何理解消费的双重性质?资本主义与社会主义条件下居民消费性质有何不同?

5. 西方国家不少工人有股票,收入和生活水平也逐渐有所提高,有人认为无产阶级因此而不存在了,或认为可以用"中产阶级"概念来取代"无产阶级和工人阶级"一词了。请你做一评论。在当前国际国内阶级和阶层关系出现许多新变化的情况下,如何理解马克思主义的阶级理论?

6. 法国皮凯蒂在近年出版的《21世纪资本论》畅销书中,用数百年的大数据揭露资本主义市场经济是财富和收入分配极不公平的"世袭资本主义"。请你联系当代资本主义历史和现状思考之。

第四编

国家经济过程

第四章

国家与革命

第十三章

国家调节微观经济

学习目的与要求

通过本章的学习,掌握国家调节微观经济的一般理论,了解资本主义国家和社会主义国家调节微观经济的实践过程,区分两种不同制度下国家调节微观经济的特殊性,并正确把握国有经济(国家调节微观经济的主要载体)的范围、功能和效率。

第一节 国家调节微观经济的必要性

一、公共供给的需要

在市场经济中,由于市场机制内在的缺陷和受外部性的影响,市场机制可能以高效率、低效率、无效率的方式配置资源。市场机制低效率或无效率地配置资源,被称为市场失灵。市场失灵需要非市场的力量来纠正,如果国家作为社会利益的代表,被视为是公平、公正的非市场主体,那么它会承担着修正市场失灵的任务,即干预或调节经济。

国家调节经济的形式分为两种:一种是国家调节宏观经济;另一种是国家调节微观经济。国家调节微观经济主要是从微观的角度,利用国有经济,辅之经济、法律、行政和舆论手段,通过提供公共供给、进行公共引导和负责公共管理等方式,对微观经济予以调节。

定义 公共产品和私人产品

私人产品:既具有排他性又具有竞争性的产品,如水果。所谓排他性,是指只有对产品支付价格的人才能够使用该产品;所谓竞争性,是指如果某人已经使用了某个产品,则其他人就不能再同时使用该产品。

公共产品:既不具有排他性也不具有竞争性的产品,如国防。

国家一般会提供以下这些公共产品、半公共产品和服务：
(1)建立和维持国防和治安安全系统。
(2)修建和维护公共交通系统。
(3)建设、管理和维护市政工程系统。
(4)建立和发展邮政、通信系统。
(5)建立从事基础研究、前沿学科和有战略意义发明的科研机构。
(6)发展教育事业。
(7)发展公共文化娱乐事业。

由国家提供公共产品并不意味着必须由国家来生产公共产品。一般而言，国家提供公共产品的方式可以多种多样，通常可分为三种：一种是国家通过直接建立国有企业或者让私人企业参股来生产、提供公共产品，进行基础设施和高科技的开发；一种是国家通过向私人企业大量订货，使其按国家要求生产，国家购买其所生产的产品和服务；一种是国家不直接经营公共部门或某些产业，而是通过立法、补贴或行政限制干预这些领域的经济活动。

二、公共引导的需要

在现实的市场经济运行过程中，市场并不一定创造出高效率，有时候会出现低效率，甚至是"负效率"，即我们前面提到的"市场失灵"。这里牵涉到很多因素，如有资源因素、技术因素等外生变量的影响，但更主要的是市场本身的问题，也就是市场本身不能或难以实现资源的有效配置，如市场的不完全性、不完善性、信息的不对称性直接影响了市场配置资源功能的作用。这些"市场失灵"的问题靠市场自身是无法克服的，通过国家的公共引导来弥补"市场失灵"，才能避免市场经济运行陷入无调节的状态。

首先，在市场经济条件下，市场具有不完全性。市场的不完全性是指由于垄断因素的存在，市场中的各种资源无法通过自由流动来有效地进行合理配置。

其次，在市场经济条件下，市场具有不完善性。市场的不完善性是指由于市场的价格信号呆滞，交易不规范、不公正，造成了资源的逆向流动和配置，以致引起了市场的无效与失败。

再次，在市场经济条件下，市场信息具有不对称性和不完全性。信息不对称或不完全是指市场没有提供完备的信息，也缺乏有效配置信息的机制，当一些人所拥有的信息比其他人多些时，或无法获得完备的信息时，市场就处于不对称信息状态或不完全信息状态。

国家主要是从以下几个方面进行公共引导来弥补市场失灵：

第一，产权引导，即通过国家的立法导向界定、保护产权或确定产权的结构。

第二，产业引导，即通过国家经济行为和经济政策的导向，形成在国民经济中举足轻重而产值又在国民生产总值中占较大比重的支柱产业。

第三，产品引导，即通过国家的导向行为影响企业怎样生产、为谁生产和生产多少。

第四，技术引导，即通过国家的政策性行为引导促进技术进步。

第五，信息引导，即国家凭借其拥有的行政权威和广泛的信息网络，为生产者和消费者提供信息生产、咨询等服务。

第六，消费引导，即国家通过影响人们对储蓄和消费关系的处理来达到调节消费者的行为趋势、消费结构和消费数量的目的。

第七,竞争引导,即国家使用法律和行政方式,反垄断、反不正当竞争,维持市场竞争机制、价格机制和利益机制,改进市场效率。

第八,对外贸易引导,即国家通过参与对外贸易或政策性行为,引导对外贸易中的进口与出口方向,以保持国内经济与国际经济的平衡。

三、公共管理的需要

国家管理微观经济范围很广,自然资源和环境管理、行业管理、市场管理、价格管理、经济合同管理、广告和商标管理等都属于国家微观管理的内容。

国家对自然资源的管理是指国家采取一定的措施,根据一国的自然资源的拥有量以及未来经济发展的需要,对自然资源进行开发利用,有效地治理和保护,以达到合理利用自然资源的目的;国家对国土资源的管理是指国家有关部门对国土进行全面规划和整治,包括对国土资源进行勘测、规划、开发、立法和监督等活动。自然资源和国土资源是人类赖以生存和发展的基础。国家依据法规,对自然资源和国土资源加强管理和保护,对于微观经济乃至宏观经济的发展都大有益处。

行业管理是以国家的产业政策为指导,通过国家职能作用的发挥,采取有效的组织形式和手段,理顺行业关系,激发企业活力,合理而有效地利用社会资源等一系列活动的总称。一般而言,国家是直接和间接参与行业管理,国家进行行业管理的内容主要涉及行业发展总体规划、行业发展重点顺序选择、行业结构调整、行业发展与结构化、行业布局等。国家进行行业管理的政策包括:反对行业垄断,促进市场竞争;对反垄断、促竞争不能覆盖的行业进行直接的管理,并适时适度放松;扶植中小企业,引导专业联合等。

市场管理是国家运用多种手段,对市场经济活动进行监督、控制、协调和疏导。因为市场本身的供需矛盾、竞争的不完全性、市场无秩序性等使国家管理市场成为一种客观必然。国家管理市场的基本任务是掌握市场发展方向,调节市场商品供求,稳定市场商品价格,培育和建立公正、高效的市场,维持市场秩序等。

价格管理是指国家按照客观经济规律的要求,通过制定国家的物价法律法规和正确的物价管理原则,建立科学的价格管理模式和管理方法,对商品价格和服务价格的形成过程进行计划、调节、控制和监督。价格管理是国家管理微观经济的重要内容,只有对价格进行科学的管理,才能充分地发挥价格机制的作用,促进社会效益和企业效益的同步增长,保护竞争,维护消费者和经营者的合法权益,保持物价的基本稳定和国家的安定。

经济合同、广告和商标都是市场经济发展的产物,对市场经济的发展既有巨大的促进作用,也有着单靠市场机制调整无法发挥最大效应的问题。国家管理经济合同是指国家各级工商行政管理部门和其他有关主管部门依据法律、行政法规规定的职责,对经济合同的订立、履行情况进行监督、检查的一种活动。广告管理是指国家通过制定法律、法规,设立管理机构,对广告活动的全过程进行监督、指导的活动。商标管理是国家商标局依法对商标的行政管理。国家对经济合同、广告和商标的管理有利于维护生产者、经营者和消费者的利益,有利于维护优胜劣汰公平竞争秩序,保证市场经济的发展。

劳动力市场管理是指国家按照劳动法律法规和政策,对劳动力市场的运行进行监督和控制,以调节劳动力市场中各方面的关系,维护劳动力市场的正常秩序和健康运行。劳动力市场是市场经济中资源培植的重要内容。国家管理劳动力市场的主要职责是依据法律法规规定劳动力市场各方的权利和义务,管理劳动力就业、劳动合同和工资、劳动安全卫生、劳动社会保险和福利,进行劳动职业培训等。

第二节　国家调节微观经济的实践

一、资本主义国家调节微观经济的特点

资本主义国家调节微观经济的基本特征表现在下述几个方面:

第一,资本主义国家是以经济活动秩序的制定者和维护者的身份来调节微观经济。市场经济是竞争经济、法制经济,竞争必须有秩序和规则。资本主义国家是通过设定监督机构,维护正常的经济秩序,规范市场主体的行为,以弥补市场自组织系统的缺陷。

第二,资本主义国家是以执行经济活动规则的仲裁者来规范和管理市场交易和市场运行过程。市场经济在运行过程中,市场主体都应遵循既定的规则,如果有违规行为,国家有权给予违规者以惩罚。国家的裁判地位,要求它自身必须公正、严格,具有权威,必须遵守市场规则,置于市场竞争之中,而不能凭借自身的特殊地位任意行事。

第三,资本主义国家是以经济运行过程的调节者的角色对微观经济运行过程进行调节和引导。从调节方式上看,分为直接调节和间接调节,调节和引导的范围则极其广泛。

第四,资本主义国家是以微观经济活动的直接参与者控制微观经济。政府通过生产和提供社会公共产品,成为市场供给者;通过向私人企业订货、采购,成为市场需求者。在这种情况下,政府成为一个市场主体,其行为对市场供求状况有重大影响。

二、社会主义国家调节微观经济的特点

社会主义市场经济国家调节微观经济有自身的独特性。

首先,社会主义国家调节微观经济的经济基础不同,即社会主义市场经济中的所有制结构和分配结构与西方发达资本主义国家截然不同。

其次,社会主义国家在微观经济的调节过程中所扮演的角色和起到的作用,与西方发达资本主义有差异。国家对微观经济的调节不仅是管理微观经济,而是作为占主导地位的国有产权的所有权的主体,具有所有权主体的功能,因此,比西方发达资本主义市场经济中国家作为经济主体之一的身份重要得多,其控制经济的活动范围也要大得多,承担的功能要广泛得多。

再次,社会主义国家调节微观经济又具有不发达国家经济调节的特征。社会主义市场经济一般都具有跨越性和后发性,都存有先天不足的缺陷。因此,国家在进行微观经济调节时更加强调以下几点:

一是社会主义国家调节微观经济时,更注重培育和完善市场,创造一个有利于企业发展的良好经济环境。社会主义国家市场发育都不完善,存在"市场缺失",尤其工业化发展到一定程度后,政府干预的缺陷逐渐显示出来,许可证制度、企业保护政策,以及利用行政手段来控制主要资源分配的做法,都削弱了市场竞争,不利于生产技术的进步,阻碍了经济发展。因此,国家在调节微观经济时应该解除对市场发育的束缚,打破地区封锁,建立和完善市场

交易规则,与国际市场接轨。这时,国家对市场经济进行调整,进行正确指导,保证公平竞争,进行规模适度和结构合理的投资等是充分发挥市场机制作用的保证。

二是社会主义国家调节微观经济时,更注重引导科技自主创新和自主知识产权。社会主义国家的技术水平与发达的资本主义国家相比都较低,因此,社会主义国家在引导和管理微观经济时都尽可能地利用世界经济环境中的有利因素,在积极引进现成的先进技术的同时,大力引导企业进行科技自主创新,保护和自主创新知识产权,并以此为基础发展国内经济。

三是社会主义国家调节微观经济时,更强调基础设施建设,改善社会的福利状况。社会主义国家由于经济基础薄弱,普遍存在基础设施、投资条件差的问题;同时,其他社会公共产品也处于短缺状态。这就要求政府为了改善投资环境和条件,以促进私人投资和引进外资,同时也为了向社会成员提供必要的公共产品和服务,必须大力加强基础设施建设,提高社会福利水平。

四是社会主义国家调节微观经济时,更强调提高人口素质。经济发展要求资源配置必须在保持近期经济增长和长期提高人口素质以及生活水平之间做出选择。社会主义国家不可能单纯依靠市场调节来为社会,尤其是为全民提供受教育的机会、改善卫生和健康条件、建立计划生育服务设施。在这方面,政府可以发挥更好的作用。

五是社会主义国家调节微观经济时更高度重视防止污染、保护生态平衡。社会主义国家正处于经济发展阶段,企业造成的外在负效益更为突出,需要政府的控制和管理。就各个企业来讲,缺少控制污染的持久的积极性,对此,政府不能不出面干预,除了用必要的手段(如税收)迫使企业付出的成本接近或等于社会成本,把污染控制在最低水平之外,国家在绿化、治理江河山川、防治土壤和空气污染等方面,也应发挥着主导作用。

三、国有经济的范围、功能与效率

国有经济是一种世界现象,所有国家都有一定数量的国有企业。受制于各个国家的文化、历史和制度,有些国家的国有企业数量多、分布广,而有些国家则数量有限,相对集中在少数几个行业。设立国有经济的本质是加强国家对经济活动,特别是微观经济活动的干预与调节。

虽然世界各国都有国有企业,但国有企业作用的范围却不同。

就大多数资本主义国家而言,在非竞争性行业设立国有企业是它们的普遍做法。西方学者认为,所谓非竞争性行业,主要是指垄断性行业、公共产品供给行业和"利小本大"私人不愿投资的行业。因为,一是自然垄断性行业,由于种种原因,如破坏自然环境、易产生垄断利润等,不适宜由私人经营;二是从经营角度考虑不适宜由私人经营的行业,如电力、铁路等行业,这些行业如果让私人经营虽可获利,但私人难以实现规模经济效益和范围经济效益;三是私人不愿投资或没有能力投资的行业。通常在不同的资本主义国家里,由于受习俗、文化、国情和主义等因素的影响,市场发挥作用的范围和程度是不一样的,如美国的市场调节范围广、程度深,因而问题就更多,而日本、德国、法国、瑞典等市场的作用就小于美国。这样,各国国有企业的范围、规模及其在国民经济中的重要性,便有较大差异。

与资本主义市场经济不同,在社会主义市场经济中,国有经济不应局限在为非国有经济拾遗补阙的范围,而应充分发挥其主导作用。完整地说,社会主义国有经济的主导作用有下

列六个方面:

第一,基础服务功能。交通、邮电、供水、供电、煤气等基础设施和公用设施,各种能源生产、矿山开发和整治山河等基础工业和基础环保的建设,一般所需投资大,回收速度慢,且生产的社会化程度很高,服务面极广。在这些部门发展国有经济,可以为整个国民经济的初始启动和良性发展奠定产业关联的基础。其经济效益往往是通过别的部门的发展效益来间接实现的,即隐性效益较大。

第二,支柱构筑功能。尽管各国的资源禀赋、技术水平和发展层次不同,支柱产业的项目可以有不同,但必定要构筑少数在国民经济中处于举足轻重地位而产值又在国民生产总值中占有较大比重的支柱产业。这些产业在特定时期往往是国际市场激烈竞争的部门。显然,我国在重化工业、汽车制造、高端信息产业、示范农业和军工等部门积极发展和壮大国有经济,可以巩固整个国民经济的支柱,大幅度提高国际竞争力。

第三,流通调节功能。货币流通是经济运行的总枢纽。国家要保持对国民经济整体的快速而有效的灵活调节,需要掌握由中央银行、商业银行和政策银行构成的银行系统及其他重要金融机构,以免被利益集团或私人操纵而损害社会和公众的利益。商品流通对生产有巨大的反作用。发挥国有商业的效应,也是国家调节流通所不可忽视的基本层面。

第四,技术示范功能。重大科学技术的研究与开发,需要大量的超前投入和联合攻关。经济落后国家的规模较小的非国有经济难以胜任。由拥有较强的研制实力和信息网络的国有经济组织(含国有科研单位)承担主要科技项目的基础研究和应用开发,可以较快推动社会科技的进步、产业素质的提高、经济结构的改造和国际竞争力的增强,从而在高新技术和重要技术的普及上起示范作用。

第五,社会创利功能。私人经济的基点是为个人盈利,集体经济的基点是为群体盈利,国有经济的基点是为社会盈利。它们之间有联系,但又有明显的区别。假如国有经济全部退出显性效益大、盈利率较高或获利较容易的竞争性行业,专门在一些盈利较低或易亏损的行业发展,无疑会形成和加剧社会分配不公(西方所谓"国家不与民争利",实质是要求不与私人垄断组织和资本家争利)。可见,国有经济有必要在商业、日用工业品、耐用消费品、旅游等某些竞争性领域适度发展,以便直接为社会整体和劳动者整体谋利益。

第六,产权导向功能。国家利用全民所有制性质的国有经济,支持集体经济的不断壮大,并与集体所有制一起巩固社会主义的生产关系,确保市场经济的社会主义性质(公有制性质)。同时,国有经济以其自身的雄厚实力和优势,通过竞争、投资和信贷等市场行为和机制,从企业内外部影响和制约非公有制经济,扬利抑弊,使其为社会主义服务并成为有益的经济补充。国有经济在社会所有制结构和产权制度变迁的导向方面,具有重要的静态和动态功能。

思考题

1. 在市场经济的发展过程中,尽管资本主义国家和社会主义国家都意识到了"政府失灵"的问题,但为什么调节微观经济仍是各国发展市场经济的重要内容?

2. 在市场经济中,市场的不完全、不完善和信息的不对称会造成市场经济的无序和混乱,导致资源配置的低效和无效,这样,国家对微观经济的公共引导就显得十分重要。对此,请你举例说明。

3. 社会主义国家和资本主义国家的经济制度背景不同,国家调节微观经济是否也有区别？各有什么特点？

4. 有人说国有经济必然是低绩效的。请用中外实证资料评析之。在高科技和高信息时代,所谓竞争性行业的说法还有意义吗？在社会主义国家的市场经济中,国有经济全部退出所谓的竞争性行业将会导致什么结局？

5. 有人说国有企业投资必然影响私人企业或民间投资,进而影响GDP增长速度。请用中外实证资料评析之。

6. 为什么习近平多次强调在改革发展中要理直气壮地"做强做优做大国有企业"？请用政治经济学原理和中外实证资料阐明之。

第十四章

国家调节宏观经济

学习目的与要求

通过本章的学习,了解国家调节宏观经济的理论与实践问题,认清国家调节宏观经济的必要性,掌握国家宏观经济调节体系中宏观经济调节的多元目标、具体方式、手段和政策体系等问题。

第一节 国家调节宏观经济的必要性

一、生产社会化和经济全球化发展的客观需要

宏观调节是指国家根据经济社会化和全球化及客观经济规律和经济发展的要求,从总体上对国民经济各部门、各地区、各企业和再生产各环节的运动过程进行调节与控制。

定义　宏观调节

一国政府从总体上对国民经济各部门、各地区、各企业和再生产各环节的运动过程进行调节与控制。

随着社会化的生产力不断发展,社会分工和协作关系也日益发展,社会各部门、各地区、各企业,以及社会再生产各环节之间的联系日益紧密,这在客观上要求国家对国民经济进行统一的宏观调节,以保证社会再生产的顺利进行和促进国民经济按比例均衡发展。

经济全球化的形成与发展,促进了国际经济联系进一步扩展,也导致经济与社会活动越来越复杂。为了在跨国性的经济环境中发挥本国优势,取得较好的经济利益,要求国家加强和完善对本国国民经济活动的宏观调节。

二、推动市场经济良性发展的客观要求

市场经济虽然能够带来资源配置较高效率的可能性,但也不是完美无缺的,而是具有自发性、盲目性和滞后性的弱点和消极方面的。为了有效地发挥市场在资源配置方面的基础

作用,必须加强国家的宏观调节。

国家的宏观调节就其性质来讲,是以市场机制自身的存在并充分发挥对一般社会资源配置的基础性作用或决定性作用为前提的,是为市场经济的优越性的发挥创造条件,解决市场不能解决的问题,而不是互补而非取代市场经济的优势功能。国家的宏观经济调节,只能在充分发挥市场机制对资源配置的基础性作用的前提下,才能增强有效性;同样,市场机制的作用也必须建立在国家的宏观经济调节的框架下,才能减少盲目性。如果国家的宏观经济调节不到位或越位,均会对经济发展产生负面影响。

三、实现经济发展战略目标的需要

所谓经济发展战略,是指一个国家、地区或行业在其经济发展活动中,事关整体性、长期性、根本性的总体决策,是一个涵盖国民经济发展的指导思想、战略目标、战略重点、发展阶段及基本对策的体系。经济发展战略目标是指在较长时期内经济发展活动所要实现的基本目标。一般通过人均国民收入或人均国民生产总值的增长率、劳动生产率、人均主要产品占有量、人均预期寿命、出生率、死亡率、文盲率、就业率、失业率、人均受教育的程度、人均居住面积等一系列经济、社会指标来体现。

单纯依靠市场调节来实现经济发展战略目标是不可能的。因为市场机制调节作用的发挥,是以企业追逐企业利益为动力来实现的。在实现企业利益的同时,很难主动兼顾好社会利益,尤其不可能自发使经济发展与重要资源的有效配置、人口计划生产、生态环境保护、全民教育水平提高和共富共享等社会发展目标相适应。

四、经济体制调整的需要

经济体制是一定经济制度所采取的具体组织形式和管理制度,是一定经济制度的表现形式或具体实现形式。根本经济制度相同的国家,可以选择不同的经济体制,而根本经济制度不同的国家,也可以选择相同的经济体制。换句话说,一种根本经济制度在其发展过程的不同阶段,可以选择不同的经济体制。当一种根本经济制度与生产力发展要求基本一致,而选择的经济体制与生产力发展的现实状况不相吻合时,也会阻碍生产力的发展,影响这种经济制度优越性的发挥。因此,一种社会的根本经济制度为了更好地解放和发展生产力,就必须不断地调整和改革其经济体制和机制。

经济体制的改革与调整不是一个自发的过程,也不是单一的经济主体力所能及的事情,其主要有所作为者是国家。国家可以从整个国民经济发展的高度,根据生产力发展的要求,利用各种手段,通过各种途径,在不同的时期对经济体制机制做出不同的调整。无论是发达的资本主义国家还是社会主义国家,进行宏观调节经济的重要依据之一,就是为了能更有效地调整和完善经济体制机制。

第二节　国家调节宏观经济的方式和目标

一、国家调节宏观经济的方式

国家对经济活动进行宏观调节的方式分为直接调节和间接调节两种。

直接调节,即指国家依靠控制的经济资源,主要运用行政手段或指令性计划手段,对社会经济活动进行强制性调节,约束企业、家庭和个人的经济行为符合国家宏观调节的目标。其方式主要包括定量供给、额度控制、行政调拨和非参数式的数量和价格的调节。直接调节方式具有调节速度较快、力度较大、约束性强的优点。不足之处体现在:一是调节对象的自主决策能力受到了限制;二是容易忽视微观经济主体的利益;三是一旦政府调节不当会引发不良经济问题。

间接调节,即指国家主要依靠经济手段等,通过调节经济运行主体的利益关系引导企业、家庭和个人的经济活动符合或接近国家宏观调控目标的要求。其主要特点是通过调整货币供给量、利率、税率、汇率、工资率、价格等市场参数来影响市场活动,从而间接影响企业、家庭和个人的经济活动。与直接调控方式相比,间接调控方式的优点主要有:一是由于间接调控方式是通过市场参数,主要是以价格调节为主来影响市场运行与发展,因而时效性强、时滞短。二是当经济开始出现不良现象时,就可随时利用利率、税率、汇率、价格等市场参数进行调控,因而间接调控的成本比较低。

定义　直接调节和间接调节

直接调节:主要运用行政手段或指令性计划手段,对社会经济活动进行强制性调节,约束企业、家庭和个人的经济行为符合国家宏观调节的目标。

间接调节:主要依靠经济手段等,通过调节经济运行主体的利益关系,来引导企业、家庭和个人的经济活动符合或接近国家宏观调控目标的要求。

二、国家调节宏观经济的目标体系

1. 保持总量平衡

总量平衡是指总需求和总供给的平衡。总需求是指一个国家在一定时期产品与劳务的总购买量与物价水平之间的关系;总供给是指一个国家在一定时期全体企业的总产量与物价水平之间的关系。如果两者基本平衡,社会经济就处于稳定状态;如果两者失衡或总量波动呈强势状态,社会经济就不可能稳定发展。

定义　总需求和总供给

总需求:一国在一定时期内产品与劳务的总购买量与物价水平之间的关系。

总供给:一国在一定时期内的总产量与物价水平之间的关系。

2. 保持适度增长

在保持国民经济总需求与总供给均衡的基础上,经济还要适度增长。经济适度增长是指它既能够满足社会发展的需要,又是目前技术进步和资源状况所能达到的,并同经济结构和经济绩效相适应的经济增长。经济适度增长的存在,可以避免经济发展过程中的大起大落所造成的资源浪费、低效率及社会不安定。

3. 优化经济结构

经济结构是指经济活动中各种经济成分、国民经济各部门以及再生产各个方面的构成及其相互关系。就其内容看,包括所有制结构和国民经济结构两大部分。所有制结构是指全民所有制、集体所有制、个体所有制、外国资本所有制等构成和相互关系。国民经济结构包括部门结构、产业结构、区域结构、资源结构、投资结构、技术结构、就业结构、消费结构等。

要保持国民经济稳定发展与适度的经济增长,实现社会资源的有效利用和配置,必须以优化经济结构为基本条件。所谓优化经济结构,就是要保持经济中各个部分之间的合理比例。

定义　经济结构

经济结构是指经济活动中各种经济成分、国民经济各部门以及再生产各个方面的构成及其相互关系。包括所有制结构和国民经济结构等。

4. 控制失业率

失业作为劳动力与生产资料的暂时分离,是市场经济条件下不可避免的一种社会经济现象。在市场经济条件下,失业是最主要的经济问题之一。世界各国为了避免由于失业率过高,以致经济资源不能得到充分利用,引起收入分配状况恶化和社会不稳定现象发生,都将失业率控制在适当界限内,作为国家调节宏观经济的目标之一。

5. 基本稳定物价总水平

物价稳定不是指个别商品价格的稳定,而是指总物价水平的稳定,但又不是指物价水平的固定不变。它主要是指物价变动应保持在经济顺利运行所允许而居民又能承受的范围内。物价总水平的基本稳定是相对于物价较快上涨或下降而言的,常用物价变动率的高低来衡量。物价上涨、货币贬值会扰乱价格机制在资源配置中的正常功能,使良好的经济运行秩序遭到破坏。

6. 改善民生

社会成员生活水平的改变,可以从数量和质量两个方面去判断。从数量上看,社会成员生活水平的改善,可以表现为食品的增加、衣着增多、出行方便等为标志的国民财富总量和人均量的增长。为便于加总和比较,通常用国内生产总值或国民收入总量来反映。从质量上,观察社会成员生活状态,不仅要考察社会成员的物质生活满足程度,而且要考察社会成员精神生活满足程度,通常用生活质量指标表示。生活质量指标包括四个方面:

(1)城镇居民人均居住面积和住房质量。

(2)人均预期寿命、婴儿死亡率、每万人中的医院床位数和卫生技术人员的数量等。

(3)中小学入学率、成人识字率、每千人报刊发行量、图书发行量和城镇居民体育运动场地面积等。

(4)劳动保险、社会福利、社会救济占国内生产总值的比重的高低。

7. 实施可持续发展

可持续发展是指在实现当前经济发展、满足当代人的需要和利益的同时,还要考虑长远经济的发展与子孙后代的需要和利益,以促进社会全面进步及与环境协调发展。经济可持续发展是以控制人口、节约资源、保持环境为主要条件,就是要正确处理好经济发展与人口、资源与环境之间的关系。

8. 实现国际收支大体平衡

国际收支平衡是指一国的国际收支既无赤字又无盈余。包括两个方面的内容:一是资本流出与流入的平衡;二是进口与出口间的平衡。在当今开放的市场经济中,一国的国际收支状况不仅反映这个国家对外经济交往情况,而且会影响该国国内经济的稳定程度。如果国际收支处于失衡状态,即便国内经济实现了总供给与总需求的均衡,同样会影响国内就业水平、价格水平及经济增长,形成对国内经济均衡态势的冲击。

小辞典　宏观调节的目标
总量平衡:总需求和总供给的平衡。
适度增长:与技术、资源相适应的满足社会需要的增长。
优化结构:保持经济中各个部分的合理比例。
充分就业:不存在非自愿失业的状态。
物价稳定:物价变动保持在经济顺利运行所允许而居民又能承受的范围内。
改善民生:可用人文发展指数等来衡量。
可持续发展:在满足当代人需要的同时,考虑子孙后代的需要。
国际收支平衡:国际收支既无赤字又无盈余。

三、社会总供求均衡目标的调节

社会总供给与社会总需求的平衡主要体现为价值总量的平衡,即社会提供的已经进入市场的可供购买的商品与劳务的价值总额要同一定社会购买力条件下社会要购买的商品和劳务的价值总额大体平衡。社会总供给与社会总需求的失衡有两种表现形式:一种是社会总供给大于社会总需求;另一种是社会总需求大于社会总供给。当社会总供给大于社会总需求时,必然会出现产品滞销、价格下跌、库存增加、企业倒闭、失业增加,甚至引发经济危机等现象,阻碍生产发展和国民收入增长。当社会总需求大于社会总供给时,会引发物资匮乏、库存减少、市场供给紧张、价格上涨,甚至出现严重的通货膨胀现象,最终使社会经济活动不能正常进行。总供给与总需求的不平衡发展到一定阶段,必然会引起宏观经济的动荡。

供给与需求是一对矛盾,有着复杂的辩证关系。例如,供给(生产)可以决定需求(消费),人们只能消费生产出来的商品和服务;但需求(消费)也可以决定供给(生产),因为不适合需求或消费的商品和服务就是无效供给和盲目生产。又如,对本期或短期来说,投资属于需求,表现为支出货币购买生产要素;但对于下期或长期来说,投资即沉淀的资产决定生产和技术状况,又属于供给。因此,协调推进供给侧与需求侧的改革和发展,要有辩证的政治经济学整体思维和精准的操作艺术。供给侧结构性改革包括供给体制和科技等方面的创新发展,包括供需关系、产业结构等方面的协调发展,包括生产和消费等方面的绿色发展,包括外贸结构高级化和中外双向投资等方面的开放发展,包括居民收入提高与经济增长同步和共同富裕等方面的共享发展。

当代西方发达国家政府在调节总供给与总需求不平衡时所采取的相应措施,主要是以凯恩斯主义的"需求管理"理论为依据。凯恩斯认为有效需求不足是资本主义经济的普遍现象,单靠市场机制解决不了,需要国家调节,且调节的重点应放在总需求的管理上,以解决有效需求不足,使之与社会总供给相适应。当总需求小于总供给,出现经济衰落和失业时,政府可以通过减税或增加政府支出或双管齐下的办法以刺激总需求;反之,当总需求大于总供给,产生比较严重的通货膨胀时,政府应采取增税或削减政府支出或一同并用以抑制总需求的膨胀。

定义　需求管理
凯恩斯主义提出的一种宏观政策:当总需求小于总供给,出现经济衰退和失业时,政府可以通过减税或增加政府支出或双管齐下的办法以刺激总需求;反之,当总需求大于总供给,产生比较严重的通货膨胀时,政府应采取增税或削减政府支出或一同并用以抑制总需求的膨胀。

在高度集中的计划经济体制下,我国总供给与总需求总量变动的根本特征是社会总供给小于社会总需求,表现为短缺经济,即生产资料生产的增长不能满足积累增长的要求,消费资料生产的增长不能满足社会公众对消费品需求的增长。我国经济体制的变革,特别是市场经济体制的建立,对供求关系的运行产生了深刻的影响。改革开放至20世纪90年代前半期,中国总供给与总需求是不平衡的,仍然呈现供不应求状况。一方面是由于消费需求迅速增长,因为改革使企业、农民拥有生产经营自主权,劳动者有选择职业的权力及城乡居民有了消费决策的自主权,导致城乡居民收入迅速增长。另一方面是投资需求的增长。这是由于允许和鼓励非公有制经济的发展,形成了投资主体多元化的结果。面对消费需求与投资需求迅速扩张,总供给不能满足总需求的不平衡状况,政府开始运用一系列经济政策对消费需求的增长进行抑制,用行政手段的方法控制财政支出和贷款规模,抑制投资需求的增长速度。

第三节 宏观经济调节的政策和手段

一、宏观经济调节的政策体系

1. 财政政策

财政是国家为了实现其职能的需要,以国家为主体,对社会产品进行的集中性分配和再分配的关系。财政政策是国家在一定时期内,为了实现社会经济持续稳定发展,综合运用各种财政调节手段,对一定的经济总量进行调节(使之增加或减少)的政策。

财政政策是借助各种政策手段来调节宏观经济活动。主要有以下四种:

其一,国家预算。国家预算是经法定程序审查批准的国家对集中性资金进行统筹分配的年度财政的收支计划。它是以收支一览表形式表现的、具有法律地位的文件。它明确规定了财政收入的规模、来源、形式和财政支出的方向与数量,以及各项收支的内部比例关系。国家预算的调节功能主要表现在两个方面:一方面是通过国家预算收支的规模来调节社会总需求的规模及其与总供给的关系;另一方面是通过预算收支结构的变动来调节供需结构的平衡和国民经济发展中的一些比例关系。由于国家预算是财政调节手段中具有计划特征的一种基本的手段,是一种按照年度制定与调整的事前的调节手段,因而它的灵活性、针对性较差,宏观经济的调节作用有一定的局限。

其二,国家税收。国家税收是财政收入的一种主要形式,它是国家为实现其职能,按照固定比例对社会产品所进行的强制的、无偿的分配。其特点有三:一是具有强制性和固定性;二是具有无偿性,税款按社会需要安排用途;三是具有广泛性,一切自然人和法人要受税收的调节。

国家税收的调节作用主要表现在以下方面:(1)通过对经济行为和经济主体征税与不征税,多征税与少征税,来发挥鼓励或限制作用。(2)通过对生产经营过程中的各种不同的客观因素征税,使生产经营者有一个公平的竞争环境。(3)通过对纳税人所得征税,并辅以累进的税率,实现对收入分配的调节。(4)通过对进出口贸易征税与不征税,起到平衡外贸收支的作用。

其三,国债。国债是国家依据有借有还的信用原则,通过发行政府债券筹集财政资金的一种形式。国债是一种借贷行为,以国家信用为基础,具有有偿性、归还性和强制性的特点。国家发行国债,通过发行和偿还的数量、发行对象和国债利率的调整,对社会总供给和总需求的总量与结构,起显著的调节作用。在总需求不足时,国家发行国债主要以中央银行和专业银行为对象,在偿还方面,首先偿还企业和个人的国债,这将导致流通货币的增加,刺激需求的扩张。在总需求过度时,国家发行国债,但不用其安排财政支出,形成预算盈余,就可压缩需求。如果国家向个人发行国债,所筹资金用于重点建设投资,就会导致消费需求减少和投资需求增加;如果国债由企业购置,筹资用于社会公共消费支出,则会引起投资需求减少和消费需求增加。

其四,财政补贴。财政补贴是国家为某种特定的需要而将一部分财政收入直接转移给特定的经济组织和居民的一种分配形式。它包括价格补贴、投资补贴、利息补贴、职工生活补贴等形式,其中价格补贴是最主要的形式。

财政补贴的调节功能表现为:(1)通过进行财政补贴可以使那些微利行业得以存在和发展,能有力地扶植重点发展的行业或产品,实行产业结构和产品结构的调整。(2)国家把价格补贴作为对不等价交换的价值补偿,以达到改善供给情况的目的。财政补贴也有其局限性。如价格补贴会使商品价值与价格脱离,造成价格扭曲,使价值规律的作用受到限制。另外,财政补贴过多会形成财政的沉重负担。

财政对经济运行的调节,主要通过财政自身的功能和财政政策的变化来实现。财政本身具有自动稳定经济的功能。这种自动稳定经济的作用具体表现在:当国民经济衰退时,产量下降,失业严重,个人收入减少。实行不变税率和累进税时,会因收入下降少纳税或纳税人自动进入较低纳税档次而使政府税收总量下降;政府会因符合救济条件的人数增多,多发放政府转移支付中的失业救济金和其他社会福利补贴。一方面,税收支出减少;另一方面,转移支付的数量增多,结果是相应增加了个人可支配收入和消费需求,从而起到抑制经济进一步衰退的作用。当国民经济繁荣时,产量上升、失业率下降、个人收入增加。实施不变税率和累进税时,会因收入上升多纳税或纳税人自动进入较高纳税档次而使政府税收总量增加;政府也会因符合救济条件人数的减少,少发放转移支付中的失业救济金和其他社会福利补贴。一方面税收支出增加,另一方面转移支付数量减少,结果是相应减少了个人可支配收入和消费需求,减缓经济进一步过热发展。在这两种情况下,财政本身自动地起着逆向调节作用,在一定程度上防止经济出现大幅度波动。

仅靠财政的自动稳定经济的功能来调节经济活动是远远不够的,主要还是要靠政府采取适当的财政政策,即通过调整财政收支总量来影响实际的社会总需求。根据影响的程度,可以将财政政策分为扩张性财政政策和紧缩性财政政策。扩张性财政政策是以增加政府支出或减少税收为标志,紧缩性财政政策则以减少政府支出或增加税收为标志。根据经济波动发展的态势,政府可以采取不同类型的财政政策,以利于宏观调节目标的实现。当社会总需求小于社会总供给时,国家采取扩张性财政政策,即通过减少税收、回收公债、增加补贴及预算支出来刺激总需求的增长。此时财政支出增加所形成的赤字主要靠发行公债来弥补。为避免同时造成总供给盲目增加,供给结构失衡,还需要采取一些措施限制那些产品供大于求部门的发展,既使社会总供给与社会总需求平衡,又促使产业结构合理化。当社会总需求大于社会总供给时,国家采取紧缩性的财政政策,即增加税收、限制补贴、减少预算支出来抑制过度的需求,使社会总需求和社会总供给趋于平衡,同时减轻通货膨胀的压力。为避免同时产生供给减少、经济增长缓慢,还需要采取一些措施支持那些供不应求的产业部门发展,从而既使社会总供给与社会总需求平衡,又促使产业结构合理化。

定义　财政政策、扩张性财政政策和紧缩性财政政策

财政政策:政府运用税收和支出等手段调控经济总量的政策。

扩张性财政政策:增加政府支出和(或)减少税收。

紧缩性财政政策:减少政府支出和(或)增加税收。

2. 货币政策(亦称金融政策)

它是国家(通过中央银行)为影响信贷费用(利息率)、信贷条件和货币供给量而采取的各项措施。

货币政策调节宏观经济活动的主要手段是:

(1)利率手段。在市场经济条件下,利率是调节资金供求的重要手段。政府利用这个机制加以调节:一是促使货币资金的供需平衡,进而达到社会商品总供需的平衡和国民经济的协调发展;二是调整经济结构和优化产业结构。

(2)公开市场业务。公开市场业务是指中央银行在市场上购买或出售政府债券,以调节货币供给量。当社会总需求大于社会总供给时,中央银行卖出政府债券。一方面回笼货币,减少市场货币流通量;另一方面导致债券价格下跌,利息率上升,投资减少。双管齐下,压缩社会总需求。当社会总需求小于社会总供给时,中央银行买进政府债券。一方面投放货币,增加市场货币流通量;另一方面导致债券价格上升,利息率下降,投资增长。两种方法均可扩大社会总需求。公开市场业务对货币供给量的调节是及时的、直接的,从而成为中央银行进行宏观调节的日常主要手段。

(3)再贴现手段。再贴现率是指中央银行对专业银行的再贷款的利息率。在信用关系发达的情况下,各专业银行通常采用两种方式向中央银行贷款。一是将各种票据向中央银行进行再贴现;二是用自己所拥有的政府债券、其他财产为担保向中央银行贷款。这两种贷款方式都叫作再贴现。由于进行再贴现而向中央银行支付的利息率叫作再贴现率。

(4)存款准备金手段。存款准备金手段是指中央银行规定的,专业银行必须持有的占其存款一定百分数的准备金,也称准备金率。中央银行可以改变准备金条件,即可提高或降低准备金率。降低准备金率,可以提高专业银行的贷款能力,扩大货币供给量;提高准备金率,可以降低专业银行的贷款能力,紧缩货币供给量。

定义　货币政策和货币政策手段

货币政策是中央银行为影响信贷费用(利息率)、信贷条件和货币供给量而采取的各项措施。

货币政策手段包括:
- 利率手段
- 公开市场业务
- 再贴现手段
- 存款准备金手段

3. 收入政策

收入分配的状况、总量和结构，与国民经济的运行有着密切的关系。收入分配政策也是国家宏观经济政策之一，主要包括国民收入分配总量政策、国民收入分配结构政策和个人收入分配政策。

定义　收入政策

主要包括国民收入分配总量政策、国民收入分配结构政策和个人收入分配政策。

国民收入分配总量政策主要有以下两种类型：

(1) 扩张性国民收入分配政策。扩张性国民收入分配政策是指货币形态的国民收入分配量大于实物形态的国民收入生产量，使货币形态的国民收入分配量所形成的社会总需求大于一定时期的社会总供给。其主要功能是扩大社会总需求，适合于总需求不足阶段。

(2) 紧缩性国民收入分配政策。紧缩性国民收入分配政策是指货币形态的国民收入分配量小于实物形态的国民收入生产量，使货币形态的国民收入分配量小于一定时期的社会总供给。其主要功能是抑制社会总需求，适合于总需求过度增长时期。

国民收入分配结构政策是国家调节国民收入使用方向的原则和措施的总和。国民收入分配结构对需求结构的调节作用，主要是通过调节各经济主体收入在国民收入中的比重来影响需求结构的变化。由于不同经济主体的收入变动是影响需求结构变动的重要因素，所以，国民收入在各经济主体之间分配结构的变动，会直接影响社会需求结构。例如，随着个人收入的增加，消费资料的需求会相应地增加。这样会直接影响总需求中的重要组成部分——消费支出。所以通过调节国民收入分配结构，能有效地调节需求结构。

个人收入分配政策是国家调节人们的收入数量和结构，以实现提高效率与社会公平而制定的各种原则和措施的总和。个人收入分配政策就其内容来讲，包括分配政策和收入调节政策两部分。

4. 产业政策

产业政策是国家根据国民经济发展的内在要求，为提高产业素质，调整产业结构，从而调整供给结构和总量所采取的政策与措施的总和。由于市场机制对产业结构调节力度比较弱，而产业结构以及相连的供给结构，又是宏观经济运行的重要经济变量。因此，必须由国家制定产业政策来进行调节。

定义　产业政策

国家根据国民经济发展的内在要求，为提高产业素质，调整产业结构，从而调整供给结构和总量所采取的政策与措施的总和。

产业政策一般是由以下四个方面的政策所组成：

(1) 产业结构政策。产业结构政策是产业政策的核心部分。它是根据经济发展的内在联系而揭示一定时期内产业结构的变化趋势及过程，并按照产业结构发展规律规定各产业部门在经济发展中的地位和作用，提出协调产业结构内部的比例关系及保证产业结构顺利发展的政策措施。产业结构政策主要侧重于调整产业结构，通过对产业结构的调整而调节供给结构，促使供给结构较好地适应需求结构的变化，协调需求结构与供给结构的关系。

(2) 产业组织政策。产业组织政策的主要目的是解决企业在市场上的行为规范问题，也就是维护正常的市场秩序问题。

(3)产业技术政策。产业技术政策是产业政策的重要组成部分,制定正确的产业技术政策能够推动产业的发展,促进产业结构的优化,使经济、技术、社会稳定协调地发展。产业技术政策的内容一般包括制定引进新技术、开发新技术的方向和方法,积极推进技术进步。

(4)本国产业与国际产业关系的政策。现代经济的发展表明,各国经济相互间的联系越来越密切,各国之间需要相互进行资金、技术、人才等方面的交流和合作,互相之间取长补短、互通有无。这种状况决定了一国产业与国际产业之间的复杂关系。

产业政策主要是通过调整供给的总量和结构来达到供求的基本平衡。产业政策对供给总量的调节功能主要体现在:

(1)组织高效使用资源的大批量生产体系。制定产业政策要根据规模经济的要求,促进产业内部各企业组织形式的合理化,建立适当的大批量生产体系,达到合理的市场规模和企业规模的要求,使生产能力不断接近最佳规模,有效地增加社会供给总量。

(2)组织起合理分配资源的产业关系。由于在现实经济活动中经常存在竞争不充分现象,价格机制不能正常地发挥作用,使资源不能随需求的变化而转移,往往带来某些生产能力的严重过剩,而某些产业生产能力不足、资源分配不合理,影响供求关系的协调。因此,产业政策对供给总量调节的一项重要任务,就是组织合理的产业之间及产业内各企业的相互关系,消除产业之间、产业内部的垄断关系,保证较平等的竞争关系,合理分配社会资源,有效地增加社会供给总量。

(3)组织起资源充分使用而不被浪费的产业竞争秩序。过度的竞争会造成社会资源的极大浪费,使供给的质量和数量超越社会需求的水平,严重时还会带来一系列的社会问题,影响经济、社会的稳定协调发展。正确的产业政策可以建立各产业内企业之间的合理和适度的竞争秩序。

上述经济政策体系中各种经济政策不是相互孤立的,其作用是交织在一起的。要充分发挥各种经济政策的有效性,就应注意它们的搭配使用。如财政政策和货币政策在运用中,可以是松松搭配,即扩张性的财政政策和扩张性的货币政策相结合;也可以是紧紧搭配,即紧缩性的财政政策和紧缩性的货币政策相搭配;还可以是松紧搭配,即扩张性财政政策与紧缩性货币政策相匹配;以及紧松搭配,也就是紧缩性财政政策与扩张性货币政策相匹配。选择何种搭配,需要政府根据社会经济发展的实际情况以及实现宏观调节的目标正确把握之。

二、宏观经济调节的手段

政府对经济运行进行宏观调节是运用多种手段进行的,主要有经济手段、法律手段、计划手段和必要的行政手段。

经济手段是指通过各项宏观经济政策,相应运用各种经济杠杆来对国民经济进行调节。经济杠杆是指由政府利用经济利益来引导各经济主体的经济行为,使之符合国民经济运行目标的调节工具。经济杠杆主要有税收、信贷、价格、汇率、财政补贴、工资等。税收杠杆是通过税种设置和税收制度的制定、税目设计、税率高低、税种减免这些要素来灵活地进行调节的杠杆。税收杠杆对社会再生产及对外贸易等方面都有广泛的调节作用。信贷杠杆是指以中央银行为主导的银行体制,通过调节利率、信贷规模和信贷结构来调节国民经济宏观经济运行的一种经济手段。信贷杠杆在产业结构的调整、货币供给量和信贷规模的调节方面起着重要作用。价格杠杆是指政府利用价值规律影响价格,使价格既反映价值,又反映供求关系,合理配置资源的一种手段。价格杠杆对宏观经济的调节作用主要是:通过价格变动影响供给和需求,促使社会总供给与总需求的平衡;通过调节各部门产业之间的价格水平和盈利水平来调整产业结构;通过价格变动,调节国民收入分配以及各种分配关系。汇率杠杆是通过汇率变动来进行宏观调节的手段。汇率对宏观经济的调节作用主要体现在通过汇率的升降来影响国家进出口贸易和国际收支的变动。

法律手段是依靠国家的法权力量,通过经济立法和经济司法机构,运用经济法规来调节经济的手段。市场经济从一定意义上说也是一种法制经济。经济手段与法律手段具有相辅相成的关系。各经济法规的制定要依据市场经济运行的规律,反映经济手段调节的要求。经济手段也必须与法律手段密切配合,才能有效地发挥作用。法律手段的运用与其他宏观调节手段的运用相比较,具有如下特征:

(1)全局性。法律手段是从全局上调节整个经济活动,是以国民经济的整体利益为出发点和归宿。

(2)平等性。一种法律一经形成与实施,所有适用对象在法律面前一律平等。

(3)政策性。宏观调节法律体现了党和国家在一定时期的方针政策。

(4)强制性。法律手段调节的对象无论其个别利益与法律规定是否一致,都必须服从法律的规定,如有违反,必将惩罚。

计划手段是通过国家制定的长期、中期和短期经济计划,通过提出国民经济和社会发展的宏观调节目标及相应的经济政策,发挥总体指导和综合协调作用的调节手段。计划调节手段的正确运用,可在一定程度上减轻生产无政府或无秩序状态,促进经济均衡发展,比较合理地实现生产力空间配置和资源利用。具体来说:

(1)弥补"市场失灵"的不足。市场机制的调节在国家经济发展的总体布局、社会公共利益的体现等方面无能为力,可以通过国家计划来解决。

(2)促进资源配置优化。计划与市场都是资源配置的方式,在以市场作为资源配置基础性方式的前提下,两者结合,相得益彰,提高资源的使用效率。

(3)实施可持续发展目标的要求。计划手段可以在统筹协调的前提下,兼顾经济与环境保护、生态平衡的协调发展,是保证可持续发展目标实现的有力手段。

行政手段是政府依靠行政机构,采取带有强制性的命令、指示、规定等行政方式,按行政系统来直接调节国民经济活动的手段。行政手段具有权威性、直接性、强制性和速效性、无偿性等特点。必要的行政手段可以保证计划手段、经济手段、法律手段的正确实施,在一定时期内有它存在的必要性。行政手段调节的出发点是社会整体利益,有时会与被调节者的局部利益发生冲突,并与企业作为自主经营、自负盈亏的商品生产者的地位相矛盾,因此,在市场经济运行中行政手段的运用应限制在一定范围内。

小辞典　宏观调节的手段

经济手段:运用税收、信贷、价格、汇率、财政补贴、工资等经济杠杆来对国民经济进行调节。

法律手段:依靠国家的法权力量,通过经济立法和经济司法机构,运用经济法规来调节经济。

计划手段：通过制定长期、中期和短期经济计划，提出国民经济和社会发展的宏观调节目标及相应的经济政策，发挥总体指导和综合协调作用来调节经济。

行政手段：依靠行政机构，采取带有强制性的命令、指示、规定等行政方式，按行政系统来直接调节国民经济活动。

四种调节手段，各有所长，各有所短，必须取长补短，综合运用。计划手段为经济手段调节指明方向和提供目标；经济手段是适合市场经济的间接调节手段，因而是宏观经济调节体系中的重要手段；法律手段能保证经济手段有效地发挥调节作用；行政手段则是经济和法律手段的补充。只有四种手段正确结合组成宏观经济调节体系，才能符合市场经济的要求，才能有效地调节市场经济的运行。

思考题

1. 美国与中国是不同经济制度的国家，为什么政府都要对国民经济进行宏观调节？
2. 以中国30多年的改革和发展的实证经验为例，阐述国家调节的多种目标之间的关联。
3. 关闭小造纸厂、小化工厂等耗费自然资源比较大、生产能力低下的小企业与我国的宏观调节目标有何关系？下令关闭属于什么调节手段？除此之外，是否可以采取其他调节手段？
4. 为什么通货膨胀与通货紧缩都是我国政府宏观调节中需要解决的问题？通货膨胀有利于经济发展，通货紧缩有利于增加社会公众的利益的看法是否正确？请分析。
5. 比较我国与西方发达国家宏观调节政策与手段运用的异同点。
6. 有人说：近几年我国投资4万亿元刺激需求是凯恩斯主义，供给侧结构性改革是新自由主义。请用政治经济学观点评论之。

第十五章

国家垄断经济

学习目的与要求

通过本章的学习,掌握国家垄断经济形成的一般机理,以及它的基本形式;认识资本主义条件下国家垄断经济的实质,了解它在当代垄断资本主义经济发展中的作用和局限性;把握社会主义条件下国家垄断经济仍然存在的原因,以及它的基本形式、特点和作用。

第一节 国家垄断经济形成的原因与形式

一、国家垄断经济形成的一般原因

国家垄断经济是国家对社会经济运行过程进行排他性控制的经济形式。

首先,国家垄断经济是社会化大生产不断发展的必然产物,也是生产关系一定要适应生产力发展水平要求的产物。

定义　国家垄断经济

国家垄断经济是作为经济主体的国家对社会经济运行过程进行排他性控制的经济形式。

无论是现代资本主义市场经济还是社会主义市场经济,都是建立在一个共同基础上的,即生产的社会化。在社会化大生产中,社会分工和专业化得到充分发展,生产社会化程度不断提高,不仅实现了产业专业化分工,而且实现了产品专业化和零部件专业化。一系列新兴工业部门和社会化、现代化程度很高的公共设施的建立,部门经济结构和地区经济结构的调整,许多重大的科学研究和技术开发,以及对生态平衡的保护和环境污染的防治等,都需要巨额的、长期的投资,而单个垄断资本往往无力承担。国家垄断资本在数量上要比单个垄断资本充足得多,可以解决单个资本无法解决的这一矛盾。

其次,国家垄断经济的产生也与"市场失灵"直接相关。

自然垄断、公共产品等的存在是国家垄断产生的重要原因。自然垄断部门是指这样一些部门,即它们的经济规模已经达到了这样的程度,以致从社会的角度看,若不把所有的生产集中在一个企业就会形成很大的浪费,或者说,生产者如分散在许多单位,平均成本就会很昂贵,这种自然垄断部门一般都是由国家直接对其供给和价格以及市场进入进行管制,只授权一家企业垄断全部生产,其他企业一概不准进入。公共产品主要是指直接关系到国民经济整体利益和长远利益的物质和人力开发等基础设施和国防设施等,准公共产品和半公共产品是公园、公共图书馆、公共住宅、文化体育设施等,在免费供应社会成员享用时它是公共产品,在收费条件下,它又带有某种私人产品的性质。公共产品和半公共产品由于"免费乘车者"的存在,私人不愿意提供;同时由私人提供公共产品也会导致低效率或公共产品供给不足,因此这些部门只能由国家来垄断。

二、国家垄断经济的一般形式

国家垄断经济的一般形式有:国家自然垄断经济、国家市场垄断经济、国家行政垄断经济。前两种形式属于国家经济性垄断。

国家自然垄断经济是指国家对公共产品和特殊产品的自然垄断部门进行排他性控制的经济形式。

自然垄断是指由于技术上和经济上的原因所形成的必要垄断,以利于全社会整体效益和利益。广义上讲包括土地、森林、山河、地藏物等自然资源,电报电话、电力和铁路等行业,以及对财政收入有着重大意义的烟草酒类行业,政府实行国有制,直接由国家垄断经营或者政府管制下的私人企业垄断经营。一般而言,在不同的经济制度下的国家都存在对自然垄断行业实行直接垄断,但自然垄断的范围在不同的制度或政策背景下并不相同。

国家市场垄断经济是指国家对于在市场经济发展过程中,通过自由竞争形成的非国有的垄断组织进行不同程度的排他性控制。根据国家垄断经济的性质和程度,可以区分出三种状况。

一是对于那些在国民经济中起重要作用的非国有垄断产业和垄断行业,国家直接进行独家投资或国有控股。这是社会和经济发展的一般要求,并不因不同社会制度的差别而有所改变。

二是国家对一些非国有垄断企业进行参股(参股必须达到一定的数量)。通过这种方式来实现国家垄断资本和国家调节的意图和利益。

三是国家通过某种垄断措施来调节整个市场和企业行为。

国家行政垄断经济是指国家通过行政手段和行政组织来维持的排他性控制的经济形式。

国家行政垄断在资本主义国家和社会主义国家都存在过,尤其以计划经济体制下的国家行政垄断经济最为典型,并且存在的时间较长,涉及的范围较广。

辨析 国家垄断经济的形式

国家自然垄断经济:国家对公共产品和特殊产品的自然垄断部门进行排他性控制的经济形式。

国家市场垄断经济:国家对于在市场经济发展过程中,通过自由竞争形成的非国有的垄断组织进行不同程度的排他性控制。

国家行政垄断经济:国家通过行政手段和行政组织来维持的排他性控制的经济形式。

第二节 资本主义条件下的国家垄断经济

一、国家垄断资本主义的产生与发展

资本主义条件下的国家垄断经济也称国家垄断资本主义,是一种私人垄断资本同资产阶级国家政权相结合的资本主义。

定义 国家垄断资本主义

资本主义条件下的国家垄断经济:一种私人垄断资本同资产阶级国家政权相结合的资本主义。

国家垄断资本主义是从一般垄断资本主义转化而来的。到目前为止,国家垄断资本主义的产生和发展过程大体可分为三个阶段。

第一个阶段,是第一次世界大战爆发前后,这是国家垄断资本主义产生和开始形成时期。这一时期国家垄断资本主义的发展,主要涉及的是军事工业企业,并且主要是为战争服务的,因而带有明显的军事性质和临时性质。

第二个阶段,从第一次世界大战后到第二次世界大战结束初期,这是国家垄断资本主义不稳定发展时期,并带有行政性。这个时期,国家垄断资本主义的发展与20世纪30年代的大危机和两次世界大战相联系。1929~1933年的世界资本主义经济危机,严重地冲击了资本主义制度。各国为了渡过危机,摆脱经济困境,缓和社会矛盾,纷纷开始放弃"自由放任"的政策。政府通过颁布法令,成立干预经济的机构,以及大规模的政策投资和兴建公共工程等措施,增加就业,扩大需求,刺激经济的恢复和发展。美国推行的"罗斯福新政",英、法等国实行的对私人企业实行国有化的举措,德、意、日等国通过法西斯专政使经济逐步走上国民经济军事化的轨道,都在不同程度上使国家垄断资本主义得到了较大的发展。但这个时期国家垄断资本主义的发展,具有行政性和不稳定性的特点。

第三个阶段,从20世纪50年代开始直到现在,这是国家垄断资本主义广泛存在和波浪式发展时期。在这个阶段,国家垄断资本主义的发展在经济生活中所起的作用越来越大。国家对经济的干预和调节,已成为资本主义经济运行的内在机制。衡量国家垄断资本主义发展水平通常使用的主要指标,是国家财政支出用于社会资本再生产过程的增长速度、在国民生产总值中所占的比重。当国家财政支出的很大部分投入社会资本再生产运动,从而使国家和垄断资本在经济上结合日益密切,国家在垄断资本主义生产、分配、交换和消费各个领域的经济职能越强时,国家垄断资本主义的发展水平也就越高。

目前,国家垄断资本主义已不再只是涉及社会经济生活的个别部门、个别方面以及资本主义再生产运动的个别环节,而是渗透到社会经济生活的主要方面和主要部门以及资本主义再生产运动的各个环节;国家垄断资本主义的活动范围和作用,已不局限于一国范围内的经济生活,而是广泛地涉入了国际经济领域;国家垄断资本主义已不再是非常时期国家采取的临时性的政策措施,而是成为这些国家长期稳定的社会生产关系体系。垄断资本主义的

这种阶段性变化,使资本主义原有的经济特征发生了部分质变。

资本主义国家垄断经济的形成,主要是通过如下三条途径:一是将私营企业国有化。英国、法国曾比较普遍。二是由国家预算拨款直接建立国家垄断企业。美国、德国曾表现得比较突出。三是通过股份制的方式对私人垄断企业进行兼并、控制和改造。德国和意大利曾较为典型。

国家垄断资本主义的产生和在第二次世界大战后高速发展的根本原因,是在垄断资本主义条件下生产社会化程度进一步发展和资本主义私人占有制之间的矛盾,即资本主义基本矛盾不断发展和尖锐化的必然结果。在现代科学技术革命基础上,资本主义生产社会化程度空前提高,不仅实现了产业专业化分工,而且实现了产品专业化和零部件专业化,为了适应生产社会化的高度发展,要求资本社会化形式在资本主义生产方式许可范围内也要相应地发展,使资本主义生产关系再一次进行局部调整。

国家垄断资本主义的形成和发展还与以下因素有关:

一是利润率下降趋势的压力。由于资本有机构成的提高,引起了社会平均利润率水平的下降。平均利润率下降给资本主义经济生活造成极大的压力。国家垄断资本主义的形成和国家经济职能的加强,在客观上防止了利润率的下降。

二是资本国际竞争的加剧。战后,美国垄断资本的实力急剧增长,欧洲各国和日本的垄断资本实力相对削弱了,从而逐渐形成了美国、欧盟、日本三足鼎立的态势。在这种情况下,如果仅仅凭借私人垄断资本的力量,在竞争中往往显得势单力薄,这就需要国家的资助和干预,提供有利的竞争条件,如国家通过对外贸企业减、免税,优惠贷款和价格补贴等手段,支持出口,以增强本国商品在国际上的竞争力,甚至要求国家直接出面,组成国家垄断同盟,从而推动国家垄断资本主义全面迅速发展。

三是与一些主要国家直接干预经济的党派长期执政有关。

二、国家垄断资本主义的形式和实质

国家垄断资本主义是资产阶级国家和垄断资本相结合而形成的一种资本主义。狭义上的"国家与垄断资本相结合"有两层含义:其一是指国家直接掌握垄断资本,即国有垄断资本;其二是指国有垄断资本和私人垄断资本的相结合。广义上的国家垄断资本主义可以分为三种形式:

(1)国家调节经济。即作为总垄断资本家的国家通过财政和金融等经济杠杆对资本主义再生产过程进行的管理和调节。在这种形式下,国家垄断资本和私人垄断资本的结合是处在企业的外部。

(2)国私合资企业。即国有垄断资本和私人垄断资本联合投资创办企业或相互购买对方企业的股票。这时,国家垄断资本和私人垄断资本在所有制上实际已经结合起来了,但形式上是股份公司。国私合营企业是两种所有制在企业内部的结合。

(3)国有企业。在这里,国家作为垄断资本家的总代表成为企业的所有者,国家和垄断资本完全融为一体。在这里,国家掌握了垄断资本,形成了一种新的资本形式,即国家垄断资本,国家投资是形成国有垄断资本的主要途径。

辨析　狭义和广义的国家垄断资本主义

狭义的国家垄断资本主义有两层含义:一是指国家直接掌握垄断资本,即国有垄断资本;二是指国有垄断资本和私人垄断资本的结合。

广义的国家垄断资本主义包括三种形式:国家调节经济、国私合资企业、国有企业。

三、国家垄断资本主义的作用和局限性

国家垄断资本主义对社会经济的促进作用主要表现在以下几个方面:

第一,在生产方面的作用。国家垄断资本主义为社会生产力的发展创造了基础性的条件,这一条件是通过两方面的工作来完成的。其一是通过国家拨款和组织,发展高新科技,并将其科研成果低价转让给私人垄断企业,从而迅速转化为生产力,推动了社会生产力的发展。其二是通过社会开支的拨款,直接或间接地对人力资源的量与质产生深远的影响。

第二,在流通方面的作用。国家垄断资本主义的发展为市场的扩大创造了有利条件。市场的不断扩大是资本主义生产顺利进行的重要条件。国家垄断资本主义在国内通过国家订货、扩大社会福利支出等措施,刺激社会需求,人为地扩大市场。在国际上通过调整贸易政策,由国家出面组织区域性经济集团等方法,扩大国际市场,增强本国商品在世界市场上的竞争能力,从而推动资本主义社会经济的不断增长。

第三,在分配方面的作用。第二次世界大战后,包括社会保险、社会救济、社会补贴等社会保障制度在西方各发达资本主义国家的确立和普及,是资本主义经济发展史上的一个里程碑。在战后相当长的一段历史时期内,我们可以看到,社会保障制度的完善和经济的发展是互为因果的。资本主义的社会保障制度发展最迅速的时期,也是西方各国战后的经济恢复和繁荣时期。现代发达资本主义国家内的社会再分配虽然从本质上说是为了维护资本主义私有制的长治久安而实施的,不可能根除资本主义社会贫富不均和两极分化的现象,但是,它客观上起到了改善劳动者的生活环境、提高劳动者素质的作用,因此,社会再分配政策的实施显而易见地有益于工人阶级,也是劳动阶级不断斗争和社会主义国家示范的结果。

第四,在世界经济方面的作用。国家垄断资本主义在世界经济中的作用是双重的。一方面在一定程度上起到了推动世界经济发展的积极作用;另一方面,也有阻碍世界经济发展的消极作用。积极作用主要表现在:(1)推动了世界贸易的增长。第二次世界大战后由于生产国际化的发展,促进了国际贸易的迅速增加。在世界贸易总额中,垄断资本主义国家所占的比重很大。(2)加快了国际技术交流。由于发达国家科学技术高度发展,所以在世界技术贸易中占垄断地位。技术贸易在世界经济的发展中起着重大作用。(3)发达资本主义国家向外投资,有利于解决发展中国家经济建设资金不足的问题。这会有利于发展中国家吸收外资,使用国外的先进科技成果,加快本地区经济的发展。(4)发达资本主义的国外投资,为发展中国家的劳动就业提供了一定的机会。被雇佣人员虽然受其剥削,但也能学到一定的技术,赚取一定的外汇。此外,世界贸易的迅速发展,对各国交通、通信、旅游等部门的发展也起到了一定的促进作用。

国家垄断资本主义也对经济发展产生了巨大的阻碍作用:(1)国家垄断资本主义的经济力量主要来自税收。随着国家垄断资本主义的发展,财政支出的增大,财政赤字日益严重,这就使得广大人民的税收负担越来越沉重,进一步削弱了人民群众有支付能力的需求,使生产和消费的矛盾更加发展,导致经济危机的不断出现。(2)国家垄断资本主义通过财政政策

和货币政策,扩大政府开支来刺激经济发展,必然导致财政赤字和滥发货币,造成长期通货膨胀,而支持经济发展的购买力大多数是靠预支未来的购买力,使得资本主义经济出现"停滞膨胀"的局面。(3)国家借助于发行公债来增加财政收入,并支持私人信贷膨胀,以刺激投资和消费需求,其结果形成了公私债台高筑,加剧财政危机和金融危机。(4)国有垄断企业经营管理不善,效率低下,造成严重亏损,成为国家财政的沉重包袱。

国家垄断资本主义的产生,只是暂时使某些矛盾有所缓和,使矛盾掩盖起来或向深处潜伏,并进一步尖锐化和复杂化。实践表明,国家垄断资本主义不可能克服资本主义制度内在的固有矛盾和历史局限性。这主要表现在以下几个方面:

第一,在生产方面,国家调节不可能克服社会生产的无政府状态,不能消除部门间的比例破坏和经济结构失调。这首先是因为国家干预不可能抑制资本主义企业盲目扩大生产、追求巨额利润的内在冲动。其次是因为国家所推行的经济政策和计划调节,对私人垄断资本没有太多、太强的约束力,而表现得软弱无力,国家借助于财政和货币政策等经济手段也不能从根本上解决问题。

第二,在分配方面,国家垄断资本主义所推行的福利政策,无法从根本上改变资本主义社会中生产资料的占有关系以及贫富悬殊的状况。新自由主义反对不少福利措施和高额累进税等,更是加剧了1%富豪与99%大众的贫富对立和社会不公。

第三,在世界经济方面,国家垄断资本主义的局限性和消极作用主要表现在以下几方面:(1)发达资本主义国家通过资本输出,力图从政治上、经济上控制和剥削发展中国家。(2)在国际贸易中,发达国家利用自己的垄断地位,操纵世界市场价格,掠夺发展中国家。(3)发达资本主义国家为了转嫁经济危机和通货膨胀,实行贸易保护主义,造成发展中国家经济发展缓慢。(4)发达国家将污染严重、能源消耗大、需要改造的产业转移到发展中国家,污染了发展中国家的环境,破坏了生态平衡,损害了这些国家的可持续发展和人民的切身利益。(5)发达资本主义国家支持和利用金融垄断资本攻击发展中国家,制造经济泡沫,促成其金融危机,从中渔利。

第三节　社会主义条件下的国家垄断经济

一、社会主义国家垄断经济的产生

社会主义经济中国家垄断的出现,首先是无产阶级革命胜利的产物,是新生的社会主义国家出于国内外政治斗争和经济斗争的需要而采取的措施,因而一开始就在很大的范围内以国家行政垄断的形式出现。

我国在对外贸易方面,新民主主义革命胜利后,由于当时还存在着多种经济成分,国家没有实行对外贸易垄断,而是实行了对外贸易的国家统制。其后,随着生产资料私有制的社会主义改造的完成,我国的对外贸易实质上采取了国家垄断的形式。

除了对外贸易的国家垄断外,不同的社会主义国家在其不同的发展时期和在经济活动的大部分领域也实行过国家垄断。如苏联的军事共产主义时期,当时在生产遭到破坏、物资极端匮乏、一切商品交换都被取缔的条件下,其一切产品的流通都是实行国家垄断的。直到新经济政策开始,恢复了城乡间的商品生产和商品交换,国家垄断的范围才逐步缩小。新中国成立后,我国所面临的大量的中小资本,即民族资本,具有两面性,既有积极作用的一面,又有消极作用的一面。它既有发展资本主义愿望的一面,又有拥护共同纲领、接受共产党和人民政府领导的一面。民族资本主义经济的两重作用和民族资产阶级政治态度的两面性,使得无产阶级有可能通过"和平赎买"的方式改造民族资本主义经济,以便减少或避免在突然的变革中可能造成的破坏和损失,不打乱原有的生产经营秩序,并有利于削弱资产阶级的反抗程度,加强对资产阶级分子本身的改造。我国对中小资本的赎买采用了利用、限制和改造的政策,即利用民族资本主义经济对国计民生有利的方面,限制其不利于国计民生的方面,并通过由初级阶段到高级阶段的国家垄断经济的形式对民族资本主义经济实行社会主义改造,把它改造成社会主义全民所有制经济。我国从1954年起,在很长的时期内实行粮食、棉花、油料、布匹等商品的统购统销,也是对这些商品直接由国家垄断经营。党的十一届三中全会以后,才逐步取消了这些商品的统购统销。

传统的计划经济体制中的苏联、中国以及其他的社会主义国家,实行严格的指令性计划也是一种国家垄断经济。但是,这些国家垄断经济严格来讲都属于国家行政垄断经济。在传统体制下,由于普遍存在着以政代企、政企不分现象,行政系统基本上包揽了微观层次的一切主要经济事物。一个政企合一的庞大的科层组织控制一切,它在市场中享有法律保护的国家垄断地位。作为经济中的企业和个人,不存在相对独立的经济权利,也不存在生产什么、为谁生产、生产多少等方面的选择自由。中央通常以无所不包的计划指令,既控制着宏观经济变量,又主宰着微观经济活动。国家对企业实行财政统收统支、产品统购统销、劳动力和物质技术统一分配等办法,直接统制国有企业的投入产出,从而统制整个社会的生产和流通。在这种大一统的体制下,市场结构的主要特征是一种超级的国家行政垄断经济。建立这种高强度行政型的国家垄断的主要理论逻辑是,国家的详尽的指令性计划体现了全社会的需要,能够更有效地组织社会生产,因此,为满足社会需要而生产的企业,必然成为这种指令性计划的执行者。这种国家行政垄断对于巩固新生的政权、维护社会经济的稳定和集中力量办大事以及改善人民生活产生过重要的积极作用,但它在发展过程中由于许多因素的作用,存在资源配置效率、供给与需求关系、劳动者积极性和企业创新等方面的问题。

我国自经济体制改革以来,一方面力图改变原有的国家行政垄断资本的存在形式,实现由行政性的国有垄断经济向市场型的国有垄断经济的转变,实行政府的社会行政管理职能与经济管理职能完全分离,使政企真正分开。另一方面,由于市场竞争的存在,许多国有企业和一些非国有企业在竞争过程中走向了生产经营集中和资本集中,形成了垄断,并在国家直接和间接的控制下产生了市场性的国家垄断经济。

二、社会主义国家垄断经济的形式与特征

目前,从广义上讲,社会主义条件下的国家垄断经济主要体现在:一是国家直接掌握国有垄断资本,包括国有独资垄断、国有控股垄断;二是国有参股经济,直接参与和影响垄断企业的经济行为;三是国家通过对国有的和非国有的垄断企业的调节来引导整个国民经济的发展;四是外国垄断资本接受社会主义国家的限制和管理,同社会主义国家发生各种形式的联系和合作。

社会主义国家独资或控股的垄断企业是一种特殊的企业。它不能完全以利润最大化为经营目标,而要以社会利益最大化为经营目标,主要适应于自然垄断行业、基础工业和基础

设施领域,关系国民经济命脉的重要部门和关键领域,保证国家安全和社会安定的有关部门或企业。

社会主义国家参股的国家垄断经济形式,主要是指国家投资购买非国有企业的部分股票(必须达到一定的数量),或国家和非国有的垄断企业共同投资创办新的垄断性企业。社会主义国家参股非国有垄断企业,不是直接为了掌握这些垄断企业的控制权,而是为了扶植这些垄断企业,利用参股来影响它们的企业行为。

社会主义国家通过对国有的和非国有的垄断企业的调节,来引导整个国民经济的发展的方式,也被称为是国家同垄断企业的外部结合。国家通过与垄断体系的核心企业联系、协商,制定发展计划,并由这些核心企业组织实施,进而在垄断体系内部通过系列承包,层层分解下达,将会保证国家控制的实现。

社会主义国家中外合营垄断经济,包括中外合资经营的垄断企业和中外合作经营的垄断企业。它们是国外的垄断企业或其他垄断经济组织,按照平等互利的原则,经我国政府批准,在我国境内同国有企业(含垄断国有企业)合作共同兴办的垄断企业。这种社会主义国家垄断经济形式:一是可以弥补我国建设资本的不足,促进了国民经济的高速发展;二是可以引进外国先进的生产技术和管理经验,加快了老企业的改造,促进了产品和产业的升级换代;三是可以促进我国对外贸易的发展;四是可以增加国家的财政收入;五是可以创造更多的就业机会,培养专门人才;六是可以促进国有企业改革,有助于国有企业转换经营机制。

社会主义条件下的国家垄断经济与资本主义条件下的国家垄断经济虽有共性之处,但也有根本的区别。

其一,资本主义条件下的国有垄断资本是为少数私人垄断资产阶级的利益服务的,体现着整个垄断资产阶级对工人的剥削关系。而社会主义的国有垄断资本是为广大劳动人民的根本利益服务的,体现着人民根本利益一致的社会主义生产关系,这是由社会主义本质,即解放和发展社会生产力,消灭剥削和消除两极分化,实现共同富裕所决定的。

其二,一般来说,社会主义国家的国有垄断资本存在的范围、规模和数量都远远大于资本主义的国家垄断资本。

在现代市场经济中,各个产业的垄断与竞争呈现四种类型:完全竞争、独家垄断、垄断竞争、寡头垄断。总体上,社会主义国家垄断经济并没有消灭各种竞争,其中包括垄断企业之间的竞争、垄断企业与非垄断企业之间的竞争、非垄断企业之间的竞争。因此,我国要发展和完善的是中国特色社会主义的垄断与竞争并存、垄断主导的国民经济格局,而并非无垄断的自由竞争的市场经济格局。这与发达资本主义国家在国民经济格局上是相似的,只是经济目的和性质不同。诚然,竞争不能过度,垄断也不能过度。在现代市场经济的各个重要产业中,完全或纯粹的自由竞争型和独家垄断型往往弊大于利,而寡头垄断型和垄断竞争型一般应成为主要类型。应依据产业特点、经济全球化、科技发展和综合效益等因素,来选择和促进各产业的适度垄断与适度竞争相结合的方式和格局。

思考题

1. 为什么国家垄断经济不是资本主义经济特有的范畴,而是资本主义经济和社会主义经济共有的范畴,并且有着一般意义的存在形式?

2. 有人说,资本主义存在国家垄断,社会主义也存在国家垄断,因而这两种国家垄断的本质的目的都是一样的。你是怎样理解的?

3. 国家和垄断资本相结合的情况和方式不同,便形成了国家垄断资本主义的多种形式,请你通过对国家垄断资本主义种种表现形式的透视来描述国家垄断资本主义的实质?

4. 为什么国家垄断资本主义对经济发展也会具有两重作用?

5. 请你通过对苏联和中国社会主义经济发展过程的描述,来分析社会主义条件下国家垄断经济的产生与发展轨迹?

6. 有人说,当代资本主义国家的主要产业是寡头垄断和垄断竞争两种类型占主导地位,既然马克思主义者批判垄断资本主义,那么,社会主义市场经济体制下的产业,都应搞19世纪自由竞争的市场经济。请科学辨析之。

第五编

国际经济过程

第十六章

国际贸易和国际金融

学习目的与要求

通过本章的学习,了解资本的运动是国内运动和国际运动的统一,认识市场经济的发展与国际分工和世界市场的密切关系;重点掌握国际分工形成的原因、过程、形式和作用,以及国际贸易与世界市场的共生交互关系;认清国际金融体系演变的历史过程及对世界经济发展的重要影响。

第一节 国际贸易与世界市场

一、国际分工

国际分工是世界各国之间的劳动分工和国际生产专业化。国际分工是一个历史范畴,是社会生产力发展到较高水平之后,一国国民经济内部分工超越国家界限而形成的各国之间的社会分工。

定义 国际分工

世界各国之间的劳动分工和国际生产专业化。

国际分工以一国内部的分工为基础,但又与一国内部的社会分工有重要区别。首先,国内分工是一切社会经济形态所共有的,而国际分工则是社会经济形态发展到高级阶段才出现的,即从资本主义经济制度的出现起才产生的。其次,国内分工是各国国民经济范围内的劳动分工,而国际分工则是以各国国民经济为基础,超越国家界限在各国之间形成的社会分工。再次,国内分工只受本国国家权力和制度的制约,而国际分工则受到各国权力、政策、法律和其他因素的制约。最后,国内分工的发展主要取决于本国生产力的发展、技术的进步和其他经济条件。而国际分工的发展则取决于整个世界范围内生产力的发展、科技的进步和经济国际化的发展。国际分工与国内分工又有着密切的联系：一国的国内分工越发达，国内分工越容易超越国界向外延伸，国际分工也就越发展；反之，国际分工的扩大，通过国际贸易而影响各国国内分工的扩大。

从国际分工发展的历史过程看，国际分工从19世纪中叶形成至今，大致经历了三个发展阶段。第一个阶段是世界各国分别形成工业国和农业国。18世纪中叶至19世纪中叶产生了以机器大工业的建立为重要标志的第一次工业革命。在第一次工业革命基础上，工业国和农业国或世界工业和世界农业与垂直型的国际分工产生和形成了。第二个阶段是工业部门内部国际分工发展阶段。19世纪中后期开始，随着电力和电动机的发明和使用，随着炼钢法等新技术的相继出现和广泛应用，出现了第二次工业革命。第二次工业革命进一步扩大和强化了工业国和农业国世界工业和世界农业、世界城市和世界农村的垂直型分工体系，并随着垄断资本的输出和列强从经济上、领土上分割世界，资本主义世界市场体系终于形成。第三个阶段是企业内部分工的发展阶段。20世纪50年代发生的以核能和电子计算机发明和使用为主要标志的第三次工业革命，使资本主义国际分工体系进一步发展和深化。这一阶段不同于前两个阶段，前两个阶段是以自然资源为基础的以工业国和农业国的垂直型分工为特征的，这一阶段是以产品专业化、零部件专业化和工艺专业化的国际水平型分工为主要特征的。工业国和农业国的国际垂直型分工虽然还未消除，但已退居次要地位。

就国际分工的形式来看，国际分工有三种形式：一是垂直型分工，即一些先进国家专门从事制造业生产，而那些落后国家则是农业、矿业原料的提供者，是某些制成品的销售市场。二是水平型分工，即不仅发达国家从事制造业生产，发展中国家也实现了工业化、发展制造业。各国既在着重发展制造业部门方面存在分工，又在同一部门的不同产品、同一产品的不同零部件和工序方面也有分工。三是混合型分工，即水平型与垂直型兼而有之的分工。

国际分工对世界经济的发展具有两重作用。国际分工对世界经济发展的积极作用表现为：(1)可以扩大生产规模，进行大批量生产，增加产品产量。规模经济的发展要求国际分工的进一步发展，而国际分工的发展又为规模经济的形成创造了更有利的条件。这是由于国际分工可以克服一国原材料与销售市场的局限性，将生产规模扩大到合理的程度，从而能降低生产费用，增加产品产量。(2)能加速产品更新换代，增加品种，实行产品系列化。国际专业化生产，有可能使整机厂家集中精力设计新品种和制造关键部件，一般零配件由于实行了标准化、通用化，可以从国内外采购或组织协作，应用组合化和积木化的原理来扩大品种或形成产品系列。实践表明，零部件专业化越发达，整机厂的产品越多样化。(3)有利于发挥各国生产优势，改进生产技术，提高产品的质量和使用效能。实行国际专业化生产与协作，充分发挥各国生产者的技术特长，可以使整机生产厂家按照自己的设计要求，在国际范围内从优采购高质量的零部件或组织协作生产，然后进行组装，从而提高整机的质量与性能。(4)可提高各国劳动生产率，增进经济福利。根据李嘉图比较成本利益的理论，参与国际分工的各国，应专门生产和出口具有比较成本优势的商品，而输入比较成本劣势的商品，在各自生产投入并不增加的情况下，提高产出数量，通过国际贸易使交易双方均能获利。

国际分工对世界经济的消极作用表现为：(1)加深了西方国家对发展中国家的经济盘剥。(2)造成一些发展中国家经济发展的单一化和对外经济依附。(3)使参与国际分工的国家，容易受到西方经济危机的冲击。(4)对发展中国家的生态环境可能带来严重危害。

二、国际贸易

国际贸易是指世界各国(地区)之间的商品、劳务和技术的交换活动。国际贸易按照交换对象的形态,划分为有形贸易、无形贸易和技术贸易。有形商品种类繁多,通常可分为初级产品和工业制成品。初级产品是指没有经过加工或加工很少的农、林、牧、渔和矿产品;工业制成品主要是指经过工业加工的产品。无形贸易是指非实物形态的服务和技术的进出口。无形贸易主要包括运输、保险、金融、邮政通信、旅游等。技术贸易包括纯技术知识贸易和与技术转让相关的机器设备的贸易。这是随着第三次科技革命成果在世界范围的传播而迅速发展起来的一种新型的贸易形式。最初包括在无形贸易中,后来由于技术贸易的规模和地位越来越重要而独立成为技术贸易。

定义　国际贸易

世界各国(地区)之间的商品、劳务和技术的交换活动。

按贸易的流向,可分为出口贸易、进口贸易和过境贸易。一国商品、劳务和技术的输出称为出口贸易;输入外国的商品、劳务和技术称为进口贸易。过境贸易是甲国经过丙国国境向乙国运送商品。对丙国来讲,这就是过境贸易。按国境或关境,可划分为总贸易和专门贸易。总贸易是指以国境为划分标准的进出口贸易。凡进入国境的商品一律列为总进口,凡离开国境的商品一律列为总出口。总进口额加总出口额就是一国的总贸易额。专门贸易是指以关境为标准划分的进出口贸易。按有无第三国做中介,分为直接贸易、间接贸易和转口贸易。商品生产国与商品消费国直接进行的商品交换,称为直接贸易。商品生产国通过第三国与商品消费国买卖商品,称为间接贸易;对第三国而言,则是转口贸易。

国际贸易既为资本主义生产方式的确立提供了历史前提,又是资本主义生产方式的必然产物。资本主义生产方式在全球的确立必须具备三个基本前提条件:(1)大批失去生产资料的无产者,他们只能靠出卖劳动力为生;(2)开办企业所必需的大量货币财富的积累;(3)海外市场和原料来源地。以上三个基本条件的形成,都与国际贸易有着密切关系。国际贸易的发展,扩大了商品的国外市场。首先,国外市场的需要刺激扩大生产规模,这就产生了对劳动力和原料等生产要素的大量需要,从而推动了资本对农民的剥夺过程,加快了农民同生产资料的分离,为资本主义生产方式准备了大批自由劳动者。15世纪前后在英国发生的"圈地运动"就是典型。国际贸易和世界市场的扩大,还促进了工场手工业和机器大生产的迅速发展,加速了城市小生产者和行业手工业者的两极分化过程,竞争失败者纷纷沦为无产者,成为资本的雇佣劳动力。随着国际贸易的发展,西欧资产者通过世界市场大规模的商品交换和奴隶贩卖大获其利,加上海盗式贸易和殖民掠夺,他们从世界各地获取了巨额财富,这些财富源源流入西欧,转化为货币资本。最后,国际贸易为资本主义开拓了国外市场和原料产地。欧洲资产阶级通过国际贸易和为之开路的商业战争,征服和占领了国外殖民地,进行直接的殖民统治,迫使这些国家片面生产适合宗主国需要的某几种农产品、矿产品或畜产品。其结果,是这些国家成为资本主义国家的商品销售市场和廉价原料供应地,为资本主义生产方式的确立和发展提供了市场条件。虽然国际贸易对资本主义生产方式的产生起了巨大的推动作用,但是,国际贸易终究只是促进资本主义生产方式发展的外部条件,它只能通过决定社会发展的内在规律而起作用。归根到底,是资本主义生产方式决定了国际贸易的发展,而国际贸易的发展又反过来促进了资本主义生产方式的发育和成长。

第二次世界大战以后,在第三次科技革命和世界生产力提高的基础上,国际生产关系和国际分工不断发展,贸易自由化政策广泛推行,因而国际贸易表现出一些新特点:(1)国际贸易发展迅速。这一点既表现为国际贸易总额的绝对增长,又表现为国际贸易增长速度在大多数年份超过了世界生产的增长速度。(2)国际贸易中国别地位发展不平衡。(3)国际贸易中的商品结构发生重大变化。(4)贸易区域集团化趋势增强。

三、世界市场

世界市场是国际商品交换的领域,是同国际分工相联系的各国间商品流通的总和。各个国家的国内市场是构成世界市场的有机组成部分,但世界市场不是各国市场的简单组合和汇总,它是各国(地区)市场突破一国(地区)范围向外扩展而形成的世界性的有机联系、相互交错的统一体系。

定义　世界市场
　　国际商品交换的领域;同国际分工相联系的各国间商品流通的总和。

世界市场的产生和发展同资本主义生产方式的产生和发展密切联系。资本主义生产方式的产生和发展,首先打破了封建割据,形成了统一的国内市场。随后由于国际分工的发展,各国间经济联系更加紧密,对外依赖性进一步加强。各资本主义强国为了开拓海外市场,掠夺落后国家的资源,不断向外扩张,从而在各资本主义国家之间以及资本主义国家与殖民地、半殖民地和落后国家之间形成了世界市场。

发达资本主义国家在世界市场上居于统治地位,起着主导作用,由此形成世界市场的下列特征:

第一,世界市场的不平等性。世界市场是在资本追逐利润的情况下,以发达资本主义国家为中心发展起来的。经济发展水平低的国家和地区被卷入国际商品流通之中,但这种流通是完全服从资本主义生产需要的。发达资本主义国家把世界上大多数经济落后国家变为商品销售市场、原料供应地和投资场所,同它们进行不平等的交换,对它们进行剥削和掠夺。

第二,世界市场的自发性。世界市场是资本主义在世界范围扩张中自发发展起来的。资本主义的各种经济规律自发地在市场上起着作用。在一国内部,剩余价值规律的自发作用使资本主义生产和交换呈现盲目和扩大的趋势,导致资产阶级财富的积累和无产阶级贫困的积累。而在世界市场上,这一规律的自发作用则导致世界范围的两极分化,造成发达资本主义国家和经济不发达国家之间越来越深的鸿沟。同时,由于竞争和生产无政府规律的自发作用,必然使劳动力和生产资料在各部门、各国之间自发地进行分配,各部门、各国的生产在剧烈的竞争中盲目发展,因而造成各种生产资源得不到合理安排和充分利用,造成社会生产力的严重破坏和浪费。

第三,世界市场的不稳定性。资本主义经济不可能持久稳定地发展,而只能间歇地发展,即时而有所发展,时而停滞,时而倒退。资本主义把越来越多的国家和地区卷入世界市场,同时也把资本主义经济的不稳定性带进了世界经济生活。资本主义制度所固有的生产过剩的经济危机,随着国际分工和世界市场的发展而日益具有世界性。这种世界性的经济危机加重了世界市场的动荡。世界市场的不稳定性主要表现在:国际贸易额增长的不稳定性,各类商品贸易额增长的不稳定性,各类商品价格的不稳定性,以及各国在世界市场上所处地位的不稳定性等。

第四,世界市场的垄断性。资本主义发展到帝国主义阶段,垄断代替了自由竞争而居于统治地位,世界市场成为主要资本主义国家垄断组织统治和竞争的场所。各国垄断资本把本国市场控制在自己手中以后,为了避免在激烈的竞争中两败俱伤,而广泛实行妥协和联合,统一对外。它们建立出口卡特尔以实行卖方垄断,建立进口卡特尔以实行买方垄断,组织国际卡特尔以实行对整个世界市场的垄断。

第五,世界市场的竞争性。垄断和竞争并存,是当代资本主义经济的重要特点,也是资本主义世界市场的重要特点。垄断之所以不能消除竞争,根本原因在于生产资料的私人占有制与国际经济中存在着相互独立的经济集团和国家,在于垄断高价和高额利润本身提供了激烈竞争的条件。由于市场问题空前尖锐,各国普遍采用奖励出口、限制进口的政策以占领国际市场。在垄断组织之间,垄断组织和局外企业之间,以及局外企业之间都存在着激烈的竞争。

第二节 国际金融

一、外汇与汇率

外汇是国际汇兑的简称。在国际债权债务进行清偿时,由于各国货币和货币制度的不同,需要进行国与国之间的货币兑换以实现国际结算,这种金融活动就是国际汇兑。外汇有动态和静态、广义和狭义的概念之分。动态的外汇是指把一国货币兑换成另一国货币,用以清偿国际债权债务关系的行为和活动。由于作为一国的清偿货币不能在他国流通使用,因此必须通过"汇"和"兑"的行为转换成另一种货币,实现资金的国际转移。静态的外汇是指外国货币和以外币表示的用于国际结算的支付手段。作为支付手段,它可以是外币现钞或银行存款,以及各种票据和有价证券。目前国际货币信用领域广泛使用的"外汇"概念,都是外汇的静态含义。

广义的外汇概念泛指以不同形式表示的、能够进行偿付的国际债权。它不限于外币债权,也包括具有外币职能的本币债权。国际货币基金组织解释为:"外汇是货币行政当局(中央银行、货币机构、外汇平准基金组织和财政部)以银行存款、国库券、长短期政府债券形式所保有的、在国际收支逆差时可以使用的债权。其中包括中央银行及政府间协议而发行的在市场上不流通的债券,而不管它是以债务国还是债权国的货币表示。"广义的外汇既包括自由外汇,也包括记账外汇。狭义的外汇是指以外国货币所表示的用于国际结算的支付手段。狭义的外汇必须具备三个条件:

(1)外汇必须是以外币表示的国外资产,而用本国货币表示的信用工具和有价证券不能视为外汇。

(2)外汇必须是能进行国际偿付的,在国外能得到补偿的债权,不能得到偿付的如空头支票、拒付汇票等不能视为外汇。

(3)外汇必须是能兑换为其他支付手段和外币资产,即用可兑换货币表示的支付手段,而以不可兑换货币表示的支付手段不能视为外汇。因此,狭义的外汇主要是指自由外汇。

辨析　各种各样的外汇概念

动态外汇和静态外汇：前者是指把一国货币兑换成另一国货币的活动；后者是指以外币表示的用于国际结算的支付手段。

自由外汇和记账外汇：前者是指不需要经过货币发行国批准，在国际结算中和国际金融市场上可以自由使用、自由兑换成其他货币、自由向第三国支付的外汇；后者是指未经货币发行国批准，不能自由兑换成其他货币或不能向第三国进行支付的外汇，是经两国政府协商在双方银行各自开立专门账户记载使用的外汇。

广义外汇和狭义外汇：前者是指以不同形式表示的、能够进行偿付的国际债权，包括自由外汇和记账外汇；后者是指以外币表示的用于国际结算的支付手段，主要指自由外汇。

汇率又称汇价，是一国货币折算成另一国货币的比率。或者是用一国货币表示的另一国货币的价格。简而言之，汇率就是两种货币之间的比价。汇率的概念本身并不具有方向性。也就是说，它可以是把本国货币折成外国货币，也可以是把外国货币折成本国货币。但如果在汇率前冠以特定的货币，则表示单位该种货币等于若干别国货币。例如美元汇率，是指1美元等于若干其他国家的货币。汇率的标价方法：折算两种货币的比率，首先要确定以哪一国货币为标准，由于确定的标准不同，存在着两种不同的标价方法，即直接标价法和间接标价法。直接标价法又称应付标价法，是以一定单位（1个外币单位或100等）的外国货币为标准，折算成若干单位的本国货币来表示。在直接标价法下，外国货币的数量固定不变，本国货币的数量随着外国货币或本国货币的币值的变化以及外币供求条件而变动。如果一定数额的外国货币换得了比以前多的本国货币，则说明本国的货币币值在下降，称为外汇汇率上升；反之，如果一定数额的外国货币比以前换得较少的本国货币，则说明本国货币的币值在上升，称为外汇汇率下降。因此以直接标价法表示的外汇汇率升降与本国货币对外价值成反比例变化。间接标价法又称应收标价法，是以一定单位（1个本币单位或100、1 000）的本国货币为标准，折算成若干单位的外国货币来表示。本国货币的数量固定不变，外国货币的数量随着本国货币或外国货币币值的变化而变动。如果一定数量本国货币能兑换的外国货币比以前少，则说明外国货币的币值相对上升；反之，一定数量的本国货币能兑换的外国货币比以前多，则说明外国货币的币值相对下降。因此用间接标价法表示的外汇汇率的升降与本国货币对外价值的高低成正比例关系。目前世界绝大多数国家都采用直接标价法，而英国和美国则采用间接标价法。英国历史上一直沿用间接标价法，美国起初是采用直接标价法，后来随着美元地位的提高，于1978年开始采用间接标价法。我国人民币汇率采用直接标价法。

定义　汇率

一国货币折算成另一国货币的比率，或者用一国货币表示的另一国货币的价格。简言之，汇率就是两种货币之间的比价。

辨析　（汇率的）直接标价法和间接标价法

直接标价法：以本国货币来表示外国货币的价格。

间接标价法：以外国货币来表示本国货币的价格。

汇率理论的流派众多，比较有影响的有国际借贷理论、购买力平价理论、利率平价理论和货币主义汇率理论等。

国际借贷理论亦称外汇供求理论,英国经济学家戈逊是这个理论的代表。这个理论是第一次世界大战前较为流行的理论。戈逊理论的主要观点是:一国货币汇率的变化,是由外汇的供给和需求决定的,而外汇的供给和需求则取决于该国对外流动借贷的状况。所谓一国的对外流动借贷,是指该国处于实际收支阶段的对外债权和对外债务。该国国际收支中的经常项目和资本项目的收支,构成其对外债权和对外债务。当一国的对外债权大于对外债务,即对外流动借贷出现顺差时,外汇供给大于外汇需求,而使得该国货币汇率上涨;反之,逆差时则下降。

购买力平价理论由瑞典经济学家卡塞尔提出的,是西方汇率理论中最具有影响力的一个理论。该理论认为,本国人需要外国货币,是因为该外币在其发行国有购买力;外国人需要本国货币,是因为本国货币在本国有购买力。购买力平价有两种形态:绝对购买力平价和相对购买力平价。在某一时点上,这两个国家的一般物价水平的商品决定了两国货币间的汇率或平衡汇率。这个理论是建立在"一价定理"的基础上。所谓一价定理,是指在同一个市场上,市场竞争的结果是同一种商品只能有一个价格。一价定理亦适用于国际贸易。假定一种商品在国外市场上的外币价格为 P^*,国内价格为 P,汇率为 E。由一价定理可知:

$$P = EP^*$$

上述公式确定的是某一时点上的价格水平,又称为绝对购买力。如果把一价定理由一种商品扩展到决定一国经济平均价格水平的一揽子商品,则上述公式是相对购买力平价的最简单的形式。购买力平价是将现实过分简化,只有在下列情况下它所表明的关系才成立:一是不存在自然的贸易壁垒,如交通运输;二是不存在人为的贸易壁垒,如关税和配额;三是所有商品都是国际贸易商品;四是国内和国外价格指数所包含的商品相同,各种商品权重相同。$P = EP^*$ 可以用时间变化量来表示,其中 P、P_{-1}、P^*、P^*_{-1} 分别代表国内和国外本期和上一期的物价水平:

$$(P - P_{-1})/P_{-1} = (EP^* - E_{-1}P^*_{-1}/E_{-1}P^*_{-1}$$

上式可以近似为:

$$(P - P_{-1})/P_{-1} = (E - E_{-1})/E_{-1} + (P^* - P^*_{-1})/P^*_{-1}$$

利率平价理论亦称远期汇率理论,是由英国经济学家凯恩斯首先提出,后由其他经济学家发展而成。该理论认为,由于各国存在着利率的差异,投资者为获得较高的收益,就将其资本从利率较低的国家转移到利率较高的国家。为了避免在汇率变化时受损,投资者会在外汇期货市场上按远期汇率将其在一国的投资收益换为另一国货币,并进行对比,以确定投资方向。两国投资收益的差异,形成了资本在国家间的流动,直到通过利率的调整,两国收益相等时,国际资本移动才会终止。利率平价理论由于忽视了外汇交易的成本和外汇管制等限制资本流动的因素,因而同实际差距甚远。

货币主义的汇率理论以美国经济学家弗里德曼为代表的货币主义的汇率决定理论为代表,特别强调货币供给和货币需求的作用。该理论认为,影响汇率变动的主要因素有:

第一,两国间相对的货币供应量的增长率。货币供应量通过货币购买力来影响汇率,两者成反比关系。

第二,两国间相对的国民收入增长率。如果一国的国民收入增长率较高,则该国国内的货币需求量也较大,若货币供应量不变,其货币购买力将提高,进而引起汇率上升;反之,则汇率下降。

第三,预期因素。主要是指对通货膨胀的预期、对政府政策的预期和对汇率的预期。对汇率的预期是在政府货币政策和通货膨胀预期的基础上形成的。货币主义的这些理论分析,在说明国家货币政策对汇率的调节的作用上有一定的理论价值,但是具有明显的片面性,因为货币的供给和需求只是影响汇率变动的众多因素中的一方面因素。

小辞典　各种各样的汇率理论
国际借贷理论:汇率由外汇供求决定,外汇供求则取决于一国对外流动借贷的状况。
购买力平价理论:不同国家的物价水平决定这些国家之间的汇率。
利率平价理论:不同国家的利率水平决定这些国家之间的汇率。
货币主义的汇率理论:汇率由外汇供求决定,外汇供求则分别取决于货币供应量的增长率和国民收入的增长率。

二、国际收支

国际收支作为对国际经济活动的反映,在世界经济发展的不同阶段,内涵也有所差异,并随着国际经济活动内容的不断扩大而发生演变。国际收支有广义和狭义之分。狭义的国际收支是指一个国家在一定时期内(通常为一年)同其他国家进行经济、政治和文化等往来所发生的外汇收支的总和。广义的国际收支是指在一定时期内一国与其他国家之间所进行的全部经济交易的系统记录,不仅包括商品、劳务和资本项目的收支,而且还包括海外军事开支、战争赔款、经济援助和军事援助,以及科学技术和文化教育等方面的往来收支。广义的国际收支把未发生现金收付的债权交易以及不需要货币偿付的各种经济交易(如捐款、赠款等)也列入国际收支中。目前世界各国普遍采用广义的国际收支的概念。

定义　(狭义)国际收支
一国在一定时期内同其他国家进行经济、政治和文化等往来所发生的外汇收支的总和。

国际收支集中反映出一国在一定时期内国际、国内经济活动的状况与实力,既是该国对外经济关系的直接反映,也是该国国内经济状况的真实写照,是综合分析一国经济状况和对外金融关系的重要依据与工具。一国国际收支状况是通过一国对外货币收入与对外货币支出的对比表现出来。这种对比结果即差额,通常表现为是顺差、逆差或是平衡状况。国际收支顺差表明一国从其他国家收入的货币总额大于对其他国家支出的货币总额,即对外收入大于支出;国际收支逆差,则表明对外支出大于收入;一国国际收支相抵,余额为零,就是国际收支平衡。国际收支平衡只是一种理论抽象,从实践角度考察,国际收支平衡是相对的,不平衡是绝对的。国际收支顺差说明一国对外债权暂时大于债务,国际收支状况良好,是一国经济实力强的表现;国际收支逆差说明一国经济发展不平衡,是对外负债的标志。一国国际收支状况决定着该国在国际金融方面的实力和地位。国际收支顺差国,其货币汇率常常表现为坚挺;国际收支逆差国,其货币汇率常常表现为疲软。

辨析　国际收支的平衡、顺差和逆差
国际收支平衡:一国从其他国家收入的货币总额等于对其他国家支出的货币总额。
国际收支顺差:一国从其他国家收入的货币总额大于对其他国家支出的货币总额。

国际收支逆差：一国从其他国家收入的货币总额小于对其他国家支出的货币总额。

思考题

1. 国际分工的发展经历了哪些阶段？国际分工的主要形式有哪些？
2. 有人认为，中国人口多，技术水平低，只能在国际分工的层次中向外国发达国家提供超市和地摊所需商品。试举高铁和轿车两方面的事例，说明我国应该怎样参加国际分工。
3. 有一种舆论说，八国联军攻占北京都是中国不开放引起的，因为列强要搞市场经济和世界市场，合乎发展大方向。对此，你有何评论？
4. 什么是国际货币制度？简述国际货币制度的演变过程。
5. 什么是汇率？汇率的标价方法有哪些？

第十七章

国际价值规律及其表现

学习目的与要求

通过本章的学习,掌握国际价值的形成和内涵,国际价值规律在世界市场上的作用,以及与国际价格的关系;把握国际竞争的特点和方式,以及在国际竞争中如何获得国际超额利润;了解绝对利益、比较利益和比较利益陷阱的理论与实际状况,认清国际经济过程中的博弈模型和博弈现实。

第一节　国际价值与国际价格

一、国际价值

在世界市场上,各国间的商品交换,是以商品的国际价值为基础进行的。国际价值是国际之间的商品在交换中的市场价值。国际价值不是由国别价值,即个别国家的社会必要劳动时间决定的,而是由世界劳动的平均单位决定的。商品的国际价值是在国别价值的基础上发展起来的,它是国别价值在商品经济发展的较高阶段上的转变形式。

商品的国别价值,即通常所说的商品价值或商品的社会价值,是由一国生产某种使用价值所消耗的社会必要劳动时间决定的。商品价值的计量单位,是劳动的平均单位。就国别价值而言,由一国中等劳动强度、正常质量的社会劳动的平均单位计量,它是国内不同强度和质量的个别劳动的加权平均数。它反映了一国内部商品生产者之间相互竞争和交换劳动的社会关系。随着国际分工和国际贸易的不断发展,当商品交换从一国内部扩展到国际范围时,交换就不能再按照某一种商品的国别价值来进行,这就要求国别价值转化为国际价值,于是,以世界劳动的平均单位为内容的国际价值就产生了。国际价值,是由世界市场有关国家生产某种使用价值所消耗的社会必要劳动时间决定的。水平不同的各国国民劳动,在世界市场上要平均化为世界劳动的平均单位。它是在国别价值和国际市场上的供求关系的基础上,通过国际竞争而形成的。商品的国别价值和国际价值作为一般人类劳动的凝结,在本质上是完全相同的。但由于各国生产商品的主客观条件不同,劳动生产率水平的高低不等,因而同一种商品的国别价值通常存在着很大的差别,它们同国际价值的差额也就完全不同。国际价值在一定时期内是相对稳定的,但也不是一成不变的。

定义　国际价值的决定

某一商品的国际价值由参与该商品国际交换的所有国家在生产该商品上所消耗的社会必要劳动时间决定。

辨析　国别价值与国际价值

某一商品的国别价值(即通常所说的商品价值)由一国生产该商品所消耗的社会必要劳动时间决定。它是一国国内不同强度和质量的个别劳动的加权平均数。由于各国生产商品的主客观条件不同,同一商品的国别价值通常有很大的差别。不同国家的国别价值的加权平均形成所谓的国际价值。

影响国际价值的因素有以下几个方面：

首先,国际分工的广度和深度。在资本主义社会以前和资本主义社会初期,随着地区性对外贸易的发展,已出现了地区性的国际价值。随着广阔的资本主义世界市场的形成、国际贸易的巨大发展,形成了世界性的国际价值。

其次,劳动生产率。国际价值是由进入世界市场的有关国家生产某种使用价值所消耗的社会必要劳动时间决定的,也就是由生产某种商品的国际社会必要劳动时间所决定的。而生产某种商品的国际社会必要劳动时间是随着世界各国的社会必要劳动时间变化而变化的,各国的社会必要劳动时间变了,国际社会必要劳动时间也将随之变化;生产商品的国际社会必要劳动时间变了,商品的国际价值量也就必然变化。

再次,劳动强度。决定国际价值的是世界劳动强度的平均单位。如果一个国家的平均劳动强度超过了世界劳动强度的平均单位,就会创造较多的国际价值,获取超额利润。因而,一国的劳动强度影响其所生产的商品的国际价值的大小。如果所有国家的劳动强度同时均等地增进了,则新的较高的劳动强度就会成为普通的社会的劳动标准强度,从而也影响国际上的劳动标准强度。

最后,国际贸易参与国及其贸易量。某种商品的生产国,若未进入国际贸易领域,它的国民劳动平均单位便不会加入该商品的国际价值的形成。同时,国际贸易参加国的贸易量,也会影响水平不同的国别价值的构成比例,从而直接影响国际价值量的决定。其中,包含着加权平均的含义。所以,更为准确的说法应该是:某商品的国际价值量是由进入国际交换的该商品的国际必要劳动时间或世界劳动的平均单位决定。总之,凡影响国别价值量变动,以及引起具有不同国别价值的参加国贸易量构成变动的因素,都是造成国际价值量变动的因素。

如果绝大多数国家贸易商品是在大致相同的正常国别社会必要劳动时间下生产出来的,则国际社会必要劳动时间就是生产该商品各个国家的社会必要劳动时间;如果国际贸易商品总量不变,但在较坏条件下生产的商品的国别价值,不能由较好条件下生产的商品的国别价值平衡,其量相当大,那么国际价值就由在较坏条件下生产而出口的大量商品来调节;如果在较好条件下生产的商品的出口量,大大超过在中等条件和较坏条件下的商品的出口量,那么,国际价值就由较好条件下生产的那部分商品来调节。

我们可以举例说明某商品的国际价值量的决定。假设按国内中等劳动强度的不同,将参加国际贸易的国家划分为甲、乙、丙三组，按世界劳动的平均单位计算的国际价值如表17—1所示。

表17—1　　　　　　　　某商品国际价值量的决定

国家组别	国别价值	贸易量比例	国别价值总量	国际价值	国际价值总量
甲	10	3	30	14.5	43.5
乙	15	5	75	14.5	72.5
丙	20	2	40	14.5	29.0
合　计		10	145		145

二、国际价格

商品的国际价格是商品国际价值的货币表现，商品的国际价值是商品国际价格变动的基础和中心。国际价值正是在世界市场上通过国际竞争和国际价格的不断波动才得以实现和贯彻的。这也是价值规律在世界市场发挥作用的结果。

在自由竞争条件下，商品的国际市场价格，以国际价值为基础，受国际竞争和国际市场供求关系的影响。确切地说，国际竞争和国际市场的供求关系决定了国际市场价格背离国际价值的方向和程度。与国内市场一样，国际市场上的商品供求平衡只是一种偶然的现象，大量的最常见的现象则是商品的供求不平衡。由于供求关系的作用，商品的国际市场价格会围绕国际价值上下波动。这种波动是通过竞争来实现的。

定义　国际价格

商品的国际价格是商品国际价值的货币表现。国际价格以国际价值为基础，并受国际竞争和国际市场供求关系的影响。

垄断价格的出现没有也不可能使国际市场价格长久地背离国际价值。这是因为垄断并没有消灭竞争，而是使竞争在更加激烈的基础上进行。

第二节　国际竞争与国际超额利润

一、国际竞争

经济学含义上的竞争，是指经济主体在市场上为实现自身的经济利益和既定目标而不断进行的角逐过程。竞争的内在动力是经济主体自身的经济利益，在竞争过程中具体表现为保持或扩大市场占有份额、增大销售额、提高利润等。竞争的外在压力是竞争对手之间的激烈较量，失败者将必然被淘汰出局。

从国内竞争到现代意义上的国际竞争，经历了漫长的过程。在资本主义初期，资本以全球为战场展开的商业战争，主要同借助暴力和政治特权进行的殖民掠夺、奴隶贩卖、公开抢劫结合在一起。

18世纪后半期开始，资本主义生产关系发展到了一个转折点，即进入资本主义制度的确立时期。英国以其先进的大工业优势在世界市场上获得了垄断地位。而资产阶级在国内建立的"天赋人权、自由竞争"的竞争关系却没有同时走向世界:发达国家努力建立的是一种统治落后国家的破坏性竞争关系。

19世纪后半叶,伴随着新产业革命爆发的是原有重工业部门的进一步发展和新的重工业部门的不断涌现。重工业开始在世界经济中占据主导地位,由此导致企业规模不断扩大,股份公司广泛发展,资本与生产迅速集中,从而不可避免地产生垄断。到了20世纪初,垄断组织在一切发达的资本主义国家中成为经济生活的基础。它们通过扩大生产规模、瓜分市场、控制原材料、制定垄断价格和资本输出等手段,掠夺本国以及殖民地、半殖民地国家的财富。此时,殖民地作为宗主国的原料产地、商品市场和投资场所的作用更加重要起来,帝国主义国家也开始了瓜分世界的激烈争斗。此时的国际竞争关系,仍然是以一种极为不平等的形式表现出来的。

在第二次世界大战以后,由于一系列国际经济机构的建立,如国际货币基金组织、世界银行、关税及贸易总协定或世界贸易组织的产生,使得国际竞争获得了相对平等的世界经济环境。尽管发达国家仍然在这些组织中起主导作用,并以此来剥削掠夺不发达国家,但在一定程度上,此时的国际竞争可能有利于发展中国家赶超发达国家。20世纪60年代以来,中国等一批新兴工业化国家和地区的实践已经证明了这一点。其关键,取决于各国参与国际竞争的战略及其博弈。

二、国际超额利润

在国内市场上,商品是按部门平均生产条件决定的社会生产价格出售的,一些企业由于生产条件的优越,生产成本较低,它们的利润率高于平均利润率,因而得到了超过平均利润的利润,即超额利润。超额利润反映了同一部门内部不同企业的资本家之间的关系。在价值转化为生产价格以后,超额利润是个别生产价格低于社会生产价格的差额。各个资本家之间为获取超额利润经常进行部门内部的激烈竞争。

同样,进入世界市场的资本,也绝不满足于世界的平均利润率,竞争的强制性也迫使它们千方百计地降低国别价值,获取国际超额利润。国际超额利润是国别价值低于国际价值的差额。

辨析 超额剩余价值、超额利润和国际超额利润

(国内)超额剩余价值:在一国国内,单个企业通过提高劳动生产力使自己商品的个别价值低于社会价值但仍按社会价值出售所得到的差额。

(国内)超额利润:在一国国内利润平均化之后,单个企业通过提高劳动生产力使自己商品的个别生产价格低于社会生产价格但仍按社会生产价格出售所得到的差额。

国际超额利润:在国际市场上,一国由于在某种产品的生产上具有较高的劳动生产力使自己商品的国别价值低于国际价值但仍按国际价值出售所得到的差额。

获取国际超额利润的主要手段是降低国别价值,而降低国别价值的关键是降低国别生产成本。这就促使各国资本家竭力开发新技术、新资源,改善经营管理,获取廉价原料,提高国民劳动的平均强度(效率),增强国际竞争力。

获取国际超额利润的另一个重要手段就是通过国际贸易中的不等价交换和种种超经济

强制来实现。这普遍存在于资本主义工业强国对广大殖民地、落后国家形形色色的榨取中,通过这种手段攫取的国际超额利润,则来源于被榨取国广大劳动人民的剩余劳动和一部分必要劳动。

阅读材料　国际价值

每一个国家都有一个中等的劳动强度,在这个强度以下的劳动,在生产一种商品时所耗费的时间要多于社会必要劳动时间,所以不能算作正常质量的劳动。在一个国家内,只有超过国民平均水平的强度,才会改变单纯以劳动的持续时间来计量的价值尺度。在以各个国家作为组成部分的世界市场上,情形就不同了。国家不同,劳动的中等强度也就不同;有的国家高些,有的国家低些。于是各国的平均数形成一个阶梯,它的计量单位是世界劳动的平均单位。因此,强度较大的国民劳动比强度较小的国民劳动,会在同一时间内生产出更多的价值,而这又表现为更多的货币。

但是,价值规律在国际上的应用,还会由于下述情况而发生更大的变化:只要生产效率较高的国家没有因竞争而被迫把它们的商品的出售价格降低到与商品的价值相等的程度,生产效率较高的国民劳动在世界市场上也被算作强度较大的劳动。

一个国家的资本主义生产越发达,那里的国民劳动的强度和生产率,就越超过国际水平。因此,不同国家在同一劳动时间内所生产的同种商品的不同量,有不同的国际价值,从而表现为不同的价格,即表现为按各自的国际价值而不同的货币额。所以,货币的相对价值在资本主义生产方式较发达的国家里,比在资本主义生产方式不太发达的国家里要小。由此可以得出结论:名义工资,即表现为货币的劳动力的等价物,在前一种国家会比在后一种国家高;但这绝不是说,实际工资即供工人支配的生活资料也是这样。

但是即使撇开不同国家货币价值的这种相对的差异,也常常可以发现,日工资、周工资等等在前一种国家比在后一种国家高,而相对的劳动价格,即同剩余价值和产品价值相比较的劳动价格,在后一种国家却比在前一种国家高。

资料来源:马克思:《资本论》第1卷,人民出版社1975年版,第613~615页。

获取国际超额利润还可通过廉价倾销来实现。处于优势地位的出口商,在降低生产成本的基础上,为了击败对手,占领市场,经常将售价压到国际价值以下,进行廉价倾销。因为在国别价值同国际价值的差额间,提供了售价可以浮动的余地。即使按低于国际价值的售价交换,仍然可以获得国际超额利润。通过廉价倾销所获取的国际超额利润,同降低国别生产成本所获取的国际超额利润相同,也是本国雇佣工人强度(效率)更高的剩余劳动所创造的。

第三节　绝对利益、比较利益与博弈模型

一、绝对利益

绝对利益学说是英国经济学家亚当·斯密最先在《国富论》中提出的。该理论是以各国各种产品生产存在可以互补的绝对利益为前提条件的。他认为,由于各国自然资源禀赋不同,劳动生产率有别,生产同种产品的成本和所得利润有高有低,若各国都扬长避短,只生产

成本低、利润高的产品,然后互相交换,各国就都能获得更多的产品,从而增进国民福利。按照斯密的观点,如果一个国家各种产品的生产与他国相比都处于劣势或优势,相互之间就没有必要进行对外贸易。

为了说明问题,斯密把一个复杂的经济情况加以简化。他假定世界上只有两个国家和两种商品,并以生产中所投入的劳动量来表示单位产品的生产成本,而所有的劳动是同质的,没有熟练与不熟练之分。同时还假定贸易是按物物交换的方式进行,交换比率为1∶1。在此条件下,假定两个国家为英国和葡萄牙,两种商品为布和酒,分工前的产量和单位生产成本如表17—2所示。

表17—2　　　　　　　　分工前产量和单位产品的生产成本

商品国别	布 产量	布 所需劳动人数	酒 产量	酒 所需劳动人数
英国	1	100	1	120
葡萄牙	1	110	1	80

很明显,分工前英国生产单位布的生产成本绝对低于葡萄牙,而葡萄牙生产一个单位酒的生产成本也绝对低于英国。按照斯密的理论,英国和葡萄牙两国应按其绝对优势进行分工,即英国应集中力量生产和输出成本绝对低的布,而不生产和输出成本绝对高的酒。葡萄牙则相反。

因此,分工后英国用220人生产布而不生产酒;葡萄牙则用190人生产酒而不生产布。这样,英国用220人便能生产2.2单位的布;而葡萄牙用190人则能生产2.375单位的酒。分工后资源配置获得了改进,如表17—3所示。

表17—3　　　　　　　　分工后产量和单位生产成本

国家	酒产量	所需劳动人数	布产量	所需劳动人数
英国			2.2	220
葡萄牙	2.375	190		

分工后,两种商品的产量都增加了,对于分工各国都有利。英国可以将1单位布与葡萄牙交换1单位的酒,英国便有了1.2单位的布和1单位的酒;葡萄牙则有了1.375单位的酒和1单位的布,表17—3在分工后通过贸易所增加的布和酒的数量,便是斯密在其理论中所说的通过分工和贸易所获得的贸易利益,即绝对利益。

定义　绝对利益、绝对利益学说

绝对利益:一国在某种商品生产上的绝对利益是指,它生产该商品所耗费的劳动成本绝对地低于自己的贸易伙伴国。

绝对利益学说:如果每个国家都生产自己具有绝对利益的产品,继而进行自由交换,则所有参与交换的国家都可以得到好处。

二、比较利益

比较利益学说最早是由托伦斯(Robert Torrens)于1815年在《论对外谷物贸易》中提

出的。之后，英国古典经济学派集大成者大卫·李嘉图在其1817年出版的《政治经济学及赋税原理》中充分强调和发展了这一学说。

李嘉图认为，一个国家各行各业的生产也许都处于绝对不利的地位，但也能够参与可以获利的贸易。只要该国某项生产的成本相对较低，它就可以从事这样的贸易。它只需较少的优势，而不是绝对的优势。同样，各种产品都享有绝对利益的国家如果在某些方面享有更大的比较利益，当然也会从贸易中获得更大的好处。

阅读材料 李嘉图的比较利益理论

英国的情形可能是生产毛呢需要一百人一年的劳动；而如果要酿制葡萄酒则需要一百二十人劳动同样长的时间……葡萄牙生产葡萄酒可能只需要八十人劳动一年，而生产毛呢却需要九十人劳动一年……因此……虽然葡萄牙能够以九十人的劳动生产毛呢，但它宁可从一个需要一百人的劳动生产毛呢的国家输入，因为对葡萄牙来说，与其挪用种植葡萄的一部分资本去织造毛呢，还不如用资本来生产葡萄酒，因为由此可以从英国换得更多的毛呢。

……

如果两人都能制造鞋和帽，其中一个人在两种职业上都比另一个强一些，不过制帽时只强五分之一或百分之二十，而制鞋时则强三分之一或百分之三十三，那么这个较强的人专门制鞋，而那个较差的人专门制帽，岂不是对双方都有利吗？

资料来源：李嘉图：《李嘉图著作和通信集》第1卷，《政治经济学及赋税原理》，商务印书馆1983年版，第113~114页。

李嘉图提供了一个令人信服的证据，证明供应条件或成本条件的相对差异为可以获利的贸易奠定基础。在他所举的著名例子中，也采用了两个国家两种商品的假设，以生产中投入的劳动量来表示单位产品的生产成本，贸易按物物交换的方式进行，交换比率为1∶1。他还假定生产要素（劳动力）充分就业，并且他们在国内是完全流动的，但在国家间是完全不能流动的。

如表17—4所示，英国无论在布还是在酒的生产上，成本都高于葡萄牙，而葡萄牙则两者都低于英国。英国生产1单位布需要100人劳动1年，而如果要酿制葡萄酒则需要120人劳动同样长的时间。因此，英国发现对自己有利的办法是输出布以输入葡萄酒。葡萄牙生产葡萄酒只需要80人劳动1年，而生产布却需要90人劳动1年。因此，对葡萄牙来说，输出葡萄酒以交换布是有利的。即使葡萄牙进口的商品在该国制造时所需要的劳动少于英国，这种交换仍然会发生。虽然葡萄牙能够以90人的劳动生产布，但它宁可从一个需要100人的劳动生产布的国家输入，因为对葡萄牙来说，与其用种植葡萄的一部分资本去织布，还不如用这部分资本来生产葡萄酒，因为由此可以从英国换得更多的布。

表17—4　　　　　　　　　　分工前产量和单位生产成本

国　家	布产量	所需劳动人数	酒产量	所需劳动人数
英国	1	100	1	120
葡萄牙	1	90	1	80

在分工后，英国用220人生产出2.2单位的布，而不生产酒；葡萄牙则用170人生产出

2.125 单位的酒,而不生产布。对整个世界来说,分工后世界布和酒的产量便分别由 2 个单位增加到 2.2 个单位和 2.1257 个单位。分工使资源配置获得了改进。

如表 17—5 所示,英国用 1 单位的布交换葡萄牙 1 单位的酒,则其共有 1.2 个单位的布和 1 单位酒,比分工前多了 0.2 单位的布;而葡萄牙则共有 1 单位的布和 1.125 单位的酒,比分工和交换前多了 0.125 单位的酒。两国在分工后通过贸易所增加的布和酒的数量,便是按比较成本优势进行分工和交换后获得的贸易利益。

表 17—5　　　　　　　　　　分工后产量和单位生产成本

商品国别	布 产量	所需劳动人数	酒 产量	所需劳动人数
英国	2.2	220		
葡萄牙			2.125	170

定义　比较利益、比较利益学说

比较利益:一国在某种商品生产上的比较利益是指,它生产该商品所耗费的劳动成本相对地低于自己的贸易伙伴国。

比较利益学说:如果每个国家都生产自己具有比较利益的产品,继而进行自由交换,则所有参与交换的国家都可以得到好处。

比较利益学说揭示了相对成本的重要意义和贸易的互利性质,奠定了国际贸易理论的基础,并对促进贸易的发展起到了积极的作用。但它也存在一些缺陷,除了它过于苛刻的假定以及静态的分析方法以外,主要的问题集中在两方面。

第一,这个理论本身并没有解释为什么英国 100 人的劳动和葡萄牙 80 人的劳动可以进行交换?

第二,这一理论忽视了经济发展水平悬殊的国家之间开展自由贸易,实行国民待遇,对欠发达国家的民族产业具有不可忽视的抑制作用,甚至会挤垮该国的民族产业。

三、国际经济过程中的博弈模型

下面,我们用最简单的博弈论模型来分析关税及贸易总协定的谈判这样一个国际经济政策问题。

国际关税问题,一般来说,可以视为一个不合作博弈问题。因为关税的制定属于国家主权范围,各国政府根据本国的利益来制定物品关税。但是,各国政府制定本国关税时,也受其他因素的制约:本国的出口即为他国的进口,本国的进口即是他国的出口,他国也享有制定关税的主权。

我们假定世界上只有两个国家:A 国和 B 国。两国在关税制定上的策略有两种:高关税和低关税。如果两国都实行高关税,则各自的得益都是-5;如果两国都实行低关税,则各自的得益都是 15;如果一国实行高关税,一国实行低关税,则实行高关税的国家得益为 20,实行低关税的国家得益为-10,如图 17—1 所示。

从图 17—1 可以看出,如果两国都实行高关税,对双方自身来说,尽管不是最坏的结果,但双方的总得益却最少,世界经济福利水平最低,是一种纳什均衡;如果两国都实行低关税,

	B国 低关税	B国 高关税
A国 低关税	15, 15	-10, 20
A国 高关税	20, -10	-5, -5

图 17—1 两国支付矩阵表

那么，对双方自身来说，尽管不是最好的结果，但双方的总得益却最大，世界经济福利水平最高。显然，两国从进入对方市场所获得的好处要大于开放本国市场所失去的利益，会实现帕累托均衡。如果一国实行低关税，而另一国实行高关税，则无法实现均衡，这种结果一般难以出现。在两种均衡的选择时，帕累托均衡具有一种内在的不稳定性，因为各国在选择关税策略时，始终存在着使自己经济政治利益最大化的冲动。在别国实行低关税时，自己实行高关税策略，则能使本国在短期内获得最大利益。

所以，两国在进行关税策略选择时，如果不能确定对方一定会遵守实行低关税的承诺，这就不仅是一种纳什均衡，而且是一个占优战略均衡了，即不论双方采取何种策略，己方的最好选择是高关税策略。对美国来说，不管日本采取哪种策略，始终存在实行高关税策略的倾向。假定B国实行低关税，A国实行高关税，则获益20，实行低关税，获益15，所以实行高关税比实行低关税好。假定B国实行高关税，A国实行高关税，则获益-5，实行低关税，获益-10，所以实行高关税还是比实行低关税好。

此例说明，在缺乏充分的信息沟通和有效的政策协调情况下，假如每个国家的政府都从自身利益出发，那么，往往会将实行高关税策略视为是最佳选择。在20世纪二三十年代，世界各国竞相采取的"以邻为壑"贸易政策使世界各国福利总水平降低的事实，就是一个明显的例证。

思考题

1. 什么是国际价值？简述影响国际价值的因素有哪些。
2. 简述获取国际超额利润的主要手段。
3. 亚当·斯密的绝对利益理论与大卫·李嘉图的比较利益理论有何不同？
4. 西方经济学的主流观点为什么不谈"比较利益陷阱理论"？论述目前中国研究"比较利益陷阱"这一问题的理论与现实意义。
5. 利用博弈论模型，举例说明中国加入WTO碰到的若干问题。
6. 对于中国倡导的"一带一路"、俄罗斯倡导的"欧亚经济联盟"与美国搞的"跨太平洋伙伴关系协定"，用政治经济学的国际经济理论分析其作用与实施中的问题。

第十八章

经济全球化和国家经济安全

学习目的与要求

通过本章的学习,把握资本国际化的进程、主要表现形式以及不同阶段资本国际化的新特点;了解经济全球化的形成原因、发展趋势与双重效应,以及经济区域化的发展;知晓新经济殖民主义的特点,建立国际经济新秩序的必要性和内容;认清经济全球化的基本内涵,以及提高国家经济安全程度的重要性和应对思路。

第一节 资本国际化

一、资本国际化的形成和演变

广义地说,经济全球化的一个重要内容就是资本国际化。它是指资本越出一国的范围在国家间运动的过程。

资本国际化的趋势自资本主义大工业出现以后就开始了,但它的真正壮大是在资本主义进入垄断资本主义以后。在资本主义不同的时期,国际范围内的资本运动表现出不同的形式和特点。根据资本国际化的特征和发展速度,我们可以将资本的国际化进程分为两个阶段。

定义 资本国际化

资本越出一国的范围,在国家间运动和增值的过程,它主要包括商业资本、借贷资本和产业资本三个方面的国际化。

第一个阶段,自19世纪后半期到20世纪初,即第一次世界大战之前的50年。这一阶段生产和资本国际化的主要表现是借贷资本和商业资本国际化。

第二个阶段,第二次世界大战之后的20年。这一阶段生产和资本国际化得到广泛而迅速的发展,产生了新的特点。战后生产和资本国际化的突出特点是产业资本的国际化,集中表现为垄断资本对外投资的增加。适应产业资本国际化的要求,新的垄断组织形式产生,跨国公司代替国际卡特尔成为国际垄断同盟的主要形式。

二、商业资本的国际化

商业资本的国际化是指流通领域的资本在国际市场上的活动与增值,它采取的主要形式是国际贸易。

生产国际化和国际分工是国际贸易加速发展的客观基础,国际贸易将世界各国(地区)的生产、交换、分配和消费联系起来,反过来又推动了国际分工的发展。

从历史上看,资本主义国家的商业资本国际化在资本主义对外的扩张中,自始至终起着先导作用。资本主义国家在征服殖民地的过程中,首先要扩大对外贸易、拓展国外市场,实现商业资本国际化。资本主义的借贷资本国际化开始也是为对外贸易服务的。生产资本国际化则是进一步扩大对外贸易的结果。

三、借贷资本的国际化

借贷资本国际化是资本以货币形态在国际范围内发生的借贷运动与增值。国际借贷资本开始是为满足商业资本国际化的支付职能的需要,它主要表现为国际间接融资。

由于生产经营和资本流动的国际化以及电信技术的发展,使得20世纪八九十年代以来世界金融一体化出现了一个高潮。世界各国的金融市场和金融机构已经紧密地联系在一起,遍及全球的金融中心和金融机构正在形成一个全时空的国际金融市场,使得资金的调拨和融通变得空前便捷,大大提高了资本流动的效率。特别是,国际资本市场的形成和发展使得国际借贷资本一体化,空前活跃了借贷资本的国际流动。综观当今国际金融市场,可以发现如下的特点:

1. 国际信贷市场迅速发展。主要原因是:(1)世界经济的迅速增长为国际信贷市场的发展奠定了坚实的基础;(2)主要发达国家的高储蓄率和高储备额为国际信贷市场提供了充裕的资金来源;(3)国际低利率为国际信贷市场提供了有利条件;(4)国际金融市场证券化趋势从竞争角度推动国际信贷市场不断发展。

2. 20世纪90年代以来,国际债券市场上不仅融资的规模急剧上升,而且在债券类别结构、币种结构及融资者国别结构方面均发生了前所未有的变化。主要表现在:(1)国际债券市场融资规模创纪录;(2)国际债券融资者的国别发生了巨大的变化,发达国家占的比重越来越大;(3)欧元的诞生丰富了债券的币种结构。

3. 跨国公司对外直接投资的发展,推动了货币资本国际流动的加速发展。从跨国公司的内部资金来看,跨国公司的巨额经营资金除了来自于未分配利润和折旧基金外,还来源于母公司转拨给子公司或子公司之间的相互提供的资金。从外部资金来看,主要来自于金融市场的借贷。而跨国公司一方面是金融市场上的主要资金需求者,同时跨国公司在经营过程中又常有大量暂时闲置的货币资本,随时进入金融市场,也是金融市场上的主要资金供给者。

4. 跨国银行的崛起是借贷资本国际化的又一力量,如亚投行、金砖国家银行等。

5. 私人借贷资本急剧上升,而国家的借贷资本日趋下降。

四、产业资本的国际化

产业资本国际化是指资本跨越国界从事商品的生产和经营,是生产的国际化,它是通过对外直接投资,在其他国家兴建生产性企业而实现的。产业资本国际化是在商业资本国际化和借贷资本国际化发展的基础上形成的,是战后资本国际化的主要形式和基本特征,它标志着资本国际化进入了发达的阶段。

产业资本国际化的迅速发展,具体来说其原因有:

(1)它是资本主义生产发展的内在要求。资本主义面向市场的生产注定要发展为世界性的生产。在发达资本主义国家,大垄断资本集团所拥有的社会生产力日益庞大,同时国内有支付能力的需求日益相对缩小,只有向国外开拓市场。而在国内外市场问题日趋严重的情况下,各国都采取关税壁垒政策对自己的市场加以保护,所以要想占领国外市场,最有利的办法就是直接在国外投资建厂,就地销售。

(2)它是国际分工和专业化协作发展的必然趋势。随着纵向生产国际化的发展加深,生产的国际分工和协作呈不断升级态势,由同一产业部门内部不同行业之间的国际分工和国际交换,而发展为同一行业内部不同产品之间的国际分工和国际交换,以致同一产品的各种零件往往来自许多国家和地区,整个地球俨然成为一个大工厂。这样做可以吸收他国的先进技术,在全球范围内最佳配置生产力,生产出成本低、质量高、竞争力强的零部件和产成品。

(3)它是新科技革命的必然产物。新科技革命使交通运输、通信设备、电脑网络大大发展,性能更加先进,世界空间距离大大缩短,一个国家以某城市为中心,可以直接指挥分布在全球各地的分支点,这就为产业资本国际化提供了必要的物质技术条件。

(4)它是西方发达国家产业结构加速升级的结果。第二次世界大战以后,由于平均利润率的下降、生产成本的增加和环保投资加大等原因,西方资本主义积累体制由泰勒主义转向福特主义,并加速向后福特主义转变,其结果必然加速了产业结构的升级换代。向发展中国家和地区大量转移所谓的夕阳产业,直接引发了国际直接投资浪潮,加速了产业资本的国际化。其中,作为产业资本国际化最重要的载体和主角的跨国公司蓬勃发展,突出反映了生产国际化和资本国际化及其相互交融的变化。

小辞典 各种各样的国际化

商业资本国际化:指流通领域的资本在国际市场上的活动与增值,它采取的主要形式是国际贸易。

借贷资本国际化:指资本以货币形态在国际范围内发生的借贷运动与增值,主要表现为国际间接融资。

产业资本国际化:指资本跨越国界从事商品的生产和经营,主要通过对外直接投资,在其他国家兴建生产性企业而实现。

产业资本国际化的主要表现是:(1)对外直接投资的总量,其中主要是私人对外直接投资额迅猛增长;(2)跨国公司成为西方对外直接投资的主体;(3)从对外直接投资的形式看,跨国兼并和收购是跨国公司对外直接投资的主要形式;(4)对外直接投资的主要流向转向发达国家。

第二节　经济全球化与区域化

一、经济全球化的趋势

经济全球化是指随着科学技术和国际分工的发展以及生产社会化程度的提高,世界各国、各地区的经济活动超越一国或地区的范围而相互联系和密切结合的趋势。经济全球化包括多方面的内容,主要是生产全球化、贸易全球化、资本全球化。

定义　经济全球化

经济全球化是指随着科学技术和国际分工的发展以及生产社会化程度的提高,使世界各国、各地区的经济活动超出一国或地区的范围而相互联系和密切结合的趋势。

经济全球化的成因是涉及国家经济体制、企业趋利动机与技术进步三个因素:(1)世界各国实行市场经济体制消除了经济全球化发展的体制障碍;(2)微观经济主体的趋利动机推动了经济活动的全球化发展;(3)信息技术的进步降低了远距离控制的成本。

二、经济全球化的双重效应

现阶段的经济全球化是有利有弊的,可从生产力和生产关系两方面来考察经济全球化的正负效应。

从生产力的角度看,经济全球化使资源得以在全球范围内进行配置。这样,作为全球经济组成部分的各个国家,有可能发挥自己特有的优势,从而有可能促进各国和世界经济的发展和经济效益的提高。经济全球化使世界市场成为一个不断扩大的统一的整体,各国都面向这个统一的全球大市场,这就使各国企业有可能充分发挥竞争优势,根据市场需求,实行规模经营,同时参与世界竞争。而这些都会促使各企业改进经营、提高生产效率和降低成本,从而促进生产的更大的发展。现代科学技术研究和开发的社会性极高,许多重大的高科技项目,一国不能独立承担,必须有更多国家参加,实行国际合作。经济全球化使得科学技术活动趋于全球化,科技研究和开发的国际合作大大加强,科技成果在全球的传播加快,这无疑将有力促进生产力的发展。经济全球化为各个国家提供了发展经济的机遇,特别是当今世界为数众多的发展中国家,生产力水平低下、经济落后,而在全球化条件下,它们可以通过对外开放,加强与他国合作,扩大对外贸易,引进外资和国外先进技术,学习和借鉴他国的先进管理经验,从而有可能充分实现其"后发优势",大大加快其经济发展速度。

值得注意的是,经济全球化对发达国家比对发展中国家更有利。这是因为,发达国家在资金、技术和管理上都具有较大的优势,它们不只具有丰富的资本,有先进的技术设备和操作水平,而且还有完善的市场经济体制和健全的法律制度与高效的产业组织制度和企业制度,有建立在此基础上的发达的社会劳动生产率和国际竞争力。虽然经济全球化对发展中国家和发达国家来说不一定是"零和"关系,而可能是一种"双赢"局面。但是,由于发展中国家和发达国家之间在自然资源禀赋、技术水平、产业结构和国际竞争实力等方面存在巨大差异,因此,发展中国家与发达国家相比,在经济全球化中所处的地位必然不同,所获得的利益也就不同。在经济全球化"盈余"的分配上,发达国家处于优势地位,是最大的受益者。而发展中国家常常处于劣势地位,获益相对较少。其结果,形成发展中国家的财富同发达国家再分配的局面,造成发展中国家和发达国家的贫富差距日益拉大。

从生产关系的角度看,在经济全球化过程中,发达的资本主义国家占主导地位和起支配作用,决定经济全球化的进程和性质。这使经济全球化主要在资本主义积累规律制约下,具有相当的经济剥削性和不平等性质。极少数发达国家,尤其是美国,依靠其在经济全球化过程中所建立的霸主地位,享有极大的经济利益,从而使发展中国家在不对等的国际经济关系中蒙受了巨大的权益损失。其主要原因便是发达国家和发展中国家处于完全不平等的地位,而这种不平等表现在制定和履行经济全球化的制度和规则上。

市场经济和经济全球化,需要在平等的基础上制定客观、公正的制度和机制。不参与经济全球化或无条件地参与经济全球化均会产生严重后果。发展中国家要求在客观、公正的国际制度和规则的保障下参与经济的全球化。制定世界经济运行制度和规则,并监督这些制度和规则执行的是以维护和调节国际经济活动为基本职能的三大世界经济组织,这就是国际货币基金组织、世界银行和世界贸易组织。而目前这三大世界经济组织是被美国等发达国家所操纵和控制。发达国家利用经济全球化的趋势,竭力垄断世界经济制度和规则的制定权和修改权,排斥发展中国家参与世界经济制度和规则的制定,使其制度、规则的制定过程缺少平等、民主、公正和透明度。这种国际经济制度和规则制定的结果,有利于发达国家而不利于发展中国家,使发达国家的相对优势得到了发挥,使发展中国家的相对优势受到了压制。在这种"扶强抑弱"的制度和规则下,经济全球化过程中必将造成强者宰割弱者的局面。例如,目前美国等国就企图通过世界贸易组织制定新的规则,以美国劳工标准作尺度制定最低工资标准,要把发展中国家所具有的劳动力成本低的优势压下去,以减少经济全球化对发达国家产生的失业影响,并缓解由于发达国家工人工资降低、收入水平下降而产生的各种矛盾。

三、经济区域化的发展

近些年来,在经济全球化加速发展的同时,经济区域化趋势也不断加强。经济区域化不仅表现为同一地区各国间经济交往和合作的加强,而且特别表现为地区内部各国签订协议,建立经济一体化组织。

区域经济组织有多种形式,有优惠贸易协定、自由贸易区、关税同盟、共同市场、货币同盟、经济同盟;按其规模来说,有像欧盟和北美自由贸易区这样的地域广大、经济规模巨大的组织,也有经济规模较小的区域经济组织;按成员国来说,有发达国家组成的,或以发达国家为主建立的经济组织,也有完全由发展中国家建立的地区经济组织。地区经济组织的模式和运行机制也各不相同。

区域经济一体化,对地区生产力的发展、经济的增长有促进作用。这是因为:地区经济一体化,意味着地区内各国之间壁垒的消除,这就有利于资源跨国流动,在地区范围内更有效地配置;地区经济一体化,使市场规模扩大,各国成员有更大的可能发挥规模经济的效果,从而促使生产效率提高;地区经济一体化,又意味着地区内部的竞争激化,在激烈竞争的压力下,企业千方百计地改进经营管理,采用新的科技成果,提高效率,降低成本;地区化将促进各成员国科研和生产的合作、相互投资和贸易的扩大,产生各成员国单干所不能得到的效果;地区一体化组织的建立,有可能使各成员国以联合的力量,采取一致的行动,扩大和加强对外经济关系。不过,如果区域化组织和运行规则制定得不合理,就会影响有关国家和世界经济的整体发展。如美国搞的"跨太平洋伙伴关系协定",有意排斥中国参与,其规则也有问题。

四、新经济殖民主义的特点

殖民主义是资本主义的产物,只要资本主义存在,就有殖民主义产生的根源。因为,资本主义是一种剥削制度,这种剥削制度的本质决定了发达资本主义国家必然向落后的国家推行殖民主义,进行掠夺与剥削。世界经济政治发展不平衡是殖民主义产生和存在的一个重要条件。在当代,殖民主义的客体是发展中国家,由于发展中国家经济水平较低,而发达国家经济实力很强,两者之间存在一定的差距,发达国家就会凭借自己的实力对不发达国家进行剥削和掠夺。

发达资本主义国家根据其所处的历史条件,采取不同的殖民主义形式。在第二次世界大战前采取的是旧殖民主义形式。旧殖民主义是通过赤裸裸的军事侵略,扶植自己的傀儡,直接控制殖民地和附属国的政治、经济、军事,对当地人民进行残酷的剥削和暴力统治,为垄断资本主义国家的垄断资本获取高额利润服务。

在第二次世界大战后,发达资本主义国家则采取的是新殖民主义或新帝国主义形式。它采取比较隐蔽的办法,主要是以经济渗透的办法来控制和掠夺发展中国家,从而使垄断资本的各种利益继续得到保证。主要的原因是:

首先,旧的殖民体系在民族解放运动的冲击下再也不能维持下去了。第二次世界大战后,国家要独立、民族要解放、人民要革命,已成为殖民地附属国的一股不可阻挡的历史洪流。许多殖民地附属国摆脱了原来的殖民统治,走向民族民主解放道路。在这种情况下,垄断资本主义国家一方面绝不放弃对原来殖民地附属国的继续控制和剥削;另一方面又迫于形势而不得不抛弃旧殖民主义的那一套统治方式,采取了新的控制和掠夺的手段,即新殖民主义。

其次,殖民地附属国取得政治独立后,它们在经济上作为帝国主义的资源产地、销售市场和投资场所的作用反而增大了。西方垄断集团为首的国际资本进一步控制了市场和商品的价格,以及掌握和控制了规则和制度的制定权,加强了对发展中国家的剥削。由于一些发达国家控制了市场和商品的价格,使发展中国家的出口产品在世界市场上的价格不断下降,而发达国家的制造品的价格却向上攀升。

最后,国家垄断资本主义的发展,为实现帝国主义政策的重大转变与新殖民主义的出现提供了可能,国家垄断资本主义的发展大大便利了新殖民主义的推行。另外,战后迅速发展起来的国际垄断组织——跨国公司,为新殖民主义的推行提供了主要工具。跨国公司通过私人资本输出,加强发展中国家对其直接经济依赖;通过现代科学技术和知识产权的垄断,加强发展中国家对其技术和品牌的依赖;通过对国际市场和价格的垄断,加强发展中国家对其贸易依赖;通过对资本的垄断,加强发展中国家对其金融依赖;通过国际组织进行有条件的"多边援助",推行新自由主义的"华盛顿共识",影响和干预发展中国家的经济。

可见,新殖民主义就是新帝国主义。随着经济全球化的发展和发展中国家力量的壮大,发达资本主义国家所推行的经济殖民主义形式和政策有所改变。但经济殖民主义的本质没有变,发达资本主义国家对发展中国家的剥削和掠夺不但没有减弱,反而进一步加强了。

五、建立国际经济新秩序

国际经济秩序是指在世界范围内建立起来的国际经济关系,以及各种国际经济体系与制度的总和,是使世界经济作为有内在联系和相互依存的整体进行有规律地发展与变化的运行机制。在第二次世界大战期间和随后建立的三大国际经济组织标志着战后国际经济秩序的形成。

旧的国际经济秩序具有以下几个特点:

(1)建立了不合理的国际分工(垂直型分工)生产体系。这种生产体系继承了殖民时代的格局,使得亚、非、拉广大地区沦为资本主义的投资场所、原材料基地和销售市场,形成发达国家为中心、发展中国家为外围的"中心—外围"世界体系格局,使发展中国家依附或半依附发达国家。

(2)建立了以不平等交换为基础的国际贸易体系。在发达国家掌控的国际贸易制度下,发展中国家的贸易条件相对不利,交换的利益大多数为发达国家所占有。

(3)建立了发达国家垄断的国际货币金融体系。它大大方便了发达国家的资本输出和发动金融战,加深了发展中国家对发达国家的依赖程度,容易爆发金融危机。

(4)建立了由发达国家主导的国际经济决策制度。在这种国际经济秩序下,发达国家对国际机构拥有绝对的控制权和人事权。

旧的国际经济秩序严重地扼制和阻碍了发展中国家民族经济的发展,使得发达国家和发展中国家的差距不断拉大,矛盾也日益尖锐,因此,广大发展中国家积极要求改革这种旧的国际经济秩序,建立新的国际经济秩序。在社会主义国家等发展中国家的积极推动下,联合国于1974年通过《建立新的国际经济秩序宣言》,提出了建立国际经济新秩序的20项原则。结合21世纪以来的世界形势,新国际经济秩序的内容至少包括以下几个方面:

(1)维护对资源的主权和争取海运权。在维护本国的资源主权方面,如废除外国资本的租地权和永久开采权,加强对外资企业的监督、限制和管理。海洋问题是建立新国际经济秩序的一项重要内容,主要内容有:海床矿藏权和分享海运权等。

(2)改善国际贸易和技术转让条件。反对贸易保护主义,为减少关税和非关税贸易壁垒进行斗争。同时,积极争取发达国家向发展中国家转让技术,减少技术转让的种种不合理条件。

(3)改善国际金融体制。发达国家应免除最不发达国家的官方债务,减轻困难较大国家的还本付息负担,延长债务偿还期;废除资金援助中附带政治、军事等不合理的条件;扩大发展中国家在国际金融组织中的权利和利益,包括争取扩大借款权益和人事权等;不应强迫发展中国家的主权货币完全自由兑换,而美元的发行应受到国际监督。

(4)改善国际分工和世界经济结构。发达国家有责任增加技术转让、限制高污染和高耗能等产业向发展中国家转移、取消对发展中国家并购发达国家实体经济的限制等。

定义　国际经济新秩序

国际经济秩序:指在世界范围内建立起来的国际经济关系,以及各种国际经济体系与制度的总和。

国际经济旧秩序:指第二次世界大战期间和随后建立的主要为发达国家经济利益服务

的国际经济秩序。

国际经济新秩序:联合国1974年通过《建立新的国际经济秩序宣言》,提出了建立国际经济新秩序的20项原则,其中包括维护资源主权和改善贸易条件等。

第三节　国家经济安全

一、经济全球化对国家经济安全的影响

国家经济安全是指一个国家在经济发展过程中能够有效消除和化解潜在风险,抗拒外来冲击,以确保国民经济持续、快速、健康发展,确保国家经济主权不受分割的一种经济状态。

资本国际化和经济全球化在促成各国之间的生产要素合理流动,形成优势互补的同时,弱化了国家和民族界限,对国家经济安全造成了冲击。在经济全球化进程中危及国家经济安全的因素主要有:(1)国家支付危机;(2)金融风险;(3)产业风险。

在上述因素作用下,经济全球化对国家经济安全产生了以下的负面效应:

(1)经济全球化对发展中国家的经济主权产生负面影响。经济全球化主要在发达国家的制度安排下展开,参与经济全球化的发展中国家必须遵守已有的国际条约、协定和惯例;同时,发展中国家为了获得经济全球化给各国带来的好处,有时还被迫对经济惯例权限做出某些让步,结果使发展中国家的经济活动受制于发达国家。

(2)经济全球化对发展中国家的产业结构带来负面影响。在国际分工体系中,处于边缘地带的发展中国家由于历史和现实的原因,容易接受发达国家扩散的低层次产业,形成同发达国家高层次产业并存的垂直分工格局。

(3)经济全球化对发展中国家的格局市场占有率带来负面影响。随着发达国家的跨国公司对发展中国家的大举"入侵",发展中国家的国内市场越来越多地被外资所占有,而发展中国家凭目前的经济实力与发达国家争夺国外市场并非易事,结果只能是发展中国家市场占有份额的减少。

(4)经济全球化对发展中国家的金融市场带来负面影响。在国际金融无序状态下,金融市场动荡,金融风暴四起,金融丑闻不断,金融投资猖獗,国际货币合作的风险增大,而发展中国家为了促进经济的快速发展,在扩大利用外资规模的同时,还要在一定程度上放松对本国金融市场的监管。

(5)经济全球化对发展中国家的经济制度带来负面影响。发达国家假借经济全球化之名,力图把自己的经济模式强加于发展中国家。正如索罗斯公然宣称的,全球化经济就是全球化资本主义体系。

二、在对外开放中维护国家经济安全

经济全球化并不是世界大同,各个国家仍然是作为独立的国家和利益主体而存在的。在以主权国家为基本单位的现实世界中,国家利益和国家经济安全始终是国家对外政策与行为的根据。对于我们这样一个发展中的社会主义国家来说,保证国家经济安全是十分必要的。为此,我们在参与经济全球化过程中要坚持以下原则:

一是利益原则。国家利益、民族利益始终是一个国家全体人民的整体利益。我国的经济安全战略应始终以我国国家利益为轴心展开,同时兼顾有利于实现各国国家利益的国际利益,以便构建"和平、发展、合作、共赢"为原则的双边、多边和全球的各种利益共同体和命运共同体。其中,发展中方控股份、控技术、控品牌的"三控型"民族企业集团和大型跨国公司,是关键之一。

二是全球原则。经济全球化进程中各国经济相互依赖日益加深,仅仅靠一个国家的力量来保卫经济安全已变得越来越困难。因此,我国的经济安全战略应把本国经济置于世界体系内,加强对外经济谈判的能力和制定国际经济规则的话语权,灵活利用国际各种合作组织和机制来实现我国的经济安全目标。

三是变动原则。在全球化趋势日趋加速之际,各国所依赖的国际环境也不断变化。在这种情况下,我国的经济安全战略必须周密考虑和正确判断世界经济未来的发展态势,使我国的经济安全有较强的适应性和自主性,在不断变动的国际环境中追求一种相对平衡状态。

例如,近期我国人民币就不宜完全自由兑换或资本项目立即开放,因为美元的霸权地位以及我国的金融监管能力和金融实力等均未达到有效规避开放的巨大风险。

思考题

1. 第二次世界大战后,产业资本国际化迅速发展的原因是什么?
2. 有人说,经济全球化就是全球资本主义化;也有人说,全球化就是美国化。对此,请做一评析,并阐述经济全球化的形成原因和正负效应。
3. 新经济殖民主义与旧经济殖民主义相比的主要特点是什么?
4. 简述新的国际经济秩序的形成过程和它的主要内容。
5. 什么是国家经济安全?提出发展"三控型"民族企业集团有何意义?有的观点认为,麦当劳连锁店就是中国要大力发展的民族企业;也有的观点认为,在经济全球化中已不存在或无须提出民族经济的问题。请做一正确评论。
6. 斯蒂格利茨、蒙代尔、克鲁格曼和梯诺尔是诺贝尔经济学奖得主,为何他们都不赞成我国资本项目近期就开放?

尾论

经济制度的演变

学习目的与要求

通过本章的学习,把握资本主义和社会主义经济制度产生和发展的过程,认识这两种经济制度的历史进步性和局限性,以及资本主义社会和社会主义社会分阶段发展问题,进而领悟社会主义必然代替资本主义是历史发展的总趋势,并对当今世界社会主义与资本主义两种经济制度的对立统一性有一个正确的理解。

第一节 经济制度的一般原理

一、经济制度的含义

作为经济学概念,社会经济制度概括了全部经济关系,其中最根本的是财产关系,也就是通常所讲的生产资料所有制。

经济制度可分为基本(或根本)经济制度和具体经济制度。基本经济制度体现基本生产关系,表明经济制度的基本特征和基本性质。具体经济制度体现具体生产关系,是基本经济制度的具体形式,我们通常采用"经济体制"这个词来表示具体经济制度,并将其主要内容概括为两项:所有制形式(所有制派生或决定分配制)和经济运行机制。这两项内容相互联系,一定的经济运行机制以一定的所有制形式为基础,一定的所有制形式通过一定的经济运行机制来实现。

定义　制度:马克思主义经济学和新制度经济学

马克思主义经济学把经济制度定义为经济关系,其中最根本的是财产关系,并把反映经济关系的上层建筑视为政治制度和法律制度。

西方新制度经济学把制度看作约束人们行为的规则,这些规则涉及社会、政治和经济行为。

二、经济制度的功能

经济制度既可推动生产力发展,也能阻碍生产力增长。如果财产关系和利益关系合理,这种合理的经济制度必将促进生产力水平的提高,无论是从宏观经济层面上还是从微观经济层面上看,都是如此;反之,如果出现了生产的持续停滞或倒退,就可以断定是现行的生产关系和分配关系出了毛病,要对现行的生产关系和分配关系进行调整,即对现行的经济制度实现变革,不这样做,生产力的落后状态就不能改观。世界历史的发展和我国改革前后的对比,证明上述论断正确无误。

讨论　制度功能:马克思主义经济学和新制度经济学

在制度功能问题上,马克思主义与新制度经济学都承认制度对经济的重大影响和重大作用。不同的是,马克思主义在承认生产关系对生产力作用的同时,更承认生产力对生产关系的决定作用,认为生产关系和生产力之间是一种相互影响、相互作用的关系。新制度经济学从机制方面说明制度功能,具有反西方微观经济学和宏观经济学具有脱离现实的"黑板经济学"和形式主义的进步意义,但与马克思主义制度经济理论相比,其深刻性和科学性明显不足。

三、经济制度的演变

政治经济学的经济制度演变理论可主要概括为以下几点:

(1)经济制度不具有永恒性,它是发展、变化着的事物。按照唯物辩证法原理,世界不是由一成不变的事物构成的,各种各样看上去是稳定的事物以及它们在人们头脑中反映的概念,都处于生成和灭亡的不断变化之中。

(2)经济形态的发展变化是一个自然历史过程。按照历史唯物主义原理,以经济制度为基础的全部社会制度的演变和更换,都以生产力的发展水平和发展要求为动因,而不以人们的主观意愿为转移。社会经济制度的演变是自然过程,而不是人为过程。

(3)承认人(个人、集团、阶级)在制度演变中的重要作用。虽然人们不能随意自由选择社会制度,但人们在社会制度变革中的主体作用和能动作用又是不可否认的。这是因为:第一,社会发展史与自然发展史毕竟不同,在社会历史领域内进行活动的全是有意识的追求某种目的的人。第二,人是经济关系和利益关系的承担者。阶级是在社会关系中处于不同地位的人群所组成的集团。经济上的阶级就是处于不同所有制及其生产关系所构成的集团,并由此决定这个阶级的政治上和文化上的态度和观点。在人对制度演变的作用问题上,更重视阶级和阶层的作用。在阶级社会中,生产力和生产关系之间的矛盾和冲突表现为阶级之间的矛盾和冲突。国内外的阶级斗争是阶级社会历史发展的主动力之一,而阶级斗争首先是为了经济利益而进行的。

(4)制度演变有两种基本形式:改良与革命。改良的形式又称进化形式或渐进形式,是制度的量变或部分质变过程。这个过程的特点是在保持基本或制度根本性质不变前提下,对制度的某些方面进行调整,使制度趋于完善。革命形式又称突变形式或飞跃,是指制度的根本质变过程。这个过程的特点是废除原有制度,建立新的制度。从制度的人格化方面看,被统治阶级往往采取革命形式推翻旧制度,但也不拒绝一定条件下的改良形式。统治阶级往往采用改良形式来修补和改进原有制度,延长制度的生命。

(5)从人类历史发展总趋势看,以经济制度为基础的社会制度演变依次经历了五个形态:原始社会制度→奴隶社会制度→封建社会制度→资本主义社会制度→包括社会主义的共产主义社会制度。"五形态"的依次发展是一个不断从低级上升到高级的进程。但从不同国家、不同民族、不同区域的具体发展过程看,其制度演变也不一定都遵循"五阶段"的路线,历史会显示发展的多样性,但作为起点的原始社会与作为终点的共产主义社会,则是必经的社会形态。在共产主义社会还会有许多矛盾,推动从低到高的不断发展,并显示出不同的发展阶段,只不过均属于共产主义社会形态范围内的演变。

新制度经济学制度变迁理论的主要内容可概括为如下几点:

(1)制度是可变的。"制度是人类的一种创造。它们是演进的,并为人类所改变。""制度的稳定性丝毫也没有否定它们是处于变迁之中的这一事实。从习俗、行为规则、行为规范到法律以及个人之间的合约,制度是处于演变之中的,因而在不断改变着我们所获得的选择。"①

(2)制度变迁的原因在于主体追求收益最大化。制度之所以会被创新,就在于个人或团体希望获得在旧制度安排下不可能得到的利润。虽然推动制度变迁的主体可以是个人,也可以是团体或政府,但新制度经济学认为必须从个人开始。而个人行为又是基于"经济人"或"自私人"假设的。这样,个人追求利益最大化就成为新制度经济学理论的起点和原则。不同行为主体改变制度的动机可能不完全相同,但都要服从制度变迁这个一般原则。理性经济人从事活动都要进行成本—收益对比,从事制度变迁活动也是如此。只有当预期收益大于预期成本时,行为主体才会推动制度变迁。

(3)制度变迁过程是从制度均衡到制度非均衡再到制度均衡。假定制度初始均衡。在均衡状态中,制度的任何改变都不能给生活在这一制度中的任何个人或团体带来额外收益。但这样的均衡状态却不能持久。一些外在的事件(如市场规模变化、相对价格变化等)会衍生出制度创新的诱因。对这些变化最先做出反应的是企业家,他们感到有了获取潜在利润(在现有制度下无法获得的利润)的机会,于是产生改变现存制度的要求,即所谓制度需求。这时,制度均衡就变为制度非均衡。制度非均衡是指人们对现行制度要求改变但尚未改变的一种状态。这种状态将由制度供给来改变。为了得到潜在利润,新制度迟早会创造出来。这时,制度非均衡状态就变为制度均衡状态。

(4)制度变迁有两种基本类型:一种是诱致性制度变迁,另一种是强制性制度变迁。诱致性制度变迁是指现行制度的变更或新制度的创造,是由个人或团体在获利机会诱导下自发倡导、组织和实施的制度变迁。强制性制度变迁是指由政府倡导、组织和实施的制度变迁。诱致性变迁必须由某种在现行制度中无法得到的获得机会引起。强制性变迁则可以因某些利益集团要求对国民收入再分配而发生。

(5)绝大部分的制度变迁都是渐进式的,而不是突变性的。例如,封建庄园内传统的主仆关系反映了主人对仆人的绝对权力,但由于14世纪人口下降,增强了仆人的谈判力量,导致主仆传统协议的逐渐瓦解,最后出现了无条件继承土地的所有制,引起庄园习俗的废除以及正规法律的变化。这个制度变迁过程演进了几个世纪。

---

① 诺斯:《制度、制度变迁与经济绩效》,上海三联书店1994年版,第6~7页。

讨论　制度演变：马克思主义经济学和新制度经济学

马克思主义经济学与新制度经济学都承认制度是变化的，但在制度变化的原因和方式等方面看法不同。前者强调阶级和阶级斗争在社会基本经济制度变革中的作用，并将阶级冲突归因于经济利益冲突；后者侧重从西方正统经济学原理上说明制度演变的根据和机制，强调个人和集团在制度创造中的作用，并且强调制度演变的渐进性质。

从经济制度的内在矛盾来说明制度和制度演变，是马克思主义制度理论的精华所在，也是马克思主义制度理论的高明之处。运用"成本—收益"方法和"需求—供给"方法来说明制度和制度变迁，是新制度经济学的重要特点。马克思主义的制度理论是分析社会基本经济制度及其变革的最有效的工具。在社会基本经济制度框架内对具体经济制度及其变革的分析，除主要运用马克思主义理论和方法外，还可有批判地借鉴和运用新制度经济学的理论和方法。这在中外经济体制改革问题上都是如此。新制度经济学的代表人物诺思确认："马克思主义的框架之所以是目前对长期变革最有力的论述，恰好是因为它将新古典框架舍弃的全部要素都包括在内：制度、所有权、国家和意识形态。马克思所强调的所有权在有效率的经济组织中的重要作用以及现存的所有权体系与新技术的生产潜力之间紧张关系在发展的观点，堪称是一项重大的贡献。在马克思主义体系中，正是技术变革造成紧张状态，而变革又是通过阶级斗争实现的。"[①]

讨论　制度理论：马克思主义经济学和新制度经济学

马克思主义经济学从经济制度的内在矛盾来说明制度和制度演变，强调所有权在有效率的经济组织中的重要作用。

新制度经济学运用"成本—收益"方法、"需求—供给"方法以及均衡方法来说明制度和制度变迁。

第二节　资本主义经济制度

一、产生过程

资本主义经济制度的本质特征是：私人资本雇佣劳动，私人资本支配劳动。

资本主义经济制度首先出现在欧洲。由于生产力的发展，公元10世纪的西欧已开始出现手工业和农业的分离，并产生了以手工业和商业为中心的城市。随着城市的出现和商品生产的发展，小生产者开始分化，封建社会内部产生了资本主义萌芽，进而许多国家出现了手工工场形式的资本主义生产。

封建社会后期虽然产生了资本主义生产关系，但这种新生产方式的发展开始还比较缓慢，不能适应15世纪末各种大发现所造成的世界市场的需要。后来，通过资本的原始积累，才使资本主义生产规模得到迅速扩大。

资本主义经济制度和封建主义经济制度虽然都以私有财产为基础，但两种制度还是有所区别。资本主义制度的特点是雇佣劳动，封建制度的特点是农奴劳动或徭役劳动。作为

---

① 诺思：《经济史中的结构和变革》，上海三联书店1992年版，第61～62页。

两种生产关系的主要承担者,资产阶级和封建地主阶级又存在利益上的矛盾。矛盾的激化,促使资产阶级进行政治革命,推翻封建统治,建立资产阶级政权。经济权力靠政治权力维护。资产阶级建立国家政权就是为了保卫和发展自己的财产关系。16世纪的尼德兰革命、17世纪的英国革命、18世纪的法国革命均以资产阶级胜利而载入史册。资产阶级革命胜利正式启动了人类社会的资本主义发展进程。

但是单靠资产阶级政治权力保护资本主义经济制度还是不够的。资本主义经济制度的确立和发展,还必须有自己坚实的物质技术基础。18世纪60年代开始于英国的以机器发明和应用为标志的产业革命,才使劳动完全隶属于资本,才最终确立了资本主义制度的统治地位。

二、进步性与局限性

我们可以从制度内容和制度功能两个方面去考察资本主义制度的进步性。

从制度内容上看,资本主义经济制度的进步性表现在,它将人从人身依附关系中解放出来,使人成为独立自由的人。当然,资本主义制度下人的独立性是外观的、法理上的,而不是事实上的。这是因为,资本主义社会中"人的独立性"又是建立在"物的依赖性"的基础上的,是用人对物的依赖代替了人对人的依赖。这又是资本主义制度的局限性。

从制度功能上看,资本主义制度的进步性主要表现在它能以比封建制度快得多的速度推动生产力发展。即使发展到了垄断资本主义阶段,仍具有一定的进步性。尤其是第二次世界大战后,西方资本主义国家在生产力、财产形式和经济运行机制等方面又发生了新的变化。

首先,科学技术和社会生产力有了相当的发展。其次,生产社会化、资本社会化进一步提高,生产关系一些环节有了改进。突出的表现之一是,多单位、多功能、多样化经营的巨型企业或巨型公司超越国界迅速发展。巨型公司的兴起与发展,既是资本主义生产日益社会化的体现,又使资本主义生产关系出现了许多新现象:①股权更加分散,一家大公司往往有几百万个股东,很多雇员拥有公司股票。②公司内部权力相对分散,很多公司的经营管理权较多地掌握在高级管理人员手中。③有些国家的工人代表以不同形式参与公司某些问题的管理。资本主义企业在管理制度上的变革,又为技术的持续不断创新提供了社会条件。

再次,经济运行机制出现了重要变革。一是资本主义国家或政府强化了经济管理职能,加强了对经济的宏观调控,扩大了国民收入的占用和支配的份额,增加了公共开支的规模,在一定程度上建立起一套社会安全保障系统。二是大企业与中小企业之间建立了相对稳定的长期合作关系,扩大了企业内部生产的计划性。这些变革对减少经济波动、缓和社会矛盾、保持社会安定、保证经济平稳增长等,都起着重要作用。

但是,不能因为资本主义制度的进步性而否认它的局限性。这里所讲的局限性,是指同资本主义制度共生共存的,但不能由它自身加以克服的那些制度的缺陷。主要有下列两点:

1. 资本主义制度无法克服自身所产生的异化现象

资本主义制度使人具有了独立性,但这种独立性又以人对物的依赖性为基础。本来,生产物是劳动者创造出来的,应该是劳动者支配自己的生产物。现在,由劳动者制造出来的生产物变成一种外在的异己的力量,反过来支配和控制劳动者。工人自己的产品变成了奴役工人的工具。在资本主义社会,人对物的依赖性表现为劳动对私人资本的依赖性和依附性。

一个人可以不受另一个人控制,但不能不受私人资本的控制。在这种制度下,从人与人的关系上看,每个人是平等的(法律上的);从人与物的关系上看,每个人又是不平等的(事实上的)。人的独立性使人的主动性和积极性得到发挥,从而创造了前所未有的文明。人对物的依赖性又抑制了人的活力,给资本主义社会带来很多麻烦和灾难。资本主义制度废除了封建社会中人身依附关系,这是历史的进步,但资本主义又是物支配人的制度,这是它的缺陷。

2. 资本主义无法根除它内在的对抗性矛盾

推动社会生产力发展是资本主义制度进步性的表现,但社会生产力巨大发展与资本主义制度自身狭隘性又必然发生冲突。资本主义社会是一个充满对抗性矛盾的社会,其各种矛盾具有层次性。最基础、最根本的矛盾就是社会化生产和生产资料资本主义私人所有制的矛盾,并派生出按资分配为主体的贫富阶级对立的第二层次的矛盾,以及个别企业生产经营的有组织、有计划与全社会无计划的第三层次矛盾(导致各种经济危机)。当然,还会产生大量失业、发展缓慢等其他层次的矛盾。但是要根本解决这对矛盾,就要消除生产力和生产关系的私有资本属性,承认其社会属性,用生产资料公有制逐步取代私有制,而这一点是资产阶级不能接受的,暴露出其阶级局限性和历史局限性。于是,必然导致无产阶级与资产阶级之间的阶级对立和斗争,并通过这一斗争来根本解决。

三、过渡性或必亡性

资本主义制度过渡性是指:第一,同世界上任何事物一样,资本主义制度也是变化着的东西。它在人类历史上具有暂时性,不具有永恒性。第二,它的变化发展同样遵循从低级向高级的路线,资本主义必然转向社会主义。

西方制度学派也承认社会制度的变化发展原则,而不同的是,马克思主义的发展观更强调两点:其一,发展的动力或动因是事物内部矛盾,发展是旧事物的死亡新事物的成长;其二,发展不仅是平稳的、渐进的量变过程,而且在一定阶段还会出现渐进的中断,出现质的飞跃。这两点是我们理解社会制度变化发展的钥匙,也是理解资本主义过渡性和必死性的思维基础。

马克思恩格斯发表的《共产党宣言》揭示资本主义的丧钟已经敲响,已有160多年。列宁发表的《帝国主义是资本主义最高阶段》揭示垄断资本主义具有过渡性或垂死性,也有整整100年。然而,令许多人感到困惑的是,迄今为止,除了极少数国家属于社会主义以外,绝大多数资本主义国家并没有死掉或灭亡,而且还获得了不同程度的发展并继续存在下去。这就提出了一个十分重要的问题,即如何去判断当代资本主义的过渡性或必亡性及最终发展趋势。

1. 当代资本主义某些新发展和改良有利于延长过渡或必亡的时间

当代资本主义尤其是发达资本主义,发生了许多重要的变化。这些变化在一定程度上为资本主义的进一步发展提供了条件,并延缓了资本主义的灭亡。

(1)生产力的发展。有资料表明,资本主义国家的工业平均增长速度在自由竞争的资本主义阶段只有2%左右,而在垄断资本主义阶段却达到3%左右。这种或快或慢地继续下去,使列宁所说的它在"腐烂状态中保持的时期"大大地延长了。

(2)生产关系的调整。首先是宏观经济的调控。当代发达资本主义国家的政府不再像过去那样完全听任自发的市场机制来决定经济的运行,而是通过制定积极主动的财政政策和货币政策等,来有限度地克服宏观的通货膨胀、失业和经济危机。其次是分配制度的改良。当代发达资本主义国家也不再像过去那样完全听任自发的市场机制来决定收入的分配,而是通过制定最低工资法、由集体谈判来决定工资、赋予政府调节和仲裁工资争端的权力,以及累进税和转移支付等来有限度地缓解贫富两极分化。最后是社会保障的建立。当代发达资本主义国家通过建立不断完善的社会福利制度(包括社会保险、社会救济和社会补贴等),在一定程度上满足了最底层劳动者的基本生活需要,从而缓解了因失业、贫困等引起的诸多社会问题。

(3) 上层建筑的改良。第二次世界大战后,在社会主义国家的外部冲击和工人阶级以及广大人民群众的内部压力下,资产阶级被迫对其上层建筑进行改良。如加强建立和完善基于金钱的民主选举制度(如英、法等国的选举改革,德、意、日的民主改造),扩大公民(当然也包括普通劳动者)的社会、政治和经济的权利,等等。这些上层建筑领域中的改革也在一定程度上缓和了当代资本主义社会的矛盾。

(4) 经济的全球化。经济全球化是一把"双刃剑",有利也有弊。但是,对于发达资本主义国家来讲,毫无疑问,利要远远大于弊。这是因为,在经济的全球化进程中,实力雄厚的发达资本主义国家占据绝对的主导地位。凭借这种主导地位,发达资本主义国家就可以在经济全球化中获得尽可能多的利益。例如,国际经济关系中的游戏规则往往是由发达资本主义国家制定的,它们就可以通过制定对自己有利的规则(如环保标准、劳工标准等),来打击竞争对手和提高自己的竞争能力;又如,一些重要的国际性经济组织(如世界贸易组织、世界银行、国际货币基金组织等)也是在发达资本主义国家的倡导下建立起来的,它们可以通过这些国际性的经济组织来协调它们之间以及它们与发展中国家之间的矛盾;再如,发达资本主义国家还通过建立国家之间的地区性经济集团(如北美自由贸易区、欧洲经济联盟等),来加强集团内部的合作和防止来自集团外部的竞争。简言之,私人垄断资本通过扩大世界市场等经济全球化途径来进行"资本修复",延续不断获取私人利润的生命周期。

2. 当代资本主义的历史趋势

当代资本主义在生产力、生产关系和上层建筑等方面发生的重要变化,给资本主义的发展带来了一定的生机和活力。这是不是意味着,马克思主义经典作家关于资本主义和帝国主义必然灭亡的结论不再正确了呢?

当然不是。资本主义在一定时期内的发展和资本主义最终必然灭亡这两者之间并不存在矛盾。列宁所说的帝国主义是垂死的资本主义,讲的只是资本主义必然灭亡并由社会主义所取代的趋势,而不能简单地理解为所有资本主义或帝国主义国家将顷刻消失。实际上,马克思主义经典作家们并没有给出资本主义和帝国主义灭亡的具体时间表。恰恰相反,列宁充分预见到这个垂死的资本主义很可能还会"拖"一个相当长的时期,甚至也不排除在这个垂死的阶段资本主义还会得到一定程度的发展。比如,列宁在讲到帝国主义的腐朽性时说:"如果以为这一腐朽趋势排除了资本主义的迅速发展,那就错了。不,在帝国主义时代,个别工业部门、个别资产阶级阶层、个别国家,不同程度地时而表现出这种趋势,时而又表现出那种趋势。整体来说,资本主义的发展比从前要快得多……"[1]"它可能会在腐烂状态中

---

[1] 《帝国主义是资本主义的最高阶段》,人民出版社1959年版,第114页。

保持一个比较长的时期(万一机会主义的脓疮迟迟不能治好的话),但还是必然要被消灭的。"①

那么,当代资本主义的新变化为什么不会改变它必然灭亡的历史发展趋势呢?我们可从以下三个方面来分析:

(1)资本主义基本矛盾仍然存在并继续发展。当代资本主义的新变化,千变万变,有一点一直没变,也不会变,那就是资本主义的基本矛盾。尽管当代资本主义国家在生产力、生产关系和上层建筑方面进行了很多的改革,但这些改革并没有根本触动资本主义的私有制。因此,马克思早就揭示过的资本主义基本矛盾,即生产的社会化和资产阶级私人占有之间的矛盾仍然存在,而且还不断发展。从生产的垄断到金融的垄断、从私人的垄断到国家的垄断、从国内的垄断到国际的垄断,所有这些过程在当代资本主义中都在加速进行。垄断组织的规模越来越大,兼并浪潮一浪高过一浪。一方面,生产社会化的程度是在不断地提高,另一方面,私人占有的本质却依然如故。于是,生产社会化和私人占有的矛盾自然也就变得越来越尖锐。这一基本矛盾的解决,最后只能是通过消灭资本主义的私有制。舍此之外,别无他途。

(2)资本主义积累规律仍然存在并继续发展。尽管当代发达资本主义试图采取各种办法,要把两极分化控制在一定的范围内,但不幸的是,伴随资本主义的发展,资本主义国家内部以及整个世界范围之内的两极分化却是在进一步扩大。资本主义的积累规律继续在发挥作用,一极表现为财富的积累,另一极表现为贫困的积累。例如,在美国,最富的1%的人拥有全美家庭财富的大约40%,比90%的美国人所拥有的财富还要多;在英国,最富的20%的人所占有的财富,是最穷的20%的人所占有财富的10倍。如果看一下全球范围内的两极分化现象,更是触目惊心。比如,高收入国家与低收入国家的人均国民收入的差距,1980年是32.8倍,1990年是51.3倍,1995年是59倍,1999年是62.7倍。短短20年时间,差距扩大了将近一倍。

(3)资本主义经济危机仍然存在并继续发展。发达资本主义国家对经济的干预在一定程度上可以缓解经济危机,或推迟经济危机的爆发,却没有也不可能从根本上消灭各类经济危机。20世纪70年代以来频繁爆发的石油危机,明显暴露出资本主义经济制度在对付外来冲击方面的脆弱;20世纪90年代以来频繁爆发的金融危机,则明显暴露出资本主义经济制度内部的重大缺陷;美国等国家时常爆发的财政危机又明显暴露出资本主义经济和政治制度的内在痼疾。各类经济危机意味着很大一部分已经形成的生产力被毁灭,意味着民生受到影响和经济社会矛盾的激化,充分说明了资本主义生产关系和上层建筑对生产力发展的阻碍。

历史印证了上述分析的科学性。以1825年英国第一次爆发经济危机,19世纪30年代第一次产业革命在英国等资本主义国家基本完成,英、法、德三国工人阶级大规模罢工或起义为标准,马克思、恩格斯在《共产党宣言》和《资本论》第一卷中揭示并宣布:资本主义基本矛盾导致生产力与资本主义生产关系已经冲突(表现为生产关系严重阻碍生产力发展,但不等于阻碍生产力完全停止发展),无产阶级革命的客观经济基础已经成熟,资本主义的丧钟敲响了! 不过,如果革命的主观条件不具备,即没有高水平的工人阶级政党、领袖和正确的

---

① 《帝国主义是资本主义的最高阶段》,人民出版社1959年版,第116页。

战略策略,革命便不会立即成功。1871年巴黎公社起义也标志着法国资本主义丧钟敲响了,但没有敲死的原因在于军事和政治政策失误,而不是革命缺乏客观经济基础。

随后,以1857年第一次世界性经济危机首先在美国爆发、1873年世界性经济危机促使自由资本主义向垄断资本主义过渡、一直到19世纪末20世纪初基本形成垄断资本主义为标志,列宁揭示并宣布:垄断资本主义具有寄生性或腐朽性、过渡性或垂死性,世界处于帝国主义和无产阶级革命的时代,而帝国主义时代的经济政治发展不平衡规律使革命有可能在一国或数国首先胜利! 由于列宁领导的无产阶级政党具有正确的战略策略,因而十几年后的1917年爆发的十月革命很快敲死了军事封建帝国主义的沙俄。以后,毛泽东领导的无产阶级政党执行正确的战略策略,因而二十几年后就敲死了资产阶级统治的半封建半殖民地中国(二战后中国呈现为封建的、买办的国家垄断资本主义状态)。20世纪15个共产党领导的社会主义国家存在的历史印证了上述理论,而戈尔巴乔夫、叶利钦领导的共产党主动背叛马克思主义,导致苏联和东欧社会主义国家倒退到资本主义国家,同样印证了上述理论,并表明社会主义及其经济制度发展的曲折性和艰难性,但改变不了时代的性质和大趋势。

第三节 社会主义经济制度

一、产生过程

社会主义经济制度代替资本主义经济制度,是社会化生产与资本主义私人占有这一矛盾发展的必然结果。

按照马克思主义理论和社会主义运动的实践,建立社会主义制度的基本道路是:第一,无产阶级在其政党领导下,通过暴力革命推翻资产阶级政权,建立自己的政治统治,但不排斥通过议会斗争等和平方式掌握政权。第二,依靠无产阶级政权力量建立社会主义经济制度。十月革命后,俄国剥削阶级不接受"和平赎买"的办法,无产阶级只能依靠自己的政权没收了剥削阶级的全部生产资料。中国无产阶级依靠自己的政权力量没收了官僚资产阶级的生产资料,又通过国家资本主义形式赎买民族资产阶级的生产资料,从而将资产阶级的全部生产资料转到无产阶级国家手中,资产阶级私有制变成社会主义国家所有制。同时,苏联、中国等社会主义国家政权还通过集体农庄、合作社和人民公社等形式,将农民、手工业者的生产资料私有制,变成社会主义集体所有制。随着社会主义财产制度的建立,以劳动量为尺度领取消费品的分配制度,通过集中统一计划配置社会资源的经济运行制度,也相继建立起来。经过旧社会向社会主义社会过渡时期的社会主义改造和建设,1936年苏联正式进入社会主义社会,1956年底中国正式进入社会主义社会。

二、进步性与弊端

社会主义经济制度的进步性可从以下几个层面进行分析:

首先,从逻辑上讲,社会主义制度是比资本主义制度更为优越的社会制度。按照唯物辩证法和唯物历史观的基本原理,人类社会是顺着从低级到高级阶梯向上发展的。作为封建制度的替代物,资本主义曾经并且正在创造出在封建社会里永远也不能获得的物质财富。作为资本主义制度的替代物,社会主义在或长或短的时期内一定会创造出比资本主义社会更为丰硕的经济和文化成果。

其次,从社会主义制度的本质或本性上看,社会主义制度也比资本主义制度优越。资本主义本质特征是雇佣劳动,社会主义本质特征是联合劳动。雇佣劳动以人对物的依赖、以劳动对资本的依赖为基础,还是一种比较低级的社会形式。联合劳动以联合起来的个人对全部生产力总和的占有以及个人的全面自由发展为基础,是一种更高级的社会形式。在雇佣劳动制度下,物支配着人,劳动者是自己生产物的奴隶。在联合劳动制度下,人支配着物,劳动者是自己生产物的主人。两种社会制度相比,社会主义制度的进步性是毋庸置疑的。这在社会主义计划经济体制和社会主义市场经济体制下都是如此。

再次,从社会主义制度的功能上分析。尽管社会主义国家在物质技术基础方面先天不足,在具体制度方面又有一些弊端,还有某些政策失误,但这些国家在生产力发展、科教文卫体发展和民生改革等所取得的成就,还是很可观的。例如,苏联和中国如果纵向比较和横向比较的话,其经济社会发展速度和综合成就是超过一切资本主义国家的。

另一方面,我们也需注意到,社会主义制度的优越性目前还未能充分发挥出来。其原因有多个方面。就经济来说,主要原因是经济制度的具体形式或经济体制存在弊端,以及发达资本主义国家的各种遏制。此外,人口基数大和人口增长过快,也是一个十分重要的制约因素。

社会主义经济生活中的各种弊端,不是社会主义本质或本性的表现。这些弊端的产生与社会主义根本制度没有必然联系,但与人们对社会主义经济制度认识偏差、对新生事物缺乏经验和管理水平不高有密切关系。

阅读材料　格雷戈里和斯图尔特关于计划社会主义与资本主义经济绩效的比较

(1)收入分配

他们的结论是计划社会主义的收入分配比资本主义平等。计划社会主义经济中,国家(社会)通常拥有土地和资源,这些资本的收益将归国家。认为社会主义国家将比资本主义社会更不平等地分配这项劳动收益,虽然是可以想象的,却是不太可能的。而那些政府在再分配中不发挥重要作用的资本主义国家,其收入分配与计划社会主义国家更是存在明显差别。

(2)效率

他们认为,以最优化目标的计划技术在现实世界中的应用是有限的,计划社会主义经济不得不使用物资平衡计划程序,而这种程序不太可能把社会主义经济纳入生产可能性曲线图。事实上,物资平衡计划的目的是连续性而不是最优化。因此,计划社会主义无论在动态效率和静态效率方面都不能取得很好成果的假定,看来是相当可靠的。但是,他们又强调,要对比资本主义和计划社会主义的静态和动态效率并非易事,因为得到的数据太少,以致无法进行令人满意的比较。而只分析有限区间的少量数据,从分散的迹象中得出的关于资本主义和计划社会主义的相对效率的结论,必定存在相当的局限性。

(3)经济增长

计划社会主义储蓄率比较高,因为社会主义国家很可能把迅速增长作为优先目标(建设社会主义)。在计划社会主义经济中,迅速增长将通过高储蓄率和计划者把资源引向对最大化增长的追求而得到促进。应假定计划社会主义经济有更高的增长率,但促使问题复杂化的是计划社会主义经济表现为更低的效率。这样也就不能轻率地做出关于计划社会主义具有相对迅速增长率的肯定。他们还得出一个总的结论：在战后期间，计划社会主义国家和资本主义国家之间的经济增长率并无重大差距，这一期间的实证记录并没有显示谁是经济增长竞赛的优胜者。

(4) 经济稳定性

他们预计计划社会主义比资本主义更稳定，虽然计划社会主义中隐藏着受抑制的通货膨胀和不充分就业，并提出三条理由支撑他们的观点：其一，计划社会主义的投资支出受到计划者的控制并可能保持在相当稳定的比率上，因此，投资支出的波动（这是资本主义经济中不稳定的主要来源）很可能较小。其二，计划社会主义的物资平衡计划将导致劳动供给和需求的大致平衡，因为未就业劳动会导致增长潜力的不充分利用。其三，消费品的供给和需求将在很大程度上受到国家的控制（计划者指定产业工资并决定消费品产量），而且国家不易受到社会压力而去实行扩张性的货币政策。根据实际的分析，他们得出的结论是，社会主义计划经济看来要比资本主义经济稳定，在计划社会主义体制下有更多的就业保证、企业生存保障以及比较稳定的消费品价格。

(5) 发展目标

计划社会主义具有一个优点：在集中可能取得的资源用于发展目标方面的能力，把资源引向规定目标的能力将导致更迅速的结构改组和更高的增长——这将加速经济发展的步伐，使之超过资本主义经济中已出现的速度。

资料来源：[美]保罗·R. 格雷戈里、罗伯特·C. 斯图尔特：《比较经济体制学》，上海三联书店1988年版。

为了克服我国计划经济体制的弊端，党的十四大报告正式提出建立社会主义市场经济体制。以社会主义初级阶段国情为前提，在产权、分配、调节、开放等体制机制方面，在区域发展、新型农村、城镇布局、生态环境、民生改善、人口计划、教科文卫体等发展建设方面，正在逐步形成和不断完善开放性经济体制机制。

1. 中国社会主义市场经济体制和理论具有学理的科学性

在中国实行社会主义市场经济体制之前，无论是社会主义国家还是资本主义国家，也不管是马克思主义学者还是资产阶级学者，普遍把市场经济等于资本主义，把计划经济等于社会主义，认为市场经济同资本主义结合是天然的最佳结合，社会主义不能搞市场经济。随着我国社会主义市场经济的发展，中外绝大多数马克思主义学者已改变了这一传统观点，而国内外资产阶级理论仍然固执这一教条，宣称市场经济或市场化只能与私有化或民营化相结合。这在学理上是不能成立的，其现代政治经济学的道理很简单。因为产权的私人所有制、合作所有制、集体所有制、国家所有制，说的是生产资料或生产要素在法律上的最终归属，而市场经济或市场化说的是经济如何运行，主要是生产什么、生产多少、如何定价的问题，要由各类性质不同的经济主体或企业自行决策。也就是说，前者涉及生产要素的公有与私有问题，而后者涉及经济运行或经济调节的市场与计划（政府或国家）问题。倘若使用"资源配置"一词，那也是前者指资源由私人企业还是集体企业或国有企业来配置，而后者指资源是由企业还是由政府来配置，即"资源配置"包括产权配置和调节（运行）配置两个不同层面的含义。因此，公有制或社会主义可以与计划经济结合，也可以与市场经济结合；私有制或资本主义可以与市场经济结合，也可以程度不同地采用计划或政府调节的方式。

2. 中国社会主义市场经济体制和理论具有实践的可行性

市场经济所要求的企业和个人的自由选择、自由决策和公平竞争,在资本主义私有垄断寡头控制下,均难以充分实现,或者说市场经济所要求的自由性和公平性与资本的私有性和寡头性内含严重的矛盾性和冲突性的层面。其实践凸显为私有制主体型市场经济往往存在贫富对立、高失业率、金融经济危机、对外掠夺等。可见,被西方实践检验表明的资本主义市场经济理论(西方微观经济学和宏观经济学)并不怎么行,存在无法克服的逻辑和应用弊端。与此相反,社会主义市场经济理论作为人类思想史上的崭新学说,已被中国近40年的实践所证实,其国家整体发展绩效和经济公平都比资本主义市场经济状况好得多,这也被国际舆论中广泛使用的中国道路、中国模式、中国经验、中国奇迹等赞扬性话语所肯定。我国搞社会主义市场经济的成功实践表明,不仅社会主义可以搞市场经济,而且社会主义市场经济优越于资本主义市场经济。诚然,作为新生事物,目前我国市场经济实践中确实存在不少问题,其中有些是经验不足所致,有些是依法治国和依法治市不严所致,有些则是受西方不良理论和政策误导所致,亟须在不断提升社会主义市场经济的道路自信、理论自信和制度自信的氛围中,通过全面深化改革和从严依法治国,积极提高国家治理体系和治理能力,从而进一步实现经济理论、政策、体制、机制和实践各方面的中国式创新来圆满解决。要言之,社会主义比资本主义更适合市场经济,因而中国社会主义市场经济理论比资本主义市场经济理论更行,中国现代政治经济学比现代西方经济学更科学。

阅读材料　西方学者20世纪30年代关于社会主义的大论战

早在社会主义国家尚未出现的1908年,意大利巴罗内就针对荷兰皮尔逊的观点,论证只要对资源、偏好和生产函数有足够的知识及求解方程的能力,中央机构模拟市场职能,便可以实现"帕累托最优",从而为社会主义经济计算奠定了数学和逻辑的方法论基础。1929年美国泰勒推进了遭奥地利米瑟斯批评的巴罗内观点,指出国家在决定公民的货币收入和依据成本定价的前提下,可用"试错法"即根据商品供求状况来校正价格,达到资源的合理配置。1934年英国经济学家勒纳提出,价格和市场不应被认为是资本主义的概念,而社会主义能够至少如资本主义交换经济中一样地利用这些手段,而且能够利用得更好。他强调,自由的价格制度与科学社会主义的按需分配精神是符合的,社会主义需要市场和自由价格制度,并在《统制经济学》(1944年)一书中再次阐发了这些原理。第二次世界大战后,随着南斯拉夫"半市场化改革"和资本主义国家经济体制调整的兴起,许多西方比较经济学家正式提出和论证"市场社会主义"的概念。美国《新帕尔格雷夫经济学大辞典》(1987年)的定义如下:市场社会主义是一种经济体制的理论概念(或模式),在这种经济体制中,生产资料公有或集体所有,而资源配置则遵循市场(包括产品市场、劳动市场和资本市场)规律。20世纪90年代以来,西方市场社会主义理论不因苏联解体而消亡,反而出现了新的发展势头。在《社会主义的未来》(1994年)和《市场社会主义》(1993年)的著作中,美国加州大学罗默和巴德汉分别阐述了市场社会主义的新构想。他们认为,市场社会主义就是把社会主义公有制与市场机制结合起来,创造一种既有经济效益又使全体公民享有更多社会平等的经济制度。

三、过渡性与阶段性

社会主义社会要不要划分阶段,取决于社会主义社会的发展。我国过去有一种流行观点,认为在很短时期内,社会主义社会就要过渡到共产主义社会,按劳分配就要被按需分配取代。如果真是这样,当然没有划阶段的必要。但这种观点是很不清醒的。根据这一观点而采取的许多超越阶段的急躁冒进的做法,更是有害的。从社会主义国家实际出发,社会主义社会将要经历很长的时期。这个历史时期不是用两位数来计量,而是要用三位数来计量。这就有可能在它的发展过程中显示出阶段性。

对划分社会主义社会发展阶段的标志或标准要做整体考察,既要看到生产力的终极作用,又要看到生产关系的直接作用,应在确认它们各自作用的基础上进行全面综合的分析。也就是说,在具体判断社会主义社会所处的发展阶段是否发生变化时,生产关系比生产力更具有直接的意义。因为生产力的变化只有在引起了社会主义社会生产关系发生部分质变时,才标志着社会主义社会发展阶段发生了变化。从这个意义上说,生产力是间接标志或终极标志,生产关系是直接标志(暂且舍弃分析上层建筑因素)。据此,整个社会主义社会可以分为三个阶段。

(1) 社会主义初级阶段

社会主义初级阶段有其一般含义和特殊含义。从一般含义上讲,社会主义初级阶段是指社会主义社会发展的起始阶段。这个阶段是所有已经实行和将要实行社会主义制度的国家都要经历的。社会主义初级阶段特殊含义视一国具体国情而定。就我国而言,社会主义初级阶段是指我国在生产力落后、商品经济不发达条件下建设社会主义必然要经历的特定阶段。我国社会主义社会不是脱胎于发达的资本主义社会,而是脱胎于半殖民地、半封建社会。半殖民地、半封建社会留下的遗产就是落后的生产力、不发达的资本主义商品经济,以及在经济和文化方面的封建主义残余。

我国社会主义初级阶段的生产关系或经济制度主要有四项内容:

第一,在产权制度上,实行公有制为主体、多种所有制共同发展。这是初级社会主义的基本或根本经济制度,是判断社会姓"资"姓"社"的经济标准。

第二,在分配制度上,实行按劳分配为主,让资本和土地等生产要素所有者参与分配,以共同富裕为目标。

第三,在运行或调节制度上,实行社会主义市场经济,发挥市场对一般资源配置的基础性或决定性作用,同时加强政府的宏观和微观调节作用。

第四,在对外经济制度上,实行全面对外开放,同时加强自力更生和国家经济安全,处于国际分工和国际竞争的中低端。

讨论 我国实际经历的初级阶段应划分的几个小阶段

回答:应划分为四个小阶段:一是生产资料所有制的社会主义改造阶段(1949~1956年)。该阶段包括没收官僚资本及对农业、手工业和资本主义工商业的社会主义改造,主要是从生产关系的角度说的。

二是体现旧经济体制的生产关系完善阶段(1957~1978年)。比如:实行国有国营的全民所有制,准全民所有制即城市集体所有制、政社合一的人民公社集体所有制,基本消灭一切私有制;实行高度集权型的计划经济,否定商品经济和市场调节;在全民所有制经济实行社会统一工资标准的按劳分配方式,在农村集体实行评工记分的按劳分配方式。

三是体现新经济体制的生产关系重建阶段(从1979年开始,估计到21世纪20年代结束)。该阶段的具体任务,就是按照前述社会主义初级阶段的总体特征,重新构建适应生产力发展的、以新经济体制为内容的生产关系。

四是体现新经济体制的生产关系巩固发展阶段(21世纪20年代直至社会主义中级阶段)。

如果马克思主义创始人所讲的社会主义是比较纯粹的社会主义,那么,我国现阶段社会主义则是不纯粹的社会主义。在纯粹的社会主义制度下,社会主义本性可以充分体现出来。在不纯粹的社会主义制度下,社会主义本性还不可能充分表现出来。在我国社会主义初级阶段,由于还实行市场经济制度,劳动者就不可能完全摆脱对物的依赖性,甚至还存在着人与人之间某些隶属关系和等级制度的陈迹。

既然我国生产力发展水平远未达到可以实现全面公有化的程度,随着生产力持续增长,生产关系也将不断改进,但社会主义的初级阶段还不可能在短期内结束。尽管我国经济在改革开放后发展很快,但要在我国基本实现西方发达国家二三百年才完成的工业化和经济社会化、市场化、现代化的任务,大约还需要几十年的时间。这就是说,我国社会主义初级阶段可能要延续到21世纪末以后。

(2)社会主义中级阶段

社会主义中级阶段的总体特征是:①生产力较发达,实行以自动化工具为主的较先进的物质技术结构;②生产资料公有制较成熟,实行多种形式的生产资料公有制;③计划经济较完全,实行含计划主体性的产品经济;④按劳分配较充分,实行多种形式的按劳分配;⑤对外开放层次较高,处于国际分工和国际竞争力的高端。

(3)社会主义高级阶段

社会主义中级阶段的总体特征是:①生产力高度发达,实行自动化工具等最先进的物质技术结构;②生产资料公有制成熟,实行全社会统一的生产资料公有制;③计划经济完全,实行纯粹的产品经济;④按劳分配充分,实行全社会统一的按劳分配;⑤对外开放层次高,处于国际分工和国际竞争力的最高端。

社会主义社会划分为哪几个阶段,是一个需要继续实践和探讨的问题。[①] 至于社会主义中级阶段、高级阶段将是什么样子,现在不可能讲得很具体。但有一点可以说,在中级阶段和高级阶段,社会主义性质的体现,一定比初级阶段更多,非社会主义东西(包括旧社会痕迹)一定比初级阶段更少。当生产力的发展引起财产制度、分配制度和调节制度等方面朝共产主义方向发生部分质变时,我国社会主义初级阶段将先后进入中级阶段和高级阶段。最后应当指出,社会主义高级阶段与共产主义经济制度的主要区别,在于是否实现按需分配。以最高经济效率和最高经济公平为特征的共产主义制度,是人类社会发展的大方向,但其实现需要一系列的条件和相当长的时间。其中,生产力的高度发展是实现共产主义必需的物质条件;单一的生产资料共产主义全民所有制、计划经济和按需分配是实现共产主义必需的经济条件;教育的高度发展及彻底消灭脑力劳动和体力劳动的差别是实现共产主义必需的社会条件;思想觉悟和道德品质的极大提高是实现共产主义必需的精神条件;消灭阶级和国家自行消亡是实现共产主义必需的政治条件。

[①] 程恩富、周环:《关于划分社会经济形态和社会发展阶段的基本标志——兼论我国社会主义社会初级阶段的经济特征》,《复旦学报》,1988年第1期;程恩富:《社会主义三阶段论》,广东高等教育出版社1991年版;程恩富:《社会主义发展三阶段新论》,《江西社会科学》,1992年第3期。

结论：从中外经济现实的政治经济学逻辑分析可得出，共产主义是现代人类最科学、最高级的理想、信念或信仰！

第四节　社会主义与资本主义制度的共存和竞争

一、两种经济制度具有统一性

长期共同生活在一个地球上的两种不同社会制度，不可能每时每刻都剑拔弩张、刀枪相见。它们之间有时也会妥协让步，相互交流，乃至合作共事。早在第二次世界大战前，资本主义国家的有识之士，就主张采用当时社会主义国家计划管理国民经济的方法来医治资本主义无政府病症。更早的时候，社会主义国家领导人（列宁）就主张利用泰罗制和托拉斯，学习资本主义企业管理学和产业组织。社会主义企业中领导人员、技术和管理人员、操作工人之间的和谐关系，常为资本主义国家的一些学者和企业家所称道。资本主义国家股份公司的分权结构和管理模式，对社会主义企业也有借鉴和利用价值。改革开放以来，我们向资本主义国家学习、借鉴、引用的东西就更多了。诸如此类都说明两个对立的社会制度之间还有统一性的一面。

此外，社会主义国家与资本主义国家也还存在一些共同利益，这些共同利益要求两种性质不同的国家之间协同行动。例如，全球性的生态退化所造成的损失对两种社会制度的国家是不分彼此的，这就要求世界各国不管社会制度如何都要协同保护环境。因此，社会主义国家是一向主张和平共处、和平竞赛、合作共赢的，倡导建立双边、多边和整个人类的利益共同体，但也必然被迫应对冷战和反制帝国主义国家的遏制。

二、两种经济制度具有对立性

从理论上讲，社会主义和资本主义是本质不同的两种社会制度。两种本质不同的制度之间的对立表现在各个方面：政治上，社会主义国家在现阶段实行的是无产阶级专政或人民民主专政，是无产阶级执掌政权；资本主义国家本质上是资产阶级专政，是资本家及其代理人执掌政权。经济上，社会主义国家现阶段实行公有制为主体的财产制度和按劳分配为主体的收入分配制度；资本主义国家实行私有制的财产制度和按资分配为主的收入分配制度。在意识形态方面，社会主义国家坚持马克思主义，资本主义国家通行的是资产阶级个人主义和自由主义。

本质的对立表现为现象的对立，现象的对立反映本质的对立。从现象上或从现实上看，当代世界矛盾重重，冲突不断，其中很多矛盾的冲突直接来源于两种制度的对立。有些矛盾冲突虽不直接起因于两种制度对立，但深层原因还是可以到两种制度的对立中去寻找。当前，国际垄断资本主义紧紧控制着世界市场和全球经济，少数发达资本主义国家正在加紧推行霸权主义和强权政治，目的之一就是要扩大资本主义势力范围，缩小社会主义活动地盘和影响。社会主义国家要生存和发展，就不能不进行各种形式的博弈和抗争。"和平演变"与反和平演变的斗争，更是今天和今后两种制度对抗的重要表现。两种社会制度国家之间的军备竞赛，过去和现在都是一种非常尖锐的对抗行为。两种制度的对立犹如两军对峙，双方不可能长期相安无事，更不可能永远和平共处。我国不惹事但也不怕事。我们要时刻警惕来自资本主义国家的各种经济政治等方面的遏制和挑衅,迎接资本主义的各种挑战。

三、两种经济制度具有转化性

按照历史唯物主义观点,资本主义转化为社会主义是符合一般规律的现象,但发展道路不是笔直的,也不是一直单向演化的,历史具有复杂性,发展具有曲折性。人类历史发展总趋势不可逆转,而在发展长河中,出现曲折和反复又难以完全避免。无论从理论上分析还是从实际情况看,应该承认既有资本主义前进到社会主义的必然性,又有社会主义倒退为资本主义的可能性。在一定条件下,两种社会经济制度之间是会相互转化的。

苏联和东欧社会主义国家主要因为领导集团的背叛而使从社会主义倒退为资本主义,是不可否认的事实。对坚持社会主义经济制度的人们来说,承认这一事实有益无害。因为我们可以从中吸取教训,避免重蹈覆辙。

在社会主义与资本主义共存、共处和竞争的态势中,当前的优势在资本主义一方。但这种优势不会永远存在。资本主义制度有自己无法克服的对抗性矛盾。这些矛盾的存在和发展,决定了资本主义经济制度必然要变成社会主义经济制度。可是,仅仅宣讲历史发展总趋势是远远不够的。要使历史必然性变为现实,需要做很多工作。现存的社会主义国家必须尽可能快地发展经济,提高综合国力和人均国力,让人民群众普遍富裕起来,增强社会主义制度的吸引力。同时,要搞清楚什么是社会主义,怎样建立和建设社会主义等这些带有指导意义的理论问题和实际问题。社会主义市场经济体制不是只有一种模式,通向社会主义和共产主义也不是只有一条路。究竟走怎样的道路才能到达社会主义和共产主义,则要根据不断变化的形势和各国的具体情况,继续进行各具特色的探索和选择,但社会主义和共产主义的大趋势如何,政党、阶级和个人都改变不了。

思考题

1. 有一种观点认为,在封建社会内部可以产生资本主义的成分或因素,因为这两种生产关系都具有私有性质;而在资本主义社会内部却不可能产生社会主义成分或因素,因为这两种生产关系一个具有私有性质,另一个则具有公有性质。这种观点是否正确?请举例论证。

2. 社会上存在一种认识,把共产主义社会比喻成宗教中的天堂或仙境,认为是永远不可能实现的空想。你能运用经济学的若干原理来澄清这一问题吗?

3. 法国年鉴学派代表人物布罗代尔考察数百年的市场经济发展史得出,资本主义初期与市场经济是非常矛盾的。而世界体系论的主要创始人沃勒斯坦则一贯强调,资本主义与市场经济是不相容的。日本经济学院士伊藤诚曾专门从学理上论证,认为中国把市场经济与社会主义结合起来是行得通的,其关键在于要消除新自由主义观念和政策的影响。请你评议这些左翼社会科学家的观点。

4. 有人主张,一些国家从社会主义经济制度改变为资本主义经济制度,说明社会主义取代资本主义已不是人类社会的必然规律。也有人提出,"由资本主义进入社会主义较难,由社会主义退入资本主义较易",即"由'资'入'社'难,由'社'入'资'易"。对此,你有何看法?

5. "美国经济最强大,表明美国资本主义制度最好。"请用马克思主义的制度经济理论剖析这一流行观点。

6. 为什么习近平总书记反复强调新中国改革前后两个30年不能互相否定,且必须树立共产主义理想和信仰?

参考文献

1. 《马克思恩格斯全集》第 23~25 卷, 人民出版社 1972 年版。
2. 《列宁选集》第 2 卷, 人民出版社 1972 年版。
3. 《斯大林文选》, 人民出版社 1962 年版。
4. 《毛泽东选集》第 5 卷, 人民出版社 1991 年版。
5. 《邓小平文选》第 3 卷, 人民出版社 1993 年版。
6. 《程恩富选集》, 中国社会科学出版社 2010 年版。
7. 程恩富:《经济理论与政策创新》, 中国社会科学出版社 2013 年版。
8. 程恩富:《重建中国经济学》, 复旦大学出版社 2015 年版。
9. 程恩富、李新、梁赞诺夫、希罗科拉德:《中俄经济学家论中俄经济改革》, 经济科学出版社 2000 年版。
10. 程恩富、胡乐明:《经济学方法论》, 上海财经大学出版社 2002 年版。
11. 程恩富:《西方产权理论评析》, 当代中国出版社 1997 年版。
12. 程恩富:《中国海派经济论坛(1998)》, 上海财经大学出版社 1997 年版。
13. 马艳等:《探索的变奏——20 世纪制度创新背景下的比较经济学》, 当代中国出版社 2002 年版。
14. 马艳:《另一种状态的马克思主义政治经济学探索》, 上海财经大学出版社 2016 年版。
15. 洪远朋:《〈资本论〉难题探索》, 山东人民出版社 1985 年版。
16. 张薰华:《生产力与经济规律》, 复旦大学出版社 1989 年版。
17. 顾海良、张雷生:《邓小平的经济思想》, 中国经济出版社 1996 年版。
18. 冯金华:《敲开希望的大门——发展经济学》, 当代中国出版社 2002 年版。
19. 陶大镛:《现代资本主义论》, 江苏人民出版社 1996 年版。
20. 吴易风:《当前经济理论界的意见分歧》, 中国经济出版社 2000 年版。
21. 高鸿业、吴易风、杨德明:《中国经济体制改革和西方经济学研究》, 中国经济出版社 1996 年版。
22. 丁冰:《战后科技革命与现代资本主义经济》, 贵州人民出版社 1998 年版。
23. 吴宣恭等:《产权理论比较——马克思主义与西方现代产权学派》, 经济科学出版社 2000 年版。
24. 何自力:《法人资本所有制与公司治理》, 南开大学出版社 1997 年版。
25. 顾钰民:《马克思主义制度经济学》, 复旦大学出版社 2005 年版。
26. 何玉长:《国有公司产权结构与治理结构》, 上海财经大学出版社 1997 年版。
27. 卫兴华:《市场功能与政府功能组合论》, 经济管理出版社 1999 年版。

28. 张银杰:《马克思主义企业理论与西方新制度学派企业理论的比较》,经济科学出版社1999年版。
29. 毛增余:《与中国著名经济学家对话:顾海良、王振中、林岗、程恩富》,中国经济出版社2003年版。
30. 刘国光:《中国经济体制改革的模式研究》,中国社会科学出版社1988年版。
31. 宋涛:《〈资本论〉辞典》,山东人民出版社1988年版。
32. 余斌:《〈45个十分钟读懂资本论〉》,东方出版社2011年版。
33. 王振中:《政治经济学研究报告(1)》,社会科学文献出版社2000年版。
34. 倪力亚:《当代资本主义国家的社会阶级结构》,福建人民出版社1993年版。
35. 周肇光:《谁来捍卫国家经济安全——开放型国家经济安全新论》,安徽大学出版社2005年版。
36. 左大培:《混乱的经济学》,石油工业出版社2002年版。
37. 何干强:《公有制经济振兴之路》,经济管理出版社2014年版。
38. 林岗、张宇:《马克思主义与制度分析》,经济科学出版社2001年版。
39. 何干强:《〈资本论〉的基本思想与理论逻辑》,中国经济出版社2000年版。
40. 陈征、严正、林述舜:《评介国外学者对〈资本论〉的研究》,福建人民出版社1986年版。
41. 胡代光、魏埙、宋承先、刘诗白:《评当代西方学者对马克思〈资本论〉的研究》,中国经济出版社1990年版。
42. 杨圣明:《马克思主义国际贸易理论新探》,经济管理出版社2002年版。
43. 项启源:《我国社会主义初级阶段的历史定位》,经济科学出版社2001年版。
44. 于祖尧:《于祖尧文集》,上海辞书出版社2005年版。
45. 李炳炎:《需要价值理论——富国裕民论》,云南人民出版社1990年版。
46. 苏星:《苏星自选集》,学习出版社2002年版。
47. 大卫·哈维:《新帝国主义》,社会科学文献出版社2009年版。
48. 布罗代尔:《资本主义的动力》,生活·读书·新知三联书店1997年版。
49. 伊藤诚:《市场经济与社会主义》,中共中央党校出版社1996年版。
50. 米歇尔·阿尔贝尔:《资本主义反对资本主义》,社会科学文献出版社1999年版。
51. 特伦斯·麦克唐纳、迈克尔·里奇、大卫·科茨:《当代资本主义及其危机——21世纪积累的社会结构理论》,中国社会科学出版社2014年版。
52. 巴里·林恩:《新垄断资本主义》,东方出版社2013年版。